高等院校秘书类专业核心技能"十三五"系列教材

信息工作与档案管理

（第二版）

- 主　编　吴良勤　付琼芝
- 副主编　郭征帆　刘　晔　雷　鸣

华中科技大学出版社
http://www.hustp.com
中国·武汉

内 容 提 要

本书以培养职业秘书信息处理和档案管理技能为核心,从企事业单位实际信息工作和档案管理工作任务出发,结合职业教育的最新理念,以活动为导向,突出项目化、任务驱动的教学特点,重点突出职业性、技能性和操作性。本书包括秘书信息工作和档案管理认知、信息收集与整理、信息传递与反馈、信息开发与利用、档案的收集和整理、档案的检索和编研、档案的保管和利用、特殊载体档案的管理等 8 个单元,共 19 个项目,44 个任务。项目中含学习目标、任务描述、任务分析、实训任务等环节。本教材既可作为职业院校文秘专业和应用型本科院校秘书学、档案学专业"信息工作与档案管理"课程教材,也可作为从事或将要从事秘书、办公室行政等工作的人员业务进修或业务指导用书。

图书在版编目(CIP)数据

信息工作与档案管理/吴良勤,付琼芝主编. —2 版. —武汉:华中科技大学出版社,2017.6
(2022.7 重印)
 ISBN 978-7-5680-2717-5

Ⅰ.①信… Ⅱ.①吴… ②付… Ⅲ.①信息工作-高等学校-教材 ②档案管理-高等学校-教材
Ⅳ.①G25 ②G271

中国版本图书馆 CIP 数据核字(2017)第 068128 号

信息工作与档案管理(第二版)　　　　　　　　　　　　　吴良勤　付琼芝　主编

策划编辑:袁 　冲
责任编辑:狄宝珠
封面设计:原色设计
责任监印:朱 　玢
出版发行:华中科技大学出版社(中国·武汉)　　电话:(027)81321913
　　　　　武汉市东湖新技术开发区华工科技园　　邮编:430223
录　　排:华中科技大学惠友文印中心
印　　刷:武汉科源印刷设计有限公司
开　　本:710 mm×1000 mm　1/16
印　　张:14.5
字　　数:310 千字
版　　次:2022 年 7 月第 2 版第 3 次印刷
定　　价:39.00 元

本书若有印装质量问题,请向出版社营销中心调换
全国免费服务热线:400-6679-118　竭诚为您服务
版权所有　侵权必究

吴良勤简介

吴良勤,男,中共党员,国家一级人力资源管理师、二级秘书,钟山职业技术学院办公室副主任;全国商务秘书与行政助理专家委员会秘书长;江苏省职业技能鉴定中心秘书职业专家委员会成员、阅卷组组长;中国高等教育学会秘书学专业委员会理事;国家秘书考评员、职业秘书培训师、企业培训讲师。

主要研究方向为秘书教育、教学管理、礼仪、应用写作等,在《秘书》《秘书之友》等各类专业期刊发表文秘类学术论文20余篇。主持、参与校级、省级、教指委科研课题10余项,其中主持教育部文秘教指委重点科研课题2项,其中一项被评为江苏省第十届高教科研成果三等奖;主编、副主编教材20余本,其中第一主编教材10本,科普读物1本,国家秘书职业资格考试辅导用书1本,《商务秘书实务(第二版)》被遴选为教育部职业教育"十二五"国家级规划教材。

第二版前言

2010年7月,原教育部高职高专文秘类专业教学指导委员会联合华中科技大学出版社,组编了一套10种的文秘专业核心技能"十二五"规划教材。我受命承担了《信息工作与档案管理》一书的主编任务。2011年3月,书稿完成并交付出版。

《信息工作与档案管理》教材自出版以来,陆续收到全国各地文秘及相关专业师生的来信,对教材的出版给予祝贺,并反馈了在教学中使用这本教材遇到的一些情况,并就有关问题进行了探讨。2016年6月,出版社组织编写"高等院校秘书类专业核心技能'十三五'规划教材",借此机遇,在出版社的大力支持下,我们开始着手该教材的修订工作。

在过去的五年时间里,我国秘书教育事业蓬勃发展,一大批院校纷纷开办了秘书学本科专业,编写一本适应社会经济发展和秘书教育发展的教材迫在眉睫。因此,对教材的修订工作我们不敢有丝毫的懈怠,因为我们深知教材的修订,并非简单的查缺补漏、修修补补。为了做好教材修订工作,增强教材的实用性,彰显秘书职业特色,我们动了不少脑筋。一方面,我们对使用教材的相关院校师生进行了广泛而深入的调研,认真听取他们的意见;另一方面,我们征询了业界相关专家、企事业单位一线工作人员对教材内容设置的建议;与此同时,在内容设置方面我们兼顾了"专本衔接"的需求,既考虑到知识传授和技能培养,又考虑到了学理的深度。

教材在修订过程中,我们根据调研及相关院校师生反馈情况,在编写体例上,基本延续了教材第一版的任务驱动式的体例,通过"删""并""增""减"等环节,对教材内容进行整合。删除了原版教材中陈旧的、过时的内容;合并了原版教材中内容关联性比较大的内容;增加了适应信息化建设的相关内容,加大了档案提供利用的篇幅;适当减少了第一版中理论过度阐述的内容。

本教材可供秘书学、文秘及相关专业"秘书信息工作""秘书文档管理""信息工作与档案管理"等专业核心技能课程教学使用,也可作为各级党政机关、社会团体、企事业单位信息处理、档案处理等业务培训教材和参考书。

参与教材修订的大都是来自职业院校、应用型本科院校秘书及相关专业教学一线、具有丰富教学经验和工作实践经验的教师。钟山职业技术学院吴良勤、云南农业大学热带作物学院付琼芝担任主编,铜仁学院郭征帆、钟山职业技术学院刘晔、河南牧业经济学院雷鸣担任副主编。丽水职业技术学院余红平、南京城市职业学院陆勤、湖南涉外经济学院陈韵等老师参与了部分内容的修订工作。

本教材的修订和出版得到了华中科技大学出版社的大力支持,在此表示由衷的谢意!我们在编写过程中,参考了诸多文献及网络资料,援引、借鉴、改编已有的例文和训练教材,有的已经标注了说明,有的无法查明出处,在此对原作者一并表示感谢!

需要特别说明的是,本教材在修订过程中得到福建莆田学院陈祖芬教授的指导与帮助,部分章节引用了陈祖芬教授相关研究成果,在此表示衷心的感谢。

由于我们水平所限及分工编写的缘故,疏漏与不足之处,敬请专家学者和广大读者批评指正,以便下一版时继续修改订正,使其更加完善。

编 者

2016 年 8 月 30 日

目 录

第一章 秘书信息工作和档案管理认知 …………………………………………… (1)
项目一 认识信息工作和档案管理 ……………………………………………… (1)
  任务一 了解信息工作和档案管理 ………………………………………… (1)
  任务二 认识企业管理中的信息工作 ……………………………………… (3)
  任务三 认识企业中的档案管理 …………………………………………… (5)
项目二 秘书的信息工作 ………………………………………………………… (9)
  任务一 熟悉秘书信息工作的主要内容 …………………………………… (9)
  任务二 树立秘书信息意识 ………………………………………………… (11)

第二章 信息收集与整理 ……………………………………………………………… (16)
项目一 信息收集 ………………………………………………………………… (16)
  任务一 确定信息收集的范围和原则 ……………………………………… (16)
  任务二 利用各种方法和渠道收集信息 …………………………………… (19)
项目二 信息整理 ………………………………………………………………… (27)
  任务一 信息分类 …………………………………………………………… (27)
  任务二 筛选信息 …………………………………………………………… (30)
  任务三 校核信息 …………………………………………………………… (32)
项目三 信息存储 ………………………………………………………………… (33)
  任务一 了解信息存储装具和设备 ………………………………………… (34)
  任务二 按照程序存储信息 ………………………………………………… (36)

第三章 信息传递与反馈 ……………………………………………………………… (47)
项目一 信息传递 ………………………………………………………………… (47)
  任务一 熟悉信息传递的方式方法 ………………………………………… (47)
  任务二 利用各种方式方法传递信息 ……………………………………… (54)
项目二 信息反馈 ………………………………………………………………… (56)
  任务一 熟悉信息反馈的内容和方法 ……………………………………… (57)
  任务二 为上司提供反馈信息 ……………………………………………… (60)

第四章 信息开发与利用 ……………………………………………………………… (65)
项目一 信息开发 ………………………………………………………………… (65)
  任务一 熟悉信息开发的类型和主要形式 ………………………………… (65)
  任务二 进行一次、二次、三次信息开发 ………………………………… (68)
项目二 信息利用服务 …………………………………………………………… (71)
  任务一 熟悉利用服务途径和程序 ………………………………………… (71)

任务二　开展利用服务管理和评价……………………………(73)
第五章　档案的收集和整理………………………………………(80)
　项目一　档案的收集……………………………………………(80)
　　任务一　确定档案收集的范围…………………………………(80)
　　任务二　熟悉文书归档的要求…………………………………(86)
　项目二　档案的整理……………………………………………(88)
　　任务一　按"件"整理档案……………………………………(88)
　　任务二　按"卷"整理档案…………………………………(101)
　项目三　档案的鉴定…………………………………………(112)
　　任务一　鉴定档案的价值……………………………………(113)
　　任务二　销毁档案……………………………………………(118)
第六章　档案的检索和编研……………………………………(120)
　项目一　档案的检索…………………………………………(120)
　　任务一　档案的著录…………………………………………(120)
　　任务二　档案的标引…………………………………………(130)
　　任务三　编制档案检索工具…………………………………(134)
　项目二　档案的编研…………………………………………(146)
　　任务一　编写全宗指南………………………………………(146)
　　任务二　编写大事记…………………………………………(148)
　　任务三　编写组织沿革………………………………………(154)
　　任务四　编写会议简介………………………………………(158)
第七章　档案的保管和利用……………………………………(161)
　项目一　档案的保管…………………………………………(161)
　　任务一　熟悉档案保管的物质条件…………………………(161)
　　任务二　档案的库房管理……………………………………(164)
　项目二　档案的利用…………………………………………(169)
　　任务一　咨询服务……………………………………………(170)
　　任务二　出具证明……………………………………………(172)
　　任务三　制发复制件…………………………………………(174)
　　任务四　提供阅览……………………………………………(176)
　　任务五　外借服务……………………………………………(178)
第八章　特殊载体档案的管理…………………………………(183)
　项目一　电子档案的管理……………………………………(183)
　　任务一　电子文件归档………………………………………(183)
　　任务二　电子档案的鉴定……………………………………(190)
　　任务三　电子档案的日常管理………………………………(192)

项目二　录音、录像档案的管理 …………………………………………(195)
　　项目三　照片档案的管理 …………………………………………………(198)
　　　　任务一　照片档案的整理和鉴定 ………………………………………(199)
附录 A　中华人民共和国档案法(修正) ……………………………………(210)
附录 B　中华人民共和国档案法实施办法 …………………………………(214)
参考文献 ………………………………………………………………………(220)

第一章 秘书信息工作和档案管理认知

项目一 认识信息工作和档案管理

【学习目标】

了解信息的概念、特征、主要工作内容和工作的程序;了解企业信息工作的重要性和企业信息内容;了解档案管理的概念、特征和主要工作内容;了解企业档案管理的重要性。

【任务描述】

学意公司招聘行政部秘书1名。该岗位职责主要是负责公司相关信息的收集和处理,行政部资料和档案的管理。文秘专业毕业生吴芳准备去应聘这个职位。她查阅了大量资料,了解和熟悉了秘书信息工作及档案管理的相关知识。

【任务分析】

信息工作和档案管理是秘书日常工作中非常重要的两项工作。秘书首先要了解信息的内涵、特征,以及信息工作的主要内容和程序,才能为上司提供高效、优质的信息服务。其次,秘书还应熟悉档案管理的概念、特征和主要工作内容,才能做好档案的收集和管理工作。

任务一 了解信息工作和档案管理

一、信息的含义

"信息"一词来源于拉丁文"information",意思是解释和陈述。一般来说,信息是指客观存在的一切事物通过物质载体发出的信号、消息、情报、数据、图形、指令中所包含的一切有价值的内容。信息不是事物本身,而是表征事物消息和信号等的内容。

人们常常把信息、信号和消息相混淆,其实,三者的含义是不同的。信号可以用来传递某种约定的声音、光线和标志等,其最大的特点是约定性,它只是信息的一种表现形式,信息是信号的内容;消息是指传播某一事物的音讯和新闻,其主要特点是传播性,容易发生失真现象,消息只是信息的外壳,信息才是消息的内核,只有揭去外壳,才能捕捉内核。平常说的语言、文字、图形和符号,它们本身也不是信息,只是信息的载体而已。

二、信息的主要特征

(一) 真实性

信息强调的是客观存在的一切事物通过物质载体发出的有关内容,因此,任何信息都要求能如实反映客观的事实,凡不符合事实的东西,不具有任何使用价值。

(二) 价值性

信息强调的是各种事物通过物质载体发出的一切有价值的内容,因此,信息或多或少会对完成某项工作有所帮助。当然,信息的价值度有高有低,凡具有较高价值的信息往往是在对大量原始信息进行加工处理后才取得的,那些未经过正确取舍与筛选的信息往往比较分散,其价值度也要低很多。

(三) 多变性

由于客观事物的复杂多变,反映其状况的信息也会随之变化,且信息一般都滞后于事实,因此,有价值的信息总是处于不断更新、矫正、扬弃、变化的过程中。

(四) 共享性

信息资源与其他物质资源不同,物质资源在使用时具有一次性的特点,信息资源则不然。当信息的拥有者把信息传递给他人时,他仍然保有信息的使用权。可见,除了需要保密的少量信息外,其他一切信息都不具有独占性。

三、信息工作的内涵

所谓信息工作,是信息工作人员有组织、有目的、有计划地进行信息的收集、整理,并将形成的信息文稿报送相关决策者的过程及其所需要从事的相关工作。对于信息工作的基本概念,应当把握下面几个层次的问题。

一是信息工作的主体。所谓信息工作的主体,是指信息工作的启动者和实施者,也就是在组织中具体负责信息工作的部门或个人,具体来说就是信息工作者。信息工作的主体一般由信息工作的决策者、组织者和实施者三部分"人"组成。信息工作的主体在信息工作中始终处于主动地位,他们的素质高低对信息工作影响极大。

二是信息工作的客体。所谓信息工作的客体,是指信息工作所要服务的对象,或者称为信息工作的受益者。信息工作的服务对象主要是决策者,他可能是某个拥有决策权力的个人,也可能是具备相应决策职能的集体或组织。信息工作能否顺利开展,信息工作成果能否被服务对象接受,在很大程度上与信息工作的客体密切相关。

三是信息工作的影响效应。所谓信息工作的影响效应,是指信息工作的目标经过信息工作实施的一切有组织的活动而得以实现的程度,它是信息工作成效的体现。它主要表现在两个方面:①作为信息工作客体的决策者,对作为信息工作主体的信息工作者的工作是否持积极肯定的态度;②信息工作是否对决策者的决策行为直接或间接地产生了积极的影响效应。

上述信息工作的三个构成要素,对信息工作有着直接的影响作用。做好信息工作,必须把握好信息工作的相关基本要素,并弄清它们之间相互作用、相互制约、相互依存的内在关系,从而进一步掌握信息工作的基本规律。

四、信息工作的程序

信息工作的程序包括收集、整理、传递、反馈、存储和利用这几个环节。各个环节相互连接,密不可分,形成完整、高效的信息工作流程。

(一) 信息收集

信息收集是指通过各种方式获取所需要的信息过程。信息收集是秘书信息工作的基本内容,也是信息工作关键的一步。

(二) 信息整理

信息整理就是将所获取的信息按照一定的规律或方法,分门别类地加以归纳,使原来分散的、个别的、局部的、无系统的信息,变成能说明事物的过程或整体,显示其变化的轨迹或状态,论证其道理或指出其规律的系统的信息。

(三) 信息传递

信息传递是借助一定的载体,通过一定的渠道,将经过加工整理的信息传递给需要者。

(四) 信息存储

信息存储是将有查考利用价值的信息存放保管起来,以备利用。信息按程序存储后,便完成了变原始信息为有用信息、变单一信息为综合信息、变无序信息为有用信息、变低层次信息为高层次信息、变零散信息为系统信息的过程。

(五) 信息利用

信息利用是将经收集、整理、存储的信息资源提供给企业决策层利用,满足其信息需求的过程。开发和利用信息,可以使信息不断增值,发挥更大的效能,最终达到服务于决策,提高工作效率这一根本目的。

(六) 信息反馈

通俗地说,信息反馈就是将信息先输送出去,又把其作用结果返送回来,并对信息的再输出产生影响,以达到预定的目的。

任务二　认识企业管理中的信息工作

早在两千多年前,中国古代军事家孙子就提出了"知己知彼,百战不殆;不知己知彼,每战必殆"的观点。这不仅适用于军事战争,同样适用于市场经济中的企业竞争。一家企业或其管理者,在商业竞争中,要做到知己知彼,实质就是要展开全面的信息工作。信息和信息工作对置身于这个时代的企业来说其重要性不言而喻。

一、企业信息工作的重要作用

企业信息工作就是为企业制定或选择正确的战略和战术服务的,在现代企业发展中发挥着至关重要的作用,主要表现在以下几个方面。

(一) 信息是企业决策的基础

企业管理的核心就是决策,而决策的成败关系到企业的存亡。决策在本质上就是一个信息处理过程,由信息的收集、分析、判断、拟订方案、选择方案等一系列步骤组成,每一个步骤都离不开信息的支持。决策失败的根本原因是判断错误,是对信息的错误分析,是信息的不准确或缺少造成的盲目,是我们说的"情况不明"。只有积极主动地了解和掌握环境信息,全面、实时地搜集与企业发展相关的宏观经济趋势、产业政策、行业信息和市场信息,挖掘和利用信息体系资源,建立快速反应机制,才能把握市场脉搏和机遇,提高企业的风险预警能力和企业整体决策水平。

(二) 信息可以增强企业的竞争力并使其掌握主动权

信息被人们称为除技术、资金、人才之外的第四大管理要素。企业要想在激烈的市场竞争中占据优势,适应市场实效经济的要求,在竞争中掌握主动权,只有借助于企业的信息工作。通过有效的企业信息工作,密切了解竞争对手的产品策略和市场动向,及时跟踪产业技术发展方向和趋势,不仅可以为企业制订产品战略、市场战略等提供决策的依据,始终保持企业的产品开发和市场竞争处于优势地位,还可以主动地根据市场的需求变化及时调整企业的市场对策,抢占先机。

(三) 信息帮助企业密切保持与客户的沟通

市场竞争的核心工作之一就是如何获取消费者的青睐和认可。因此,注重倾听消费者的心声,密切保持与消费者沟通是企业市场工作的重中之重。企业通过信息反馈,可以加强与消费者的紧密关联,更多地了解消费者的消费感受及需求,准确掌握市场需求及其变化趋势,以便正确地调整产品或市场策略,充分满足消费者的各种需求,改进客户关系和客户服务水平,从而提升企业的品牌形象,最终加强消费者对于企业品牌的忠诚度。

(四) 信息有效提升企业风险防范能力

由于市场千变万化,各种风险皆有可能发生,对企业构成潜在威胁。通过信息的搜集、整理及挖掘,可以前瞻和预测未来行业发展趋势和变化,有效地躲避或降低企业的运营风险,避免大量的人力、物力和资金的浪费,提高新品开发项目的准确率和成功率,使企业的发展趋利避害,未雨绸缪,确保企业持续发展。

(五) 信息有利于企业在公众中树立良好形象

在企业的经营管理中,沟通协调是非常重要的,特别是企业在面对公众时,如果能够坦诚相待,及时、真实公开企业经营管理过程中的信息,将极大促进企业与公众之间的沟通工作,树立企业在公众中负责、上进等良好的形象,提升企业的品牌价值。

二、企业信息工作的主要内容

企业的信息工作主要是管理信息的收集和处理,具体来说包括以下几项工作。

(一) 建立企业信息收集网络,收集各类管理信息

企业信息收集网络是企业信息工作的基础。在现代通信技术发展背景下,建立企业信息收集网络主要是在原有企业局域网的基础上,用 Internet 技术改造成内联网(Intranet)和外联网(Extranet),这是企业信息工作的基础。

(二) 发展与利用信息资源,实现企业各种资源的优化组合

采用各种手段,收集、整理、加工以市场信息为重点的各种信息,建立企业生产、经营、管理决策所需要的各种数据库,进行数据分析与挖掘,结合深化改革进行企业业务过程重组(BPR),理顺信息流程、资金流程与物料流程,进行体制、机制与管理模式创新,推动企业各种资源的优化组合,这是企业信息工作获得成功的关键。

(三) 利用信息资源,发展企业

企业应该在生产、经营、管理等各个方面充分利用自身的信息资源,提高经济效益和服务质量,发展企业。这是企业信息工作的核心内容和宗旨,包括利用信息开发出适销对路的新产品、提高科学化管理水平、开展电子商务等,以此降低经营成本,增强市场竞争力。

(四) 开展信息教育,提高职业信息文化素质和增强全员信息管理意识

通过各种形式和途径强化在职培训,开展信息技术、信息化知识普及教育,各级领导、管理干部、科技人员、业务人员、普通职工的信息意识,提高他们的文化素质,培养既懂信息技术又懂业务的复合型人才,这是企业信息工作顺利开展的保证。

任务三 认识企业中的档案管理

当今世界已进入知识经济和信息时代,信息已成为比资产更为重要的战略资源。档案管理工作作为信息业的组成部分,档案作为一种信息资源,真实地记录企业生产、技术、科研和经营等活动,并成为企业的一项基础性工作,同时也作为与企业同步发展的无形资产,在企业管理等各方面正积极地发挥着应有的重要作用。规范化、科学化的档案管理是企业必须做好的一项基础性工作。在企业发展的同时档案工作不被削弱,建立一套适应本公司业务特点、体现公司规范化、科学管理水平的档案体系,使得档案工作的发展不滞后于企业发展的速度,它将为公司各项综合业务、研究工作的开展创造必要条件,对躲避和抵御各种风险起到一定的防范作用。

一、档案与档案工作

档案是指国家机构、社会组织或个人在社会活动中直接形成的有价值的各种形式的历史记录。

档案工作是管理档案和档案事业的活动。档案管理是指档案的收集、整理、保管、鉴定、统计和提供利用等活动。

企业档案是现代企业在生产经营活动中直接形成的具有保存价值并经过整理的

原始记录和历史资料,是企业经营活动的基础信息资源,也是企业无形资产的重要组成部分。它包括各个时期和各项业务运作过程中形成并记录下来的具有保存价值的文件、账册、合同、图表、照片、证书、统计资料、音像资料等。

二、企业档案工作的主要内容

企业档案工作的主要内容是负责本企业综合档案管理工作和开发利用工作,为企业生产经营管理工作服务。具体说有下列几个方面。

(一)宣传执行档案法律法规

宣传执行国家档案有关的法律、法规、标准,宣传执行党和国家、行政区域内的地方政府及上级主管部门关于企业档案工作的方针、政策,执行上级主管部门有关企业档案管理的标准、制度、规定、办法等。制定本企业综合档案工作管理制度并实施。制订本企业综合档案工作的现代化管理计划并组织实施。

(二)档案业务管理

(1) 对本企业科技档案、文书档案、会计档案、音像照片档案、荣誉实物档案、磁盘和光盘等特种载体档案、科技图书、科技情报等进行管理工作,即对档案材料进行收集、整理、鉴定、分类、编目、保管、统计、借阅、开发利用和销毁工作。

(2) 对下属部门二级网络的综合档案、资料、台账管理工作进行指导、监督、检查和考核。

(3) 对本企业科技情报的管理工作。

(4) 对科技图书的征订、登记、造册、编目、发放和提供借阅等工作。

(5) 对各类技术标准、规范、规程的征订、编目、发放和提供借阅等工作。

(6) 对来往的工作及技术联系单、电传、传真的收发、登录、保管和提供利用等工作。

(三)档案保管

(1) 档案库房　要求库房(如图1-1所示)、办公室、阅览室三者分开,库房面积要达到要求并留有一定的空间。

(2) 档案保护设施设备　档案库房要求配置"八防"设备,包括空调、除湿机与加湿机(如图1-2所示)、温湿度测试仪(如图1-3所示)、消防设备、换气扇、吸尘器、防光窗帘、防盗报警器等。根据实际需要配备档案保护设备,如防磁声像柜、臭氧杀菌灭虫消毒装置、微波杀菌灭虫消毒装置、电冰箱、复印机、缝纫机(如图1-4所示)等。

(3) 档案装具　档案要求装盒保存。档案盒尺寸根据国家规定的规格订购,使用无酸卷盒(如图1-5所示)。

(4) 现代化管理设备　要求引入专用的电子档案管理系统,配备计算机、扫描仪、绘图仪、打印机等现代化管理设备。

(四)档案开发利用

档案开发利用包括下面几个方面:

(1) 检索工具的编制;

图 1-1　档案库房

图 1-2　除湿机与加湿机

图 1-3　温湿度测试仪

图 1-4　缝纫机

图 1-5　无酸卷盒

（2）档案的利用；

（3）档案编研开发工作；

（4）档案学术研究。

（五）档案管理现代化建设

充分利用现代化管理手段,应用电子计算机档案管理系统改善综合档案管理工作,提高工作效率和管理水平。

（六）企业档案目标管理升级达标

根据国家档案局下发的《企业档案工作目标管理考评标准》,企业应积极开展升级达标工作。

三、企业档案工作的作用

随着现代社会科学技术的不断发展,信息日益成为人们日常生活中不可或缺的重要资源。特别是对现代企业来说,谁占有丰厚的信息资源,谁就会在激烈的市场竞争中处于主动地位。因此,档案作为信息的重要形式,对企业有着重要的作用。

（一）企业档案是维护企业合法权益可靠的法律凭证

市场经济是契约经济,是法治经济,但是,市场经济又带有一定的自发性和盲目性。特别是在不完善的市场经济条件下,各种不讲道德、不讲诚信的现象,甚至互相欺诈的行为泛滥,严重地扰乱了正常的市场经济秩序,违背了竞争的公平性原则,在这样的条件下,一家合法经营的企业,难免遭到不合法的侵害,难免陷入经济纠纷之中。这时,受害方只有拿起法律的武器,才能维护自己的合法权益,才能保证企业正常的生产经营。然而司法部门讲究以事实为依据,以法律为准绳。如果企业没有健全的商务档案作保证,拿不出可靠的原始凭证作依据,就可能陷入"有理说不清"的窘境。

(二)企业档案是企业管理层开展各项工作的重要依据

在改革开放和建立社会主义市场经济的新形势下,企业经营管理活动中会不断出现新情况、新问题,企业领导想要完全靠自己获取信息满足企业管理、发展企业的要求是不可能的,必须从档案渠道来获取信息。这就要求企业档案工作者将各种信息及时归整为档案资料,为领导提供多渠道、多角度、全方位的档案信息服务,使领导始终保持"耳聪目明",及时采取对策解决问题,把各项工作始终建立在科学的基础上。例如,企业要制订发展规划,必须摸清现有设备能力和装备水平的底数,分析市场和企业经营管理的潜力,同时对自己的有利条件、不利因素和发展空间做到心中有数,这就一定要依赖于档案的支持;企业要开拓市场,选择合作伙伴,必须考察对方的信用档案,了解对方的信用状况;企业要进行资产评估或会计核算,必须凭借会计档案核算企业的应收款项和应付款项,并根据商标档案、专利档案等估算企业的无形资产。总之,离开企业档案,企业的经营管理活动就可能寸步难行。

(三)企业档案是企业无形资产的重要组成部分

无形资产是企业资产的重要组成部分,是指企业长期使用但没有实物形态的资产,包括专利权、商标权、非专利权、土地使用权、著作权、商誉等。企业档案是企业在各项商务活动过程中形成的、具有保存价值的原始性的历史记录,是企业无形资产的重要组成部分。同企业的商标权、商誉等资产一样,档案的历史越久,其价值就越大。现在,许多行政法规已将国有企业的档案列入国有资产的管理范围。

(四)企业档案是企业文化的重要体现和反映

企业文化有广义和狭义之分。广义的企业文化是指企业的物质文化、行为文化、制度文化和精神文化的总和。狭义的文化是指以企业经营理念和价值观为核心的企业意识形态。企业档案是企业经营者和全体员工在生产经营活动中形成的历史记录,从内容到形式上都留有他们辛勤劳动和创造的烙印,从一个侧面反映了企业的行为文化。企业档案中有关工艺流程、员工手册、操作指南、职务说明书等规章制度方面的记载是企业制度文化的直接体现。企业档案是企业的"史记",是一部企业的"编年史",它记录了企业发展的历史轨迹,这其中蕴涵了企业的价值观和伦理观,是企业精神、企业文化的重要反映。

项目二 秘书的信息工作

【学习目标】

了解秘书信息工作的内容、特点和常用信息工具,使学生理解秘书的信息意识,能够明确秘书信息工作职责,能够树立正确的秘书信息意识。

【任务描述】

学意公司行政部新招聘的秘书吴芳第一天到公司上班,行政部经理就要求她不仅要做好市场信息的收集,还要做好日常的信息收集,每天都要把收集到的信息及时整理好交给经理审阅。

【任务分析】

信息工作是秘书日常工作中非常重要的一项内容。秘书首先要了解信息工作的内容、特点,其次要熟悉收集和处理信息工作的工具和方法。

任务一 熟悉秘书信息工作的主要内容

秘书信息工作是指秘书部门或秘书个人采集、处理信息的一切活动。企业秘书信息工作实际上包含了企业秘书部门对信息的收集与处理及对市场信息的调查处理两部分。前者指的是企业秘书的日常信息处理,后者是根据企业运营的需要,为了解决经营、销售、新产品开发、制定价格战略等问题,主动进行有目的、有要求、有特定市场范围的市场信息调查。前者是企业秘书机构作为企业信息网络中枢的信息处理,后者是指企业秘书协调企业营销、策划及专职的市场调查员和推销员所做的市场信息调查和综合处理。两者虽然各有分工,但其都是为企业经营决策服务的,这是企业秘书信息工作的根本宗旨。因此,两者相互补充,相互配合,形成一个整体,共同构成企业经营决策不可缺少的支撑系统。

一、秘书日常信息工作的主要内容

秘书是为企业决策层或上司个人服务的,通过向上司提供有效信息,从而辅助上司决策是秘书分内的工作。秘书日常信息工作的主要内容包括下列几个方面。

(一)日常事务工作中的信息工作

秘书日常事务工作包括值班、接打电话、接待工作、安排活动。在处理这些办公室日常事务工作中,必须按照特定工作内容的需要,做好信息工作。

(二)会务工作中的信息工作

会议是信息沟通、信息处理的重要手段。开会的过程就是信息交流、信息处理的过程。秘书的会务工作实际上是确保会议信息有效流动,实现会议想要达成的目的。

因此,秘书要做好会议期间信息的收集、传递、反馈工作,做到多听、多记、多想,全面地收集并掌握第一手资料。

(三) 文书处理中的信息工作

办文是秘书的重要工作,文书是领导了解信息的重要传递载体。秘书每天都要处理大量的文书,从文书的起草、制作到文书的分发、收文、传阅、归档就是信息工作的整个流程。

二、秘书市场信息工作的主要内容

秘书通过商情、广告、报表、凭证、合同、货单、文件、书信、语言、图像等途径广泛收集反映市场上商品生产、交换、流通、消费等有关方面的数据和资料,比如股市行情、银行利率变化、市场需求、原料价格等。

三、秘书信息工作的特殊性

(一) 服务的特定性

信息是人类的财富,所有人都可以利用信息。但是不同的人利用的目的是不一样的。秘书的信息服务具有特定性,信息工作主要是为上司或领导团体服务,这是秘书信息工作的根本出发点和落脚点。

(二) 内容的全面性

秘书信息的搜集要满足企业发展各个时期、各个环节的信息需求,包括市场、行业、对手、经济、政治、环境等多层面的信息。信息系统的目的是构建企业"竞争全息图"、消除"信息孤岛"。因此,信息搜集要制订完整的计划,信息数据也要分门别类,使企业内部各个管理层面都能分享有关联的信息。因此,信息收集的内容要具有全面性。

(三) 渠道的多样性

信息工作的关键是要全方位注重信息资源的有效整合。人际网络关系往往能得到公开渠道所无法获得的信息,而这些信息能对企业快速反应产生影响。如融洽地保持与行业专家、权威人士、商务机构的商业往来,互通有无;定期与合作伙伴举办气氛轻松、主题聚焦的沙龙会议;在公共社交场所,如各类展销会、订货会、新闻发布会、学术研讨会等是行业企业汇聚的平台,也是获取信息情报最重要的机会与场所,通过参加这些会议可以获取大量文献资料、人际信息等。另外,不同层次的人,包括领导、职员,甚至清洁工人都可能成为获取重要信息的来源。

(四) 时间的全天性

信息无处不在,无时不在。秘书人员随时随地都应该做好信息收集的准备。即使是在工作之余或节假日期间,都可以关心并搜集与企业相关的信息,并及时与企业信息管理者进行沟通和反馈,需要持之以恒,如此必有成效。全天候的工作要求秘书要有较高的信息工作责任意识。

四、秘书常备的信息资料

秘书在工作中经常要查阅和利用信息,所以在办公室中应备有常用的信息资料,以便随时翻阅。

秘书常备的信息资料有参考书(包括工作用参考书、手册、百科全书、字典与词典、年鉴)、报纸期刊、统计资料、地图册、内部文献、人名地址录、广告材料和宣传品,以及有关政府出版物、法律法规汇编、政策汇编等。

任务二 树立秘书信息意识

一、信息意识概念

同样重要的信息,有的秘书善于抓住它,有的秘书却漠然视之。这就是秘书信息意识的强弱不同造成的。秘书人员要做好信息工作,要有一定的信息知识和信息处理能力,更为关键的是要树立正确的信息意识。因为信息技能的掌握在很大程度上取决于信息意识的增强。

所谓信息意识,简单地说,是人们利用信息系统获取所需信息的内在动因,具体表现为对信息的敏感性、选择能力和消化吸收能力。秘书信息意识就是秘书人员对各种信息的敏感程度,是秘书人员对自然界和社会的各种现象、行为、理论观点等,从信息角度的认识、理解、感受和评价。通俗地讲,就是面对不懂的东西,能够积极主动地去寻找答案,并知道到哪里、用什么方法去寻求答案,这就是信息意识。

有无信息意识决定着人们捕捉、判断和利用信息的自觉程度。现代企业秘书没有科学的信息意识,就不能正确对待大量的信息,就可能淹没在信息的海洋里,成为信息的奴隶。现代企业秘书必须具有强烈的信息意识,善于从无数的信息中主动地挖掘、搜集、整理和应用有利于领导决策和秘书工作的信息;善于敏锐地洞察别人尚未注意的信息,发现问题、分析问题和解决问题;善于将各种信息和自己所关心的问题、须要解决的问题结合起来思考,从而更好地开展秘书工作。

二、信息意识的表现

(一) 对信息具有特殊的敏锐的感受力

这是信息意识的突出表现,是一种自觉的心理倾向,能够敏锐地捕捉信息,并善于从他人看来是司空见惯的、微不足道的现象中,发现有价值的信息。

(二) 对信息具有持久的注意力

这是信息意识的另一种突出表现,对信息的态度成为一种习惯性倾向。具有信息意识的人,对信息的关注不受时间和空间限制,无论是在工作范围以内,还是在日常生活中,他都习惯用情报的眼光,从情报的角度去观察周围一切事物,去思考问题,把这些信息和自己要解决的问题联系在一起。对这些信息的长久注意力是一个人事业取得成功的必要条件,也是科研、情报工作突发灵感的基础。

(三) 对信息价值有较强的判断力和洞察力

这在某个时刻可能成为事业成功的关键。一个具有强烈信息意识的人,对信息的敏感性,除了他对信息的心理倾向外,更重要的是他对信息价值的判断力和洞察力。在面对浩如烟海、杂乱无序的信息时,他须要去粗取精,去伪存真,进行识别,并做出正确选择。

三、秘书信息意识的培养

(一) 秘书的信息意识

秘书的信息意识一般表现为对秘书工作中的情报信息具有较高的敏感度,深透的洞察力和大胆的快速分析、反馈、判断和使用能力。实践中体现为秘书在工作中搜集信息,利用信息的自觉行为。秘书的信息意识包括信息价值意识、信息安全意识、信息消费意识和信息道德意识四个方面。

1. 信息价值意识

信息价值意识是信息意识中最核心的部分。价值是信息被人们重视的根源,也是人们能够主动进行信息活动的根本动力所在。在信息社会中,秘书应该具备这样一种观念:为了企业的发展,我们需要信息。每天我们都有海量的信息,秘书要能够从中提炼出有价值的信息为领导服务,为公司所用。

2. 信息安全意识

信息社会中信息特有的价值属性决定了一个生活在信息社会里的人要有信息安全意识。秘书更应具备安全意识。每家企业都有一些秘密信息是不允许或不适合公开的。一旦秘密信息公开会危及企业的利益。秘书要有安全意识,既要做好个人信息的安全防范,又要做好企业信息的安全防范。

3. 信息消费意识

既然信息是有价值的,那么使用信息便是一种消费行为。事实上,我们每天都在进行信息消费,从报纸上获取信息就要花钱买报纸,看电视获取信息就要交收视费,上网获取信息要交上网费,打电话要交电话费,等等。在现代社会中,信息消费投入已经成为工作、学习、生活、生产、管理系统中最重要的投入,有投入才能有产出,秘书要树立信息就是商品的观念,抵制那些使用盗版软件、剽窃他人信息成果等不好的信息消费行为。

4. 信息道德意识

所谓信息道德意识是指一个人在获取、处理、应用、创造信息时要有道德观念,要自觉接受行为准则和规范的约束,要有遵守有关法律、法规、公约的自觉行动。秘书作为信息工作者应该在信息工作中遵守相关法律法规,不出卖企业信息,不制造、不传播有害信息、假信息,不参与违法信息活动。秘书的信息道德既是秘书做好信息工作的前提,也是秘书职业道德的内在要求。

(二) 秘书信息意识培养

培养秘书人员的信息意识是提高秘书信息工作质量的有效途径。秘书人员提高个人的信息意识的主要方法有以下几个方面。

1. 多学

多学就是加强秘书信息工作知识的学习,不断拓宽知识面,提高秘书的信息理论水平。理论来自于实践。秘书信息工作中理论、信息工作的专业知识是对实践的总结和概括。秘书学习这些理论知识,既是一个间接的实践过程,又是一种理论升华的思维活动。通过这些理论知识的学习,可以从根本上提高秘书人员对信息工作的重要性和必要性的认识,还可以使我们熟悉秘书信息工作的工作原理,掌握企业管理活动中信息工作的基本规律,从而使我们利用信息去解决实际问题的主动性和自觉性得到增强。所以,加强秘书信息工作的理论学习是培养秘书信息意识的捷径。

2. 多看

多看就是培养秘书人员敏锐的信息洞察力。信息工作涉及面广,知识性强。面对错综复杂、扑朔迷离的各种信息资料,秘书不可能把所有信息全部接受过来,只能细心地观察。通过敏锐的观察力来捕捉各种能为领导决策提供依据和参考的信息。须要真正做到不为繁杂的信息所困扰,不为万变的现象所迷惑,能够抓住那些对领导决策有用的东西,这就需要秘书人员从两个方面来培养这种能力。一是多阅读各类文件和新闻报刊,提高政策理论水平和鉴赏能力。要及时阅读一些各级党政机关的文件、各类新闻报刊和来自基层的简报、信息等。二是多接收来自外界的各类信息,提高社会认识水平及辨别是非的能力。要做到"眼观六路,耳听八方",从自然知识到社会科学都应猎取,力争做到上知天文地理,下谙世风民情,广泛接收来自各地区、各单位、各部门的信息,深入观察进而做出灵敏的反应,及时向领导提供准确、新颖、适用的信息。

3. 多思

多思就是培养秘书人员灵活的信息收集和捕捉能力。秘书人员不应该只对现实生活中所反映出的情况被动地进行接受和利用,应该主动地、广泛地收集和捕捉信息。在捕捉信息的过程中,一是位置要找准。要站在领导的位置看问题,多思索哪些是为领导服务的,哪些是为部门服务的,哪些是为一线员工服务的。要预测到上司决策的需要,主动地对各种信息进行比较。只有这样才能对原始的、零星的信息进行分析、归类,由小到大,由低到高,由点到面,整理出较为完整的信息。二是内容要新颖。要立足于新,不保留人人都知道的陈旧信息,删除不真实的信息,对一些有疑惑但有价值的信息,结合情况进行查清补充。三是角度要选好。要突出特色,要针对领导分管工作展开信息工作,以便使领导了解具体情况,增加信息为领导服务的针对性。只有具备了这些超前的捕捉信息的意识,才可以通过不同渠道、不同层次、不同方法、不同人员猎取到各种有用的信息。只要处处留心、广闻博记,就可以挖掘出那些潜在的有用信息,起到主动服务的作用。

4．多练

多练就是培养秘书人员准确筛选信息、整理信息的能力。在日常接触到的信息资料中,有时很难迅速分辨出哪些信息有用,哪些信息无用。有用的和无用的、正确的和错误的、落于俗套和含有新意的、个别现象和普遍存在的信息,常常混杂在一起。一些内容对领导决策可能是不需要的,显得多余;一些内容对领导决策是需要的,却叙述不清,显得太少;一些内容甚至是错误、片面的。总之,各种情况都可能出现。这就需要信息工作人员能够熟练地对这些原始信息进行多次分析、识别和判断,去伪存真,去粗取精,增强信息筛选和整理的熟练程度,从众多的一般信息中抓住最有价值的信息。一是筛选要细致。信息工作人员要对信息资料加以分析,把一些个别的、零碎的、不系统的信息过滤出去,使模糊度和多余度降到最低限度,以编写出形式可读可用,符合领导要求的信息。二是整理要准确。信息工作人员要经常对筛选出来的信息资料进行有序的、系统的、综合性的融合,通过归纳、排序、分析研究等方法,提炼、推导出一些新的有价值的信息,使经过整理后的信息更加精练、系统,具有较高的准确性和适用度,能够真正揭示和反映事物的内在联系和内在规律,成为领导决策的依据。

实训任务　熟悉企业的信息和档案工作

【训练目标】

了解企业信息工作和档案管理工作的主要内容;了解企业信息工作程序;了解企业文件材料归档情况及日常管理情况。

【实训内容】

在本市选择 3 家企业进行调研,最终成果以调查报告的形式体现。主要调研内容包含下列两个方面。

(1) 企业信息工作的主要内容及信息工作的程序。

(2) 企业档案工作的主要内容、归档情况及日常管理情况。

【实训要求】

(1) 实训项目分组进行,每组 3～5 人为宜,每组设组长 1 人;

(2) 以个人为单位完成相关文件资料,设计相应的表格,并将文字资料和表格录入电脑,按照规范进行排版。

(3) 每组组长将小组成员完成的资料进行汇总;

(4) 以小组为单位,每组派出一名代表参加实训成果汇报,并将汇报材料制作成 PPT,注意图文并茂;

(5) 根据每组完成任务情况,小组在自评的基础上进行互评,最后由教师进行总评。

【知识链接】

资料、信息、文书与档案的区别

第一,资料与信息的区别。资料与信息在秘书工作中都是必不可少的。《现代汉语词典(第6版)》对"资料"有两个解释,其中与本书所谈的"资料"有关的解释是:"用作参考或依据的材料。"[1]《现代汉语词典(第6版)》对"信息"的解释比较简单:"音信、消息;信息论中指用符号传送的报道,报道的内容是接收符号者预先不知道的。"本书的观点是:资料中保存了大量的信息,信息是从资料中获取的,信息对当前工作起着直接指导作用,资料是保存备查的,资料被利用时就成了信息。陈合宜认为:"资料可以看成是信息物化后的一种存在形式。由于信息接收者不同,资料中可能蕴藏着大量的信息,成为获取信息的原料,也可能不包含信息。"[2]所以,要求秘书做好资料的管理就是要尽量通过收集、整理和加工留存将来可以成为信息的资料。当然,信息的来源不限于资料,也包括本书所谈的"档案"等。在现实工作中,资料与信息很难严格地区分,二者经常相互交叉。通常具有现实效用的资料为信息,信息的现实效用完成后又可以成为资料。

第二,档案与信息的区别。从逻辑上讲,档案与信息是种概念与属概念的关系:档案是信息的一种,是信息大家族中的一个重要成员。档案的角色、地位,是由档案的本质特性即档案在社会生活中的根本价值、作用决定的,同时也是在档案与其他信息的区别中表现出来的。档案是一种最真实、最可靠、最具权威性与凭证性的原生性固化信息,档案是信息之根——确定性与可靠性的最高体现形式和实存形态。

第三,档案与文书的区别。档案与文书的关系主要是实存形态上的直接转化关系。文书尤其是其定稿因具有较强的原始记录性,所以可直接转化为档案。档案与文书还是有区别的。一是文书并不都能转化为档案,只有具有查考价值且处理完毕的那一部分文书才能转化为档案;同时,档案不仅包括过去的文书,还包括大量非文书类(如音像)的原始记录。二是二者本质不同:文书本质上是人们处理、解决现时性具体事务、问题的信息传递工具,而档案的本质则是已往社会实践的原始记录物。所以,从逻辑上讲,二者的外延有交叉,但内涵不同。[3]

---

[1] 中国社会科学院语言研究所词典编辑室.现代汉语词典(第6版)[M].北京:商务印书馆,2012:1721.
[2] 陈合宜.秘书学[M].广州:暨南大学出版社,2005:185.
[3] 冯惠玲,张辑哲.档案学概论[M].北京:中国人民大学出版社,2001:10-11.

第二章　信息收集与整理

项目一　信 息 收 集

【学习目标】

了解信息收集的概念、范围；掌握企业信息收集的方法；能够正确地选择收集信息的方法；能够完成上司交代的信息收集任务；能做好日常信息收集工作。

【任务描述】

吴芳是学意公司市场部商务秘书。这几天市场部经理赵东要求吴芳收集服装行业的相关信息，并写一个介绍我国服装行业基本情况的调查报告，为公司开发新项目做好前期工作。吴芳马上着手开始收集相关信息。

【任务分析】

收集信息是秘书人员最常见的工作，也是非常重要的一项工作。秘书人员首先必须了解信息收集的范围及收集信息的原则和方法，并能选择正确的方法去收集信息，才能完成上司交办的工作任务。

任务一　确定信息收集的范围和原则

信息收集是指通过各种方式获取所需信息的过程。信息收集是秘书信息工作的基本内容，也是信息工作的关键一步。

在市场经济条件下，竞争成为企业生存的常态。知己知彼，方能百战不殆。信息成为我们展开市场竞争的基础，信息的收集更是重中之重。作为企业员工，要清晰认识到信息的重要性，树立主动收集信息的意识。秘书人员更是要肩负起收集信息的重任。秘书收集信息的多少、质量的高低等都直接影响到信息工作的质量，进而影响企业的决策。一家企业只有收集了大量正确、全面的信息，领导层才能做出科学的企业发展决策。

市场经济环境下，任何企业每天都要面对生存、发展所带来的各种问题。在今天的商业竞争中，谁掌握了充分的信息，谁就能在商战中掌握主动权。日本企业在世界范围内都有重要影响力和强大的竞争力，与其重视信息工作是紧密相关的。

一、确定信息收集的范围

在现代市场经济条件下,企业所面临的生存环境越来越复杂多变。面对企业周围存在的各类信息,秘书只有明确信息收集的范围和收集重点,才能做好信息工作。

从宏观角度分析,秘书收集信息的范围包括以下几个方面。

(一) 企业信息

(1) 企业基础资料:企业历史、基本状况简介、规章制度、经营业绩、科研成果、各项荣誉等。

(2) 企业概括:包括企业名称、性质、地址、电话及传真、网址、业务范围、主要产品、近年业绩情况。

(3) 企业财务状况:包括企业注册资本、负债情况、盈利状况等。

(4) 企业信誉与信用等级情况。

(5) 企业背景:企业历史、企业组织结构、股东情况及股东变化、企业领导层及主要领导人情况。

(6) 企业经营活动信息:企业开展各类经营活动的动态信息,包括产品研发、生产、上市、销售等环节信息;生产工艺革新、生产设备更新;公关宣传活动、企业文化建设活动等。

(二) 合作伙伴信息

企业的合作伙伴主要包括以下几种。

(1) 为公司提供原材料、技术、能源、生产设备的供应商。

(2) 从事公司产品或服务代理、批发、零售业务的销售商。

(3) 为公司经营管理提供物流、金融、咨询、市场推广、研发等各项服务的服务商。

秘书应收集企业所有合作伙伴的信息,包括合作伙伴的企业或组织概括、财务状况、信誉与资信、企业经营状况、企业背景等。

(三) 市场信息

企业市场信息包括以下几个方面。

(1) 行业信息 公司主要业务或产品所处行业的市场消费动态、供需趋势、各种会展机会、技术发展趋势、价格趋势、产品功能发展趋势等。

(2) 本公司产品信息 公司产品基本情况、生产销售情况、市场占有率、消费者满意情况、与同类产品比较等。

(3) 客户及消费者信息 客户的资信、经营方式与范围、经营能力、市场营销特点、市场占有率及客户有关背景方面的信息。消费群体基本情况、主要特征、消费趋势等。

(4) 竞争对手信息 竞争对手基本信息、产品与技术信息、新产品研发、营销战略与特点、重要公关活动等。

（四）法律政策信息

任何一家公司都必须在国家相关法律和政策下开展经营管理活动。正确理解和执行国家法律法规，充分利用国家政策，既能够保障企业利益不受侵害，又能改善企业与政府之间的公共关系。秘书不仅要收集我国现有的法律、政策、规定，还应注意收集与公司有业务往来公司所在地的法律政策。

（五）宏观经济金融信息

随着我国外向型经济不断发展，我国企业参与国际商务活动日益频繁，我国经济与世界经济关系日趋紧密，秘书应收集国内外宏观经济信息和金融信息。经济信息包括宏观经济动态、国家经济政策、经济发展导向等；金融信息包括国内外金融动态、外汇汇率变化、国际国内证券市场行情、贸易对象国利息汇率、投资、信贷信息等。

（六）交际活动信息

凡是企业领导要参加的各种交际活动，秘书都要及时掌握相关方面的信息。秘书要迅速掌握会见活动的内容、时间、地点、具体要求等情况；设法掌握对方背景材料、生活习惯、饮食特点、嗜好、忌讳等情况；明确领导对这次会见的指示或批示。

二、秘书信息收集的重点

秘书的信息收集范围比较广泛，因此在实际工作中，秘书人员必须根据自身所处企业的组织规范程度、规模大小、岗位职责等来确定信息收集的重点。秘书在把握信息收集重点时，必须围绕服务领导来展开信息收集。

（一）与领导业务有关的信息

秘书应围绕领导的中心业务工作（即领导所分管的工作）收集信息，服务领导决策。对于组织管理比较规范、结构健全的企业，信息收集的任务会分解到具体的部门。比如发展战略部负责收集与公司发展相关的政策信息、行业信息等；市场部负责收集市场信息、消费者调查信息等；研发部收集有关新技术的信息。因此，秘书应根据所服务领导的中心工作开展信息收集工作，重点突出，才能提高信息收集的效率和质量。

（二）领导交际活动信息

秘书收集信息的另一个重点是领导的交际活动信息。为领导安排交际活动是秘书工作的一项重要内容。在"人情即商情"的现代社会，老板的人脉范围将直接影响其"财脉"的发展，而作为领导左膀右臂的秘书，当之无愧地为老板安排商务宴请等活动。在安排领导交际活动中，为领导收集相关信息，能提高交际活动的针对性、有效性。秘书要做好为领导在交际活动中收集信息的工作，必须在日常生活中做有心人，注意积累诸如各类餐厅位置、特色、环境特点等信息。

三、信息收集的原则

信息，是企业决策的基础和依据，是竞争的先导，是制胜的法宝。信息收集要有目的、有计划、有组织地进行,并遵循以下几点原则。

(一) 针对性原则

信息收集工作应当从企业的实际需要出发,针对其当前和今后一段时间内的科研、生产、市场经营活动的需要,按照各种不同专业和课题特点,有目的、有选择地进行。只有这样,才能把有限的人力、物力、财力用在最需要的地方。

(二) 及时性原则

开展企业信息收集工作要有高度的时间观念,一旦发现与企业有关的信息线索,就应立即追踪,迅速获取。只有这样,才能及时地满足企业的信息需要,使企业能适时地做出各种相应的决策,在竞争中立于不败之地。如果秘书对市场信息反应迟钝,行动缓慢,经常提供一些过时的市场信息,就会使企业因决策落后于市场变化的形势而在竞争中失败,甚至遭遇到破产的命运。

(三) 可靠性原则

可靠性是信息收集过程中必须严格遵循的一条基本原则。我们的信息收集工作必须力求准确可靠。我们不应忽视各种道听途说的消息,但也不可把它们都当做可靠的信息,而只能把它们作为线索顺藤摸瓜地追寻这些信息的确切来源。对于所获得的每一种情报,尽可能地弄清楚它的出处、产生时间和具体情况,取得必要的旁证,才能充分地保证市场信息的准确性。

(四) 系统性原则

系统性原则是指所搜集的情报不能是片面的、支离破碎的,而必须是比较全面的,具有内在联系的。一方面从信息收集的总体来看,决不可孤立地去获取某一方面或片段的信息,而应当系统地收集企业决策所需要的不同方面、不同层次的信息,从而为企业进行各种决策提供比较充分的信息依据。另一方面,就每一种具体问题的信息来说,也应当避免片面性,只有系统地去收集有关这一问题的历史、现状和变化趋势的信息,才能比较全面地把握这一问题的本质和规律性。

(五) 道德性原则

信息工作是在一定的理论基础上的科学创造工作,而不是商业间谍活动,在收集信息时应注意到不要违反道德准则。

任务二 利用各种方法和渠道收集信息

一、收集信息的方法

秘书在信息收集时,应根据所收集信息的分布范围、流通渠道及实际收集过程中人、事、地的不同采用不同的收集方法,主要包括以下几种。

(一) 观察法

观察法是指人们直接用感官或借助其他工具认识客观事物,获取信息的方法。

观察法是收集、获取信息最基本的方法。秘书在采用观察法收集信息时,往往要亲自到现场,借助听觉、视觉或录音机、摄影机、摄像机等设备记录客观对象的活动。

1. 观察法的优点

(1) 方法简单、灵活;

(2) 获得较为客观的第一手信息材料;

(3) 适用于对环境、人、事件实际状况的了解。

2. 观察法的缺点

(1) 不易收集到深层信息;

(2) 获得信息量有限;

(3) 观察效果受秘书观察能力的影响。

它适用于新产品的宣传和促销及跟踪调查,有利于掌握客户对新产品的第一感觉和评价,以便及时回馈相关信息。

(二) 阅读法

通过阅读书刊等获取信息。书刊等公开出版物是目前人们运用最普遍的信息载体,兼有宏观信息和微观信息,信息周转快。

1. 阅读法的优点

(1) 获取信息方便;

(2) 获得信息量大,适用性强;

(3) 能全面提供工作需要的参考信息。

2. 阅读法的缺点

(1) 书刊的信息来源多,信息可能失真,有杂质;

(2) 需要筛选,判断信息的真实性。

(三) 询问法

询问法是秘书通过提问请对方作答来获取信息的方法,是询问者意图完全公开的一种方式。询问的形式有人员询问、电讯询问、书面询问。人员询问是进行面对面交谈获取信息的形式;电讯询问是借助于电话和传真等信息传递工具收集信息的形式;书面询问是根据信息需求,设计制成有一定结构的大纲或统一格式的问答调查表收集信息的形式。

1. 询问法的优点

(1) 应用灵活、实用;

(2) 直接交流、互动沟通;

(3) 能获得大量有价值的信息;

(4) 能获得语言信息和非语言信息。

2. 询问法的缺点

(1) 要求秘书具有一定素质和能力,能很好地运用询问技巧;

(2) 书面询问较复杂、难掌握;

(3) 费用较高、时间较长、规模小。

(四) 问卷法

问卷法由收集者向被收集对象提供问卷(精心设计的问题及表格)并请其对问卷的问题作答而收集信息的方法。

1. 问卷法的优点

(1) 避免主观偏见,减少人为误差;

(2) 节省时间、人力和经费,效率较高;

(3) 收集的信息便于定量处理和分析。

2. 问卷法的缺点

(1) 问卷的回收难以保证;

(2) 问卷的质量难以保证;

(3) 要求被调查者具有一定文化水平。

3. 问卷的结构

(1) 封面信:说明调查者身份及调查的内容、目的、意义;说明选择调查对象的方法和对调查结果的保密措施。

(2) 指导语:对填写问卷的要求、方法、注意事项等作总体说明,一般以填写说明的形式出现。

(3) 问题和答案:这是问卷的主体,包括一般问题、主要内容、敏感性或复杂性问题、个人基本状况等。

(4) 其他信息:调查者姓名;被调查者姓名、地址、电话号码;问卷发放及回收日期等。

4. 问卷的类型

(1) 封闭式问卷:又称固定式问卷。它的答案是固定的,只能在规定的几个答案中进行选择。

例如:您喜欢哪一方面的书籍?(选定的答案打"√")

□政治理论　　□科学技术　　□文学艺术　　□企业管理　　□其他

(2) 开放式问卷:又称自由式问卷。它没有固定答案,可自由回答问题。

例如:您选购商品时考虑的因素是什么?您对家中使用的洗衣机哪些方面不太满意?

5. 问卷法的步骤

(1) 问卷设计。

(2) 试用和修改。问卷设计出来后,可进行小规模试用,从中发现问题,进行修改,以保证收集到高质量信息。

(3) 选定问卷的调查方式。问卷制作好后还要确定调查形式。

问卷调查的形式:报刊问卷,在报纸和刊物上公布问卷;邮政问卷,通过邮局把问卷寄出,对方回答完后按指定地址寄回;发送问卷,把问卷直接分发,对方立即填写,调查者直接回收问卷。

（4）对信息进行统计分析。

（五）网络法

网络主要指以互联网为核心的计算机通信网络,它是以资源共享为目的,使用统一的协议,通过数据通信信道将众多计算机互联而成的系统。网络所提供的信息服务有电子邮件服务、远程登陆服务、文件传送服务、信息查询服务、信息研讨和公布服务等。

1．网络法的优点

（1）信息时效性很强；

（2）最新信息补充及时；

（3）收集信息迅速、广泛；

（4）收集信息不受时间、地域的限制；

（5）能收集文字图表信息和声像信息。

2．网络法的缺点

（1）信息来源复杂,有大量未经核实的信息和信息垃圾；

（2）需要掌握计算机知识。

（六）交换法

交换法就是将自己拥有的信息材料与其他单位的信息材料进行交换。秘书可通过交换信息的方式获得有关的信息,特别需要重视与业务频繁的企业建立稳定的信息交换网络,在信息上互通有无。

1．交换法的优点

（1）实现彼此间的信息共享；

（2）获得信息及时、适用；

（3）节省信息收集时间；

（4）可临时交换各自感兴趣的专趣性信息；

（5）可根据需要,商定交换信息的方式、内容,进行长期交换。

2．交换法的缺点

（1）信息交换建立在自愿、互惠的基础上；

（2）要注意信息保密问题；

（3）交换信息的范围窄。

（七）购置法

购置包括订购、限购、邮购、代购等,主要是购买与收集信息目标有关的数据、报刊、专利文献、磁带磁盘等。

1．购置法的优点

（1）相关信息比较集中；

（2）许多出版机构和书店都有订购业务；

（3）获得大量系统化、专业化知识信息。

2. 购置法的缺点

(1) 费用高,花费时间和人力;

(2) 要从大量信息中筛选有价值的信息;

(3) 信息要经过真实性鉴别后才能利用。

二、秘书收集信息的技巧

(一) 熟悉上司

秘书作为助手,必须熟悉自己的上司,这是做好秘书工作的前提,也是做好信息工作的前提。只有这样,才能做到有的放矢。

在日常工作中,秘书不仅要了解自己的上司主管哪些工作,分管哪些部门,而且还要了解上司目前最关心的是哪些问题,工作中有哪些新的打算,等等。只有这样,秘书才能把握自己收集信息的重点,当上司需要的时候,就可以及时给上司提供相关的信息。

那么,秘书怎样才能知道上司当前工作的重点呢?对于这类问题上司一般都不会有明确的指示,所以只有靠秘书自己去观察、琢磨。通过留心观察,大概掌握上司工作的重点,对于一个经验丰富的秘书来说,这应该是一种职业本能。

(二) 广闻博见

要想做好收集信息的工作,归根结底就是要勤奋工作,多听多看。由于秘书所处的地位比较特殊,因此很容易收集到各种各样的信息,不过,这些信息的可信度如何?有没有实际价值?这就要靠秘书的判断力来判断,而这种判断力实际上就是秘书水平和素质的体现,它扎根于秘书平日的多听多看。秘书做好信息工作的窍门就是平时多看、多听、多问,抱着"三人行,必有我师焉"的谦虚态度。

(三) 取得同事配合

信息收集工作是一项复杂而庞大的工作,如果光靠秘书一个人,肯定很难做好。单就各种文字信息而言,秘书要将各种报纸杂志从头到尾看一遍都看不过来,何况还要对它们进行整理。因此,秘书从事收集信息工作,如果不与各部门同事配合,取得他们的帮助,就很难满足上司的需要。

为了取得各部门同事的配合,秘书要有一种诚恳谦虚的态度。不管是谁,只要掌握了"信息",秘书就要虚心向其请教,只有这样,才能得到他们的信赖,他们才会知无不言,言无不尽,且言之有物。

当然,在收集信息过程中,秘书光有谦虚的态度还不行,如果不能互通有无,总让对方单方面为你提供"无偿服务",那这种状况也不可能长期维持下去。因此,只要不违反保密规定,你也可将自己收集的信息提供(复印或用电子邮件的方式)给那些为你提供信息的部门或个人,并且将他们提供信息所产生的作用特别是上司对这些信息的评价告诉他们,使他们能对自己的工作成绩和工作意义有一个全面的评估。

三、秘书收集信息的渠道

根据信息的扩散方式,可将信息的收集渠道分为正式渠道和非正式渠道两种。

(一) 正式渠道

1. 公共传播载体

在当代社会中,大量市场情况和动态的信息是通过出版发行系统、广播影视系统和互联网公开传播的。因而从图书、杂志、报纸、广播、电视、互联网、行业协会出版物、会议文献、技术报告、产品标准和样本及有关单位赠阅的资料中获得信息,是收集信息的重要途径。

公共传播物辐射面宽、信息含量大、时效性强。如电台、电视台多数都有经济节目,可提供大量的商务信息,还有新闻、科技、广告等节目,通过收听、收看、录音便可从中得到有价值的信息。

随着越来越多的企业建立网站,或者是开展网上营销和促销活动,收集信息工作变得更为方便,更富成本效益。在竞争对手的网站上通常都有着丰富的信息内容,首先值得一读的是其新闻发布稿。一般企业的新闻发布稿内容详尽、丰富,若能接触到原始材料,会有助于你从中收集到"可操作的信息",从而得出可靠结论。利用搜索引擎,借助企业网站,你可以轻松获得有关企业的许多最新数据。随着互联网的发展,它已经积累了一个比较完整的信息链,利用互联网收集信息已成为企业信息工作的重要内容。

随着新技术手段的不断发展,企业还可以从数据库,尤其是商情数据库得到所需要的信息。目前国内外有许多此类数据库,如中国企业、公司及产品数据库,中国百万商务通讯数据库,中国经济信息数据库,中国科技经济新闻数据库,中国科技成果数据库及DIALOG、ORBIT、ESA-IRS等。

2. 各种社会活动

参加企业相关的招商会、展览会、交流会、学术会议,以及企业举办的技术鉴定会、订货会、新闻发布会等,可能获得以下资料,包括工商会资料,交流会和学术会议资料,企业的广告、产品介绍、产品样本等。

3. 向有关单位索取资料

有些信息并非都载于大众化的出版物上,需要通过派人磋商或发函联系等方式才能获取,这可以是无偿的,也可以是有偿的。如国内外企业的产品样本、产品说明书、产品介绍、企业内部刊物、实物样品等。有些企业为了宣传产品、推销产品,扩大企业影响,往往愿意免费赠送有关资料。许多单位之间建立了市场资料的相互交流制度,这样的交换可使双方互通有无。

4. 专利文献

专利技术是一个国家、一家企业在竞争中取得技术优势、立于不败之地的有利武器,同时专利情报也是企业竞争情报中必不可少的一部分。

当前,市场竞争的焦点既是技术和服务的竞争,也是专利的竞争。据统计,世界上发明创造成果的90%以上都能在专利文献中查到。因此,公开出版的专利文献已成为企业获取竞争情报的一个重要来源。

企业既是市场竞争的主体,也是技术创新的主体。市场竞争归根结底是高新技术的竞争,谁拥有高新技术专利,谁就能拥有市场竞争的优势,占领并赢得一方市场。而通过查找专利信息,企业可以了解某一项技术的市场前景和潜力,潜在的竞争对手及其市场地位、技术水平等信息,用来预测企业未来的研究方向及市场定位。因此,企业必须制定专利信息战略,借助专利信息,及早发现萌芽技术,尽快开发出优于现有技术产品的新产品、新工艺,抢先投放市场,争取竞争的主动权。同时,应注意分析竞争对手的专利保护范围,绕过障碍或冲破竞争对手的技术垄断,取得自主专利权,从而保持市场竞争优势。

据世界知识产权组织统计,如果能充分利用专利文献,首先可以节约40%的研究开发经费,少花60%的研究开发时间。因此,企业在科研立项、新技术和新产品开发前,应该进行专利文献的查新检索,这样可以解决科研、生产过程中的技术难题,启迪科技研究和开发人员的创新思路,提高研究开发起点,避免低水平的重复研究,节约新产品的开发时间和经费。其次,可以作为技术引进的决策依据,积极开展专利许可贸易,走引进创新之路。另外,在开展对外技术贸易时,可以查清引进技术的法律背景,争取技术判断的主动权,避免技术引进的盲目性,节约技术引进的开支。

5. 竞争对手的公开资料

竞争对手的许多公开资料,如企业广告、产品说明书、产品报价单、企业简介、企业刊物、企业年报、企业领导讲话等,表面上看没有什么机密可言,但认真分析与研究这些资料,同样能发现许多有价值的信息。以许多企业铺天盖地的招聘广告为例,这些广告在常人眼中可能一闪而过,但经过信息人员精心分析、提炼,有可能会发现有价值的信息。

因此,一些企业信息人员特别注重研究竞争对手的CI手册、员工手册、企业法规、内部刊物、公关文稿、互联网发布的信息、重要领导人的讲话和文章等,从中收集到有价值的信息。

(二) 非正式收集渠道

1. 建立人际网络,收集人际信息

人际信息是指通过人际交往获取的信息或别人告诉你的信息。当你的某一名销售人员告诉你一家企业可能出售分公司,这是人际信息;你在聚会中听到你的竞争对手换了新经理,这也是人际信息。根据对一些中小企业经理的调查,了解他们获取信息的方法,结果显示绝大部分经理人把人际信息看作信息的重要来源之一。获取人际信息的方法包括交谈、询问、采访等方式。

对竞争对手有利的信息泄露很大程度上是由企业员工无意中透露的,如他们在接受采访、参加会议、发表著作,甚至日常生活中都有可能泄露企业的敏感信息。因此,建立人际网络,有意识地接触竞争对手的雇员,与竞争对手的经理人员、技术人员、职员交朋友,便能以非常自然、巧妙和令人舒服的方式从对方口中获取更多信息。通过人际网络获得的信息,许多细节往往具有重要的价值。

2. 通过第三方获取信息

所谓第三方是指与企业发生联系的组织和个人,包括广告商、供应商、经销商、企业主管部门、银行、咨询机构、证券商、行业协会等。由于业务上的联系,第三方了解企业的发展战略、资本结构、产品结构、销售渠道乃至经营状况等各方面的情况。第三方通过发表谈话、参加各种活动、接受采访等能透露出大量与企业有关的数据。尤其是许多公司的大客商既买该公司的产品也买竞争对手的产品,随着利益统一体时代的到来,厂商之间是"肝胆相照,无话不说",客商对厂家的底子了如指掌,尤其是在产品性能、价格、网络等方面更是一清二楚。因此,询问关键客商,建立客商信息交流反馈机制,是获取信息的重要捷径。

客户是不可忽视的第三方。企业之间的竞争就是市场竞争,归根结底是争夺客户。因此,企业往往将一些重要的信息让客户知道,如某些产品的关键技术、特性等。因此,客户成为了解竞争对手信息的重要渠道。

3. 收集权利人疏忽泄露的信息

比如竞争对手的图纸、文件、软盘等涉及商业秘密的材料因保管不善而流失在外,竞争对手在向顾客介绍产品或向参观访问者介绍信息时不慎泄露的信息等。

4. 人才流动中的信息

从现代企业发展的角度看,企业发展很大程度上要依赖知识和人才。然而,人才合理流动是市场经济发展的必然结果。因人才流动而发生企业信息丢失的事件也常常发生。因此,从竞争对手那边招聘人才是获取信息的一个重要方式。

5. 通过反求工程获取信息

反求工程是指通过对市场上销售的产品或其他合法渠道取得的产品进行解剖分析,从而获得产品技术秘密的一种方法。在商品同质化越来越高、品牌模仿能力越来越强的今天,"各领风骚三五月"已成为中小品牌企业扎根市场、快速致富的普遍想法。他们通过拆卸、检查、化验、学习竞争品牌的产品,熟悉其材料、成本、工艺等信息。这样的做法事半功倍,大受企业青睐。

6. 通过参观或学习获取情报

最可靠、最真实的信息来自最贴近、零距离式的参观或学习,以此熟悉并掌握竞争对手的生产规模、制作程序等。参观主要以投资考察或寻求合作的方式进入竞争对手的防范区,获得敏感信息;学习则以技术交流或驻"实习生"的方式,"交流学习"到一些重要技术或秘方。

7. 委托收集信息

有些单位或部门的内部资料,通过交换或直接购买都不能得到,这时可以委托给一些咨询公司或个人,以此来收集相关的信息。

项目二　信息整理

【学习目标】

了解信息分类、筛选和校核的程序；掌握信息分类、筛选和校核的方法；熟悉信息筛选的内容、校核的范围；能正确进行信息分类；能根据需要合理地筛选信息；能认真细致地做好信息校核。

【任务描述】

秘书吴芳平时非常注意信息的收集保存，凡是工作活动中接触到的各种信息材料都收集起来。她不仅注重信息的收集，更注重信息的筛选，将各种不同的信息材料进行筛选、甄别、分类和整理。有一天，总经理要一份市场调查报告，吴芳在最短的时间内就完成了任务。

【任务分析】

秘书人员不仅要注重收集信息，更要注重整理信息，能够做到对信息材料进行筛选、甄别、分类。同时还要能做到使整理的信息条理清楚，井井有条，这样，需要查找信息的时候才会在最短时间内找到。

任务一　信息分类

办公室每天都会产生信息，实际上，有些信息在完成一项工作之后就失去了它的价值，可以销毁。秘书应根据工作性质或内容对信息材料进行选择，保存具有价值的、对日后工作活动有参考作用的信息材料；还需要对信息进行分类，以便信息的查找利用，使信息发挥更大的作用。信息的整理包括分类、筛选和校核。

信息分类就是根据信息所反映的内容性质和其他特征的异同，将这些信息分门别类地组织起来的一种科学方法。信息分类是为了对大量已掌握的信息进行梳理分析，掌握信息资料的总体情况，为信息鉴别、筛选和处理提供条件。

一、信息分类的方法

（一）字母分类法

字母分类法是指按照作者姓名、单位名称、信息标题等的字母顺序分类组合的方法。字母分类一般以英文字母顺序进行排列。先按首字字母排列，首字字母相同看第二个字字母，以此类推。

（二）地区分类法

地区分类法是指按信息产生所涉及的省、市、地、县等行政区域为特征，将信息分为各个类别的方法。按地区分类可以使有关地区的所有信息集中存放，然后再按其他问题分别组合。运输和出口业务部门、计划部门和销售部门最适合用这种方法进行分类。例如快递公司价目表就可以用这一分类方法。

(三) 主题分类法

主题分类法是指按信息内容进行分类的方法。为了全面、准确地反映主题,便于利用,可以按多级主题分类。信息最主要的主题名称作为分类的首要因素,次要的主题名称作为第二个因素,以此类推。

(四) 数字分类法

数字分类法是指将信息以数字排列,每一通讯者或每一专题给定一个数字,用索引卡标出数字所代表的类别的方法。索引卡按所标类目名称的字母顺序排列,用分隔卡片显示每一个字母。索引卡一般用卡片式索引盒存储,占空间少,用电话查询时容易找到信息。有的单位使用计算机数据库保存索引,当要查找某些信息时,可先从索引卡中按字母顺序找出通讯者名或专题名,得到信息的数字,在相应的文件柜中找出标有该数字的文档。

(五) 时间分类法

时间分类法是指按信息形成日期先后顺序分类的方法。

信息分类方法多种多样,在进行信息分类时,秘书一定要考虑利用信息的需求,结合信息形成的特点,采用合适的信息分类方法,这样才能使信息的查找利用更加便捷。

二、信息分类的程序

(一) 熟悉信息内容

通过翻阅信息,从题目和内容中了解信息的总体构成情况。

(二) 选择分类方法

信息分类的方法很多,要根据信息的来源、数量、内容和各种分类方法的特性,考虑单位业务工作的需要,从便于保管和利用出发,选定分类方法。下面将分述各主要分类法的优、缺点(见表 2-1)。

表 2-1 信息分类法比较

分类法	优　点	缺　点
字母分类法	① 分类规则容易掌握,操作简单,不需要索引卡; ② 能与地理或主题分类法结合使用	① 查找信息时,须知道姓名、单位名称或标题; ② 某个字母下排列的信息较多时,查找费时; ③ 大型系统使用时,很难估计每一个字母需要的存储空间
地区分类法	便于查找具有地区特性的信息,分类方法容易掌握	① 需要一定的地理知识; ② 适用范围小,仅适用于某些单位或部门

续表

分类法	优 点	缺 点
主题分类法	① 能集中存放相关内容信息； ② 信息按逻辑顺序排列，方便检索	分类标准不好掌握，当标题不能很好地反映主题时，归类不易准确
数字分类法	① 信息按数字从低到高的顺序排列，规则简单； ② 通过在后面添加号码进行存储扩展，适合计算机存储，适合于大型信息系统	① 查找信息需要参照索引卡，费时； ② 如果分类号码有误，查找信息麻烦
时间分类法	① 可用做大型信息系统的细分，如一个案卷内部的信息可按时间排序； ② 适合与其他分类方法结合运用	① 需与索引系统配合使用； ② 仅适合于时间特性强的信息

（三）辨类

分类是对各种信息按照一定的标准进行类别划分，分类依据是信息的特征。我们把特征相同的信息归为一类，称为母类。母类下再划分为不同的类别，叫子类。子类下还可根据具体情况细分，形成有秩序、有层次的分类体系。信息分类的关键在于辨类，即对信息资料进行主题分析，分辨其所属类别。

（四）归类

遵循特定的原则和方法，按照信息的不同内容、来源、时间、性质和作用，根据一定的规范、要求，将收集的信息分门别类地组织起来，使信息条理化。

三、信息分类应注意的事项

（一）遵循一定原则

（1）在分类中注意科学性、系统性、逻辑性和实用性。

（2）要确定分类体系，确定分类层次和各层次的分类标准。

（3）要把信息归入最符合其实际内容的类别。

（4）子类之间界限要清楚，不互相交叉或包容。

（二）利用颜色、标签区分类别

根据分类结果，将每个字母、地区、主题等的文档使用特定颜色文件夹或在文件夹外加彩色标签；或者给索引卡涂上不同颜色，以便检索。

（三）建立交叉参照卡

有的信息能归类到两个位置，如公司更名信息、多主题信息等。为了便于查找，可建立交叉参照卡，如图 2-1 所示。填写交叉参照卡片存储在归档系统的相关位置，查找到该位置后，查看卡片就会知道另一个查找线索。

```
┌─────────────────────────────┐
│  交叉参照卡                  │
│  名称/主题                   │
│                             │
│  详见                       │
│  相关名称/主题               │
│                             │
└─────────────────────────────┘
```

图 2-1　交叉参照卡

任务二　筛选信息

秘书每天要收到大量的信函、传真、电子邮件等,这些都是信息。但这些信息的内容五花八门,有的是给上司的请柬,有的是上司的私人信件,也有的是推销产品的广告。秘书负责处理这些信息,就是要对它们进行筛选并分类:哪些要马上送交上司,哪些可以暂缓,哪些要送给上司过目,哪些可以直接转给有关业务部门,等等。

筛选是对信息的再选择,表现为对收集到的大量信息进行鉴别、鉴定和选择,去粗取精,去伪存真,摒弃虚假和无效的信息,提取真实、有价值的信息。

一、信息筛选的主要内容

信息的筛选包括信息鉴定和信息选择。

(一) 信息鉴定

信息鉴定就是对收集来的原始信息进行质量上的评价和核实。在鉴定信息过程中有两点是需要注意的。

首先,要鉴别信息的真伪。因为信息不一定完全真实,而信息是否真实,直接关系到根据信息所作出的决策是否科学。根据不真实的信息作出的决策,很可能会对企业发展带来不利的影响,甚至会对企业带来灭顶之灾。要想鉴别信息的真伪,就要鉴别信息的客观实在性和本质真实性,也就是要弄清楚它是否真的发生过、存在过,是否在有条件的情况下才能发生;事物是偶然还是必然;是个别还是一般;是现象还是本质;是主流还是支流。我们要从事物的总体本质及其联系上挖掘事物本质的真实性,还要结合各方面的材料综合思考,分清真伪,进行比较分析,不要被局部或暂时的现象迷惑。

其次,要鉴别信息的深浅程度。同是真实信息,必定有深浅程度的区别,我们在刚开始鉴别时,也可能难以一眼看透,但只要认真鉴别,多熟悉信息,你就能学会对信息的质量进行鉴别。常用的鉴别方法是比较法。比较法是通过对同一信息进行对比,来确定正误和优劣。例如,把信息本身的论点和论据相比较;把正在阅读的信息和已经确认可靠的信息相比较;把宣传性广告和产品目录相比较等。

(二) 信息选择

经过鉴别的信息材料,要严格进行选择,以决定哪些可以采用,哪些可以储备。

在对信息进行选择时,要围绕当前企业的中心工作,围绕上司负责的某一项工作进行。要选择那些新颖、突出的信息。

二、信息筛选的方法

(一) 复印、裁剪

对能满足需求的相关信息进行阅读,对阅读到的有价值的信息做记号、复印或裁剪。

(二) 摘记

将有保存价值的信息摘录到手册或卡片上。

(三) 标记说明

对筛选的信息进行标记、注释或说明,注明已被裁剪的信息的发表日期、出处。

三、信息筛选的程序

(一) 看来源

不同来源的信息,其重要性不尽相同。上级形成的信息带有全局性、综合性和权威性,而同级和下级形成的信息主要起参考作用。秘书要从多种信息来源中把握重点单位、部门和人员的信息。

(二) 看标题

信息的标题一般可以反映信息的内容和价值,秘书要认真分析标题,把握信息的主题,根据信息的标题确定信息价值的大小。

(三) 看正文

浏览正文,了解其主要内容,初步确定是全部选用,还是部分选用,甚至不用。此即初选。

初选后,对拟用信息再认真阅读,判断是否有价值。如果可用,再看其有无内容不准确、不完整和表述不清楚的问题。

最后,对经过筛选的信息分别处理:选中的,分轻重缓急进行信息的加工处理;暂时不用但可以备查的信息,进行暂存;不用的信息,按有关规定进行暂存、移交或销毁。

(四) 决定取舍

对信息进行严格的选择,从中挑出能满足需求的信息。最终决定取舍的时候要注意下面三个方面:

(1) 突出主题思想;

(2) 注意典型性;

(3) 富有新意。

四、筛选应注意的事项

(1) 剔除虚假、过时、重复雷同、缺少实际内容的信息。

（2）注意挑选对工作有指导意义、与业务活动密切相关的信息。
（3）注意挑选带有倾向性、动向性或突发性的重要信息。
（4）分析信息需求，根据中心工作或解决特定问题的需要筛选信息。
（5）注意挑选能预见未来发展变化趋势，为决策提供超前服务的信息。
（6）坚持信息数量和质量的统一。

任务三　校核信息

秘书通过各种渠道收集的信息中包含各种数据和事实，这些数据和事实如果不真实，就会丧失其自身的使用价值，甚至给使用者带来损失。因此，秘书要对收集的信息进行校验核实，证明信息的真实性，剔除不真实的信息，更改已经变化的信息。

校核是对经过初步甄别的信息做进一步的校验核实。由于信息的来源、信息传播渠道中难免有客观的杂质和主观因素的干扰，因此要求对信息进行校核，对信息是否失真加以认定，分析考证原始信息的可靠性和准确性，从而剔除虚假和失真的信息。

一、信息校核的范围

信息校核的范围包括：信息中需要的事实、观点、数据、图表、符号、时间、地点、人物等。有些信息、数据要核对查证，有些信息要实验、计算，有些信息则要比较，以保证信息的真实、准确。对有关政策、法规、重要计划、主要数据、典型事例的信息，秘书要认真查对出处、核实原件，地名、人名、时间、事实、数据等要准确无误。

二、信息校核的方法

（一）溯源法

对收集到的信息所涉及的相关问题进行审核查对，首先要溯本求源。如尽量找到具有第一手信息的现场和掌握第一手信息的人；核对相关原书、原件等原始信息，并查对其主要参考文献；按信息内容所叙述的方法、步骤，自己重复一次实验或演算，这样可以从本质上找到错误所在。

（二）比较法

比较法就是对照事物，比勘材料，对反映某一事实的各方面的信息材料进行比较，判断观点、结论是否一致。

（三）核对法

核对法是依据直接的最新的权威性材料，进行对照分析，发现并纠正信息中某些差错。

（四）逻辑法

逻辑法是对信息中表达的事实和叙述方法进行逻辑分析，发现问题和疑点，从而辨别真伪。

（五）调查法

调查法是对信息中所表达的事物的运动变化情况，通过现场调查来验证它的真实性和准确性。

（六）数理统计法

数理统计法是对原始信息中的数据做定性分析，运用数理模式进行计算鉴定，看数据计算是否准确，分类是否合理，是否和结论一致。

三、信息校核的程序

（一）确定校核的内容

所收集的信息材料并非都要进行校核，主要是对信息材料中的时间、地点、人名、事实、数据等进行校核。要根据信息材料的用途，决定校核的具体内容。

（二）选择校核的方法

信息材料校核的方法很多，可以多种方法综合运用。必须根据工作实际的需要，选择最恰当的方式。

（三）核实、分析信息

利用掌握的第一手信息和权威性材料，甚至进行实地调查，对收集的信息材料的某些事实进行核实，分析信息材料的内容。

（四）作出判断

通过核对、计算、定性与定量分析和逻辑推理，判断信息的真实性、可靠性。对信息是否失真加以认定，剔除虚伪和失真的信息。

四、校核时应注意的事项

（1）各种校核方法可以互相补充，结合使用。

（2）要综合运用自己的知识和经验，提高校核信息的能力，透过现象看本质，保证信息的真实、可靠。

项目三　信 息 存 储

【学习目标】

了解信息存储程序、方式和信息管理系统；熟悉信息存储装具与设备；掌握信息存储的方法；能够熟练地使用各种信息存储装具和设备；能够正确使用相应的方法存储信息。

【任务描述】

吴芳在公司任办公室秘书,她在整理公司以往保存的信息时,发现公司以往对信息资料是有一份保存一份,信息资料没有任何顺序地码在文件柜里,查找起来很不方便。于是,她就马上着手整理,将信息资料进行了有序存储。

【任务分析】

秘书人员在保存信息时,不应该将信息随意存放,而应该有序存储,将信息存储在适当的装具和设备中。这样才方便信息的查找和利用。

任务一 了解信息存储装具和设备

信息存储装具与设备有很多种,应根据需要和条件选择,便于保管和利用。

一、文件夹

文件夹为折叠式的,在它的脊背及封面可写上所来信息资料的名称或类别。文件夹被绝大多数公司用来保存文件材料,是最常见的信息存储装具。文件夹也有不同的类型,秘书人员应该熟悉每种类型文件夹的特点,以便在工作中合理选用。常见文件夹见表2-2。

表2-2 常见文件夹

文件夹类型	优点	缺点	使用范围
扁平方形文件夹	使用简单,费用低	纸页不固定,不能保持一定顺序	存储临时使用的几页纸
普通文件夹	存储纸张、文档的规格不固定,易于使用	纸张松散,容易变得没有秩序	存储散页、传单;各种规格纸张、不同厚度文档;临时使用文件
扁平文件夹	保持纸张按正确的顺序排列、固定,宜存储悬挂式信息文件	存储费事,存储文件不宜太厚,取出纸页不方便	存储不太厚的文档
展示文件夹(高质量文件夹,往往预先在其上打印公司标志和信息)	高质量展示信息,体现公司良好形象	费用高,文件不固定,容易无序,不宜日常信息的存储	会议上展示信息材料;向客户展示信息材料等
环形文件夹(带有圆环的文件夹,存储穿孔的文件)	文件固定,能保持文档的顺序,单个文件容易取出	存储前纸张要打孔	存储常用的文档
拉杆拱形文件夹	结实,存储量大,信息固定	体积大,占空间	存储量大的文档,如订购单等

二、文件盒

优点：结实，保持信息材料的清洁。

缺点：体积大，占用空间，不宜存储传单、手册等；存储需长期保存的信息材料。

三、文件袋

优点：保持信息材料清洁，信息材料可以在以后转移到文件盒或文件夹中。

缺点：信息容易无序。

适用范围：用于当前使用的文档。

四、文件柜和文件架

（一）直式文件柜

直式文件柜由一个或多个抽屉叠放组成。每个抽屉要贴标签，指示其中文件的内容；每个抽屉要有目录卡，以利于迅速查阅。有的单位在直式文件柜中，使用悬挂式文件夹。悬挂式文件夹有较大的伸展性，有突出的指引卡，可以容纳更多数量的文件。悬挂式文件夹的两侧有挂钩，可以挂在文件柜上，指引卡一般放在方便且明显的地方。

（二）横式文件柜

横式文件柜一般抽屉较少，规格较大，其性质和功能与直式文件柜相同。它长的一边沿墙排，抽屉能向操作者伸出大约 25 cm。放在横式文件柜里的文件夹，其正面朝着抽屉的左侧，侧面正对着使用者。横式文件柜的后架可以往前、往后移，操作灵活方便。

（三）敞开式资料架

用敞开式资料架存放信息，能够节省存储空间，便于迅速查阅信息，但敞口大，案卷容易堆积灰尘，查找放在高处的案卷不太方便。储存适用于有空调、有空气过滤器的办公场所，要加强对温度和湿度的控制，保持清洁，防止灰尘堆积，以保证储存设备的正常使用。

（四）卡片式储存柜

有些文件信息可以保存在各种尺寸的卡片式储存柜内。卡片式储存柜可以放置各种规格的卡片，也可隔成不同的宽度，存放若干排卡片，新式的卡片式储存柜装有自动检索装置，能进行信息自动检索。

（五）显露式文件柜

显露式文件柜配有小抽屉，用以放置打印得十分详细的资料目录卡，目录卡仅露出每张卡片的识别端。这些文件柜通常叠层放置，每个抽屉由一个金属盖盖住一部分，这个金属盖有助于使资料平置。通过查阅每一张卡片，人们可以很容易地找到所需要的资料。这种文件柜可以用作索引储存器，这种索引用以指明其他资料的存放位置。

任务二　按照程序存储信息

一、信息存储的程序

信息存储主要由登记、编码、存放排列、保管等工作环节构成。在信息存储工作中要注意严格按照规范化、科学化的过程进行。

（一）登记

登记即对收集的信息进行全面记录，只有对信息的各个特征进行了详细记录，后期在利用信息时才能比较方便地查找和利用。

信息资料的登记形式有总括登记和个别登记两种。总括登记是按每批将每批信息的种数、册数等登入总括登记账，信息总括登记簿见表2-3所示；个别登记是对每条信息进行逐一详细登记，一般以册、条、份为单位，每册占一个登记号，信息个别登记簿见表2-4所示。一般来说，总括登记便于反映存储信息资料的整体情况，个别登记便于掌握种类信息资料的具体情况。登记的形式有簿册式和卡片式，可视具体情况灵活选择。

表2-3　信息总括登记簿

第　　页

日期	信息来源	信息编号	总计			信息分类											个别登记号起止	备注
			种数	册数	总量	市场销售信息		人力资源信息		财务管理信息		竞争对手信息		技术研发信息		其他		
						种	册	种	册	种	册	种	册	种	册	种	册		

表2-4　信息个别登记簿

第　　页

登记日期	总登记号	信息名称	信息作者	信息来源	信息日期	单价	信息编号	去向	注销日期、原因

(二) 编码

编码主要是在计算机信息管理阶段便于信息资料的管理和使用。对已经登记的储存信息资料要进行科学的编码,以便对实训信息进行有序管理。编码就是将已经登记的信息按照"排序"时所确定的体系结构分别归入各类,并在信息载体上标明这种体系结构的序列号。档案管理中的件号等都属于编码。

信息资料的编码结构应表示出信息资料的组成方式及其相互关系,一般由字符(字母或数字)组成基本数码,再跟基本数码结合成为组合数据。秘书人员在对信息进行编码时,首先要对所有需要编码的信息进行分析,总结归纳出不同的属性特点,从而选择最佳的编码方法及确定数码的位数。

常见的信息资料编码方法包括顺序编码法和分组编号法两种。

顺序编码法就是对信息按阿拉伯数字或英文字母等进行编码,一般来说按照信息发生的先后顺序或规定的统一标准编码。此种方法用于不是很重要或无须分类的信息资料的储存。

分组编号法是利用十进位阿拉伯数字,按后续数字来分别信息的大、小类,进行单独的编码。运用这种方法,所有项目都要有同样多的数码个数,左边数码表示大类,而向右排列的每一个数码,则标志着更细的小类。

例如:

2000——木业市场信息资料;

2100——原料市场信息资料;

2110——华东地区原料市场信息资料;

2111——华东地区硬木原料市场销售信息;

2200——板材市场信息资料;

2210——华东地区板材市场信息资料;

2211——华东地区硬木板材市场销售信息。

(三) 存放排列

经过科学编码的信息资料还需要有序存放排列。常用的排列方法有下列几种。

1. 时序排列法

时序排列法是指按照接收到的信息的时间先后顺序排列,即按信息登记号的先后顺序进行排列的方法。对于信息资料不多,服务对象比较单纯的企业适合采用这类排序方法,特别是处于创业阶段或成长初期的企业推荐使用这种方法。

2. 来源排列法

来源排列法是指按信息来源的地区或部门,结合时间顺序,依次进行排列的方法。这种方法便于查找信息源。

3. 内容排列法

内容排列法是指按信息资料所反映的内容分类,然后依据信息资料分类号码的大小进行排列的方法。

4. 字顺排列法

字顺排列法是指按信息资料的名称字顺进行排列的方法。

(四) 保管

信息保管工作的主要职责,一是对信息进行有效的保护,预防因信息泄露给公司带来损失的现象发生;二是对信息进行有效管理,包括自然保存、借阅、复制、提供利用、销毁等。

二、信息存储的方式

(一) 手工存储

手工存储就是将企业纸面信息记录以手工方式保存在办公室的文件夹或文件柜中。手工存储也可用于存储计算机信息,如磁盘、光盘。手工存储包括信息原件存储和目录、索引存储。原件存储就是对文字材料、录音带、录像带、胶卷底片等一手信息资料进行存储。目录、索引存储就是将秘书另外编制的目录或索引卡与信息原件一并存储,以便检索利用。

1. 手工存储的优点

(1) 信息便于利用;

(2) 一旦找到信息能直接阅读;

(3) 存储设备便宜。

2. 手工存储的缺点

(1) 文件夹、文件柜占用空间大;

(2) 文件可能受到火、蛀虫等的破坏;

(3) 一旦信息存放排列有误,会给信息查找带来麻烦。

(二) 计算机存储

随着计算机技术的广泛应用,秘书可将信息资料存储在软盘、光盘或其他电子介质中。经数据库、电子表格等应用程序处理过形成的信息都能以计算机存储保存,例如软盘、硬盘、网络位置、CD-ROM、磁带等。无论使用哪一种方法,都应定期备份,并将备份另行存放。

1. 计算机存储的优点

(1) 计算机存储的信息量大;

(2) 可以节省存储空间;

(3) 信息容易编辑或更新;

(4) 能迅速查找保存在网络系统的信息。

2. 计算机存储的缺点

(1) 需要懂计算机操作;

(2) 需要昂贵的设备;

(3) 信息存在被病毒等破坏的风险;

(4) 由于软件和系统升级,信息长期存储可能成为问题。
(三) 电子化存储
电子化存储就是电子文档管理系统,目前在企业文书工作中被普遍应用。电子化存储的关键是将纸面信息通过扫描技术形成 PDF 等格式的图片文件,存储于 CD-WROM 光盘上。经电子化存储的信息一般都能由计算机系统索引,并能以各种方式查找。

1. 电子化存储的优点
(1) 电子化存储能节省空间;
(2) 容易制作备份;
(3) 保存在网络系统上的信息能直接由用户从他们的计算机上访问;
(4) 查找文件更容易。

2. 电子化存储的缺点
(1) 设备昂贵;
(2) 查找的质量和使用的程度取决于系统的初始设置;
(3) 需要具备一定的操作知识。

(四) 缩微胶片存储
缩微胶片存储是用照相的方法把信息资料保存在缩微胶片上的一种存储方式。但是由于缩微胶片存储依赖缩微照相机、阅读机、打印机等特殊设备,成本较高,在企业实际工作中应用较少。一般只有对那些涉及企业重大核心机密的信息资料才会采用缩微胶片存储。

1. 缩微胶片存储的优点
(1) 节省空间;
(2) 减少对纸面文档的需求,节省储存设备费用;
(3) 没有必要保留书面备份。

2. 缩微胶片存储的缺点
(1) 照相和阅读胶片需要昂贵的设备;
(2) 缩微胶片需要加标签、制作索引和排序;
(3) 缩微胶片图像的质量会随时间推移而下降。

三、信息存储的方法

文字存储是信息最主要的、使用最多的存储媒介。秘书在信息工作中以文字为媒介存储其所采集的信息,常用的方法有笔记法、剪报法和卡片法。

(一) 笔记法
笔记法就是秘书在工作中随时将有用的信息记在工作笔记本上。秘书工作的内容决定了秘书需要经常做记录,例如上司交代的工作、某一次谈话的记录、重要文件的主要内容、会议发言等。笔记法是秘书最常用的信息存储方法。但这种方法要求秘书要有一定的记录技巧并有一定的记录速度。

秘书在实际工作中采用笔记法也会遇到一些问题。有些秘书习惯于把不同的信息记录在同一本笔记本上,但在信息存储时笔记本又不能拆开,不便于分类,最终会导致本子记得多了之后就记不清楚需要的信息在哪里了,不便于查找利用。但要分类记录,就势必要同时带好几个笔记本,也不符合秘书工作的实际情况。因此,秘书人员应该经常整理个人的工作记录本,对其中的重要信息进行整理、复制。

(二) 剪报法

剪报法就是对报刊上与企业经营管理有关的信息资料先行圈选、阅读,把有用的信息资料剪下来或复印,粘贴在专门的记录本上。要注意的是,用来粘贴剪报的笔记本的纸张要略微厚点,同时还要记录下剪报日期及其来源,以免日后使用时无法了解其出处。

秘书人员完成剪报后,还应按其价值大小和保存期长短进行鉴定,对于具有价值需要长期存放的,按"主题法"进行标目,分类分级存放,做到"相同属性的不可分散,不同属性的不可混淆",以保持其时间上的连续性和内容上的完整性。

剪报法相对于笔记法而言,更便于分类,方便查找利用。但在实际工作中任何一家企业所订购的报纸刊物数量是有限的,而秘书的工作也相对繁忙,阅读报纸的时间也相对有限。

(三) 卡片法

卡片法就是将有价值的信息记录在专门的信息卡片上的一种信息存储方法。由于卡片是单张独立分开的,方便我们对所记录的信息进行分类保管。卡片法能够有效弥补笔记法的不足,秘书可以把笔记中的信息重新记录在卡片上,也可以把报纸刊物上剪取的信息粘贴在卡片上。要注意的是,一定要在卡片上记录清楚信息的来源和时间。

用于记录信息的卡片可根据不同的使用目的分为索引卡、摘录卡、提要卡、专题卡(见表2-5)等四类。

表2-5 卡片的种类及其内容和使用范围

卡片名	卡片内容	卡片使用范围
索引卡	文献标题、作者、出版者、出版时间	① 标题反映了采集者对该文献的需求; ② 无法用摘录卡、提要卡存储的文献
摘录卡	摘录内容、标题、作者、出版者、出版时间	① 文献中的某段原文是采集者需要的; ② 某些常用的名言名句,以备引用的
提要卡	提要内容、出处(文献标题、作者、出版事项、信息发生的时间地点)	① 文献中某段论述对采集者有用,但该文标题反映不了该用处; ② 现场的第一手信息
专题卡	专题内容	公式、数据、定理、公知公用的符号

四、信息存储管理模式

随着时代的发展,信息工作已经涉及企业经营发展的方方面面,任何一项工作的顺利完成都离不开信息的作用。企业必须建立起适合自己工作特性的信息管理系统,以便更高效地发挥信息的作用。对于企业信息既可以分散管理,也可以集中管理,还可以依托计算机技术研发的信息管理软件。但无论采用何种管理方式,企业在建立信息管理系统时,必须遵循方便查询利用、方便保存管理、适合企业实际这三项原则。

(一) 信息集中管理模式

信息集中管理就是将所有类型的信息都集中在一起存放管理,在公司或企业中建立一个完整的、标准的信息资源库,建立高效率的信息资料服务系统。例如,许多企业建立信息档案室,用于存放公司各类档案、图书、信息资料等,并安排专人管理。

1. 信息集中管理的优点

(1) 便于实现科学化、现代化的管理,使用起来具有整体性;

(2) 能有效利用存储空间;

(3) 专人负责和检索,可以减少各部门对信息的重复存储,保证质量;

(4) 能使用标准化的分类系统,实施有序的存储检索。

2. 信息集中管理的缺点

(1) 具有庞大的分类和编目系统,在归档和查阅时会带来一定的麻烦,利用信息不如在自己办公室方便;

(2) 标准化的分类体系不便于满足各部门的特殊需求。

(二) 信息分散管理模式

信息分散管理模式是指所有信息都由单位内各个部门自行保管。分散管理使得各部门的信息管理方式有很大的灵活性和专门性,可根据实际情况采用最适合本部门信息特点的存储分类方式。

1. 信息分散管理的优点

(1) 部门信息可自行分类编目;

(2) 由于内容相对单一,使用起来简洁方便;

(3) 规模不太大,易于管理;

(4) 适于保管机密文件;

(5) 能发挥各部门按名称建立一套字母编号的优势,供各部门在来往文件和案卷标题中使用。

2. 信息分散管理的缺点

(1) 不利于建立统一的分类体系;

(2) 不利于信息的综合管理与利用。

(三) 信息计算机管理模式

信息计算机管理模式就是以计算机为工具,收集、存储、分析和处理信息数据。随着社会信息化和办公自动化技术的普遍应用,企业采用各类计算机信息管理软件十分普遍。这些管理软件既涉及企业人、财、物、产、供、销、预测、决策等诸方面的管理工作,包括企业资源计划(ERP)、客户关系管理(CRM)、供应链管理(SCM)、产品寿命周期管理(PLM)、制造执行系统(MES)、产品数据管理(PDM)等多个子系统,又可以将各个子系统信息进行集中,通过数据分析处理,得出管理人员需要的信息,从而帮助企业各类管理人员进行质量分析、市场预测、库存控制等工作。

采用信息计算机管理模式不仅可实现信息资源共享,还大大提高了信息的利用效率,是今后信息管理的主要模式。但要注意的是,该模式依赖于计算机软件,成本相对较高,且对企业内部员工素质、企业规范化管理程度都有一定的要求。

实训任务一 信 息 收 集

【训练目标】

了解信息收集的基本方法,能够根据上司的要求,有针对性地围绕主题进行信息收集,掌握信息工作的初步技能。

【任务描述】

学意公司为了开拓新的市场,拟开发一种节能环保型净水设备生产项目。公司为此专门召开办公会议,讨论开发节能环保型净水设备的优势及可行性。从节省能源和环保的角度看,这种净水设备是很有优势的,但产品应用的可行性和市场前景如何,还须根据有效的市场信息进行综合分析和科学预测,才能做出正确决策。秘书吴芳马上开始着手收集相关的信息。

【实训内容】

(1) 确定信息收集内容、方法和渠道。

(2) 根据上司要求收集相关信息。

【实训要求】

(1) 实训项目分组进行,每组 3~5 人为宜,每组设组长 1 人;

(2) 以个人为单位完成相关信息资料的收集与整理工作,并将资料录入电脑,按照规范进行排版;

(3) 每组组长将小组成员完成的资料进行汇总;

(4) 以小组为单位,每组派出 1 名代表参加实训成果汇报,并将汇报材料制作成PPT,注意图文并茂;

(5) 根据每组完成任务情况,小组在自评的基础上进行互评,最后由教师进行总评。

实训任务二　信息整理

【训练目标】

了解信息整理的必要性，掌握信息整理的方法，能够根据上司的要求，认真做好信息的筛选、分类、校核工作，掌握信息工作的初步技能。

【任务描述】

学意公司办公室秘书吴芳负责信息的管理工作。公司在生产、经营活动中不断产生各种各样的信息资料，刚开始的时候，吴芳把这些资料都堆放在专门的文件柜里。随着公司经营规模的扩大，信息资料越来越多，文件柜也被塞得满满的。这些资料数量多、内容丰富、载体形式多样，是公司日后工作活动的主要参考依据。面对这些逐渐增多的信息，吴芳应该怎么整理呢？

【实训内容】

（1）将收集到的信息进行筛选，从中选出对本公司业务具有借鉴作用和参考价值的信息。

（2）对信息进行分类，使信息条理化，以方便查找利用。

（3）选择一条有疑问或较重要的信息，对信息进行校核。

（4）选择一条有价值的信息，整理成一篇 500 字的信息稿。

【实训要求】

（1）实训项目分组进行，每组 3～5 人为宜，每组设组长 1 人；

（2）以个人为单位完成信息校核和 500 字左右信息稿撰写任务，并将信息稿录入电脑，按照规范进行排版；

（3）每组组长将小组成员完成的资料进行汇总；

（4）以小组为单位，每组派出 1 名代表参加实训成果汇报，并将汇报材料制作成 PPT，注意图文并茂；

（5）根据每组完成任务情况，小组在自评的基础上进行互评，最后由教师进行总评；

（6）将每个小组的实训资料进行汇总，并编辑成册，按照信息（档案）存储的要求进行存储。

【案例欣赏】

上海万兴生物制药有限公司的企业信息

上海万兴生物制药有限公司创建于 1996 年，是香港万兴企业有限公司和北京国安电气总公司共同控股的合资企业。公司坐落于浦东新区金桥出口加工开发区，占地 2 万多平方米，注册资金 3 000 万美元，总投资 6 000 万美元。公司拥有通过国家食品药品监督管理局认证的 GMP 生产车间 3 000 平方米，全面实行 GMP 规范管理,是一家以科研为基础,集开发、生产和销售为一体的新型生物制药企业。

公司地址:上海市浦东新区杨高北路4705弄58号　邮编:201206

办公电话:021-5899 3708　　传　真:021-5899 3709

网址:http://www.wanxing-bio.com.cn

E-mail:wanxingbio_hr@yahoo.com.cn(行政人事部)

主要产品:艾夫吉夫,来氟米特,重组人工干扰素α-2a、α-2b。

发展战略:紧紧围绕基因重组蛋白药物筛选开发,依托高校(复旦—万兴生物医药研究中心)这一研究平台,借助其雄厚的科研力量发挥企业本身"中试研究"平台优势,不断开发出具有一定市场前景的创新(一类)药物。根据计划,每年至少要有2～3种创新药物进入临床研究,使企业发展成为一个强大的生物制药"中试研究基地",并以"酵母"表达系统(重组蛋白药物)为主,基因治疗药物为辅的生物制药企业。

营销策略:综合利用传媒工具,采取针对性营销手段,迅速提升企业形象及品牌知名度。

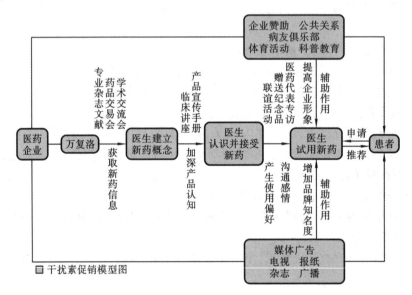

干扰素促销模型图

整合营销传播推广计划:

(1) 企业产品推广——FAB法则。

F——feature(因为)特性——万复因(罗)是酵母分泌型新一代干扰素

A——advantage(具有)优势——生物活性高、低素、低热原的优点

B——benefit(产生)利益——疗效好,副作用小,质优价低

(2) 企业广告语:万兴生物,关心您一生的健康!

(3) 媒体宣传包括电视、广播、报刊的专题科普教育。

(4) 面向患者的防病治病手册;面向医生的用药治疗手册。

研发战略:上海万兴生物制药有限公司作为一家以生物技术新药研究、开发为主的高新技术企业,通过企业化的科研管理,系列化的产品研发,全方位的科研项目技术合作、技术转让、技术服务,实现社会效益和经济效益。①以知识产权为根本;②以市场为导向;③技术的先进性与可行性相结合;④短期利益与长期发展相结合。

企业文化战略:

目标——世界一流的生物技术企业

创新——我们的灵魂

真诚——我们的作风

卓越——我们的追求

【知识链接】

信息存储的载体

一、纸质载体

目前,大部分信息是以纸质形态出现的。因为纸张是人类有悠久使用历史的记录材料,具有记载和阅读方便自然的特点,纸质文件比磁性或者其他媒体的存档程序相对更具标准化。纸质文件信息依然是办公室的主角,是目前使用最多的存储载体。

二、磁性载体

磁性载体的使用发展迅速,常用的磁性载体有软盘、硬盘和磁带、光盘、微缩品。

软盘是一种很薄的磁性盘片,由聚酯膜制成,其上有氧化物涂层。它能存取信息,可根据使用需要随时插入计算机,用以记录机器中的信息或调用原来存储的信息,使用完毕后取出单独保管。软盘具有的优点包括:①成本低、体积小、质量小,便于携带;②可脱机存放,随时存取信息;③适用于日常存储电子文件。软盘的缺点:记录的信息难以长久保存,数据容易丢失,必须有针对性地采取保护措施。

硬盘是计算机系统中最常用的外存储器,是典型的磁表面存储器。它存储容量大、存取速度快、传输率高、可靠性高,不易受周围环境影响,工作稳定性好。

磁带是最早出现的磁存储载体。磁带是一种磁性带状存储介质,一般绕于轴上放入盒中,称为盒式磁带。

光盘已成为世界范围内十分普及的一种信息载体。光盘既可以用来记录图像和声音,又可以用来记录文字,甚至可以将不同形式的信息同时记录在一张光盘上,成为目前最理想的多媒体存储介质。从记录信息的性能上分,光盘有只读式光盘、一次写入光盘和可擦式光盘三种。光盘具有存储容量大、可靠性高、保存信息时间长、存储速度快、单位成本低、应用范围广的特点。光盘可以将文字、图像、声音等信息融为一体,这使得客观世界的记录与再现更加接近人们的直接感受。因此,光盘研究在人工模拟、多媒体信息存储与检索、多媒体电子图书领域显示出了广阔的应用前景。

缩微胶卷和缩微胶片也是信息存储的形式之一。它是利用专门的光电摄录装置,把以纸张为载体的信息或机读文件按照一定的缩小比例拍摄在感光材料上,制成缩微复制品。目前,信息缩微化的形式有缩微摄影、激光全息超缩微摄影等,信息经过缩微化的处理,使信息存储密度大大提高。

第三章 信息传递与反馈

项目一 信息传递

【学习目标】

熟悉信息传递的方式、方法;掌握信息传递的基本技巧;能够根据不同情况,选择正确的信息传递方式、方法。

【任务描述】

学意公司的产品远销国内外市场,有一次,秘书吴芳收到驻海外机构发来的一批最新信息,她认真地查阅这批信息,并将重要信息及时传递给总经理及有关负责人。公司领导立即召开会议讨论应对策略,做出果断决策,使公司获得了可观的效益。

【任务分析】

秘书要迅速、准确传递信息,首先必须要掌握信息传递的方式和方法,同时掌握信息传递的程序,这样才能较好地完成这项传递信息的工作任务。

任务一 熟悉信息传递的方式方法

秘书要有较强的信息意识,有目的地捕捉各种有价值的信息,并及时准确地传递信息,使信息产生积极的社会效益和经济效益。既要注意接收外界传递的信息,又要将获得的有用信息迅速传递出去。语言传递具有传递直接和及时的特点。秘书每天都进行着成百上千次的语言信息交流,从最简单的打招呼到交谈,再到各种会议发言,传递着大量的信息。可见语言信息是信息构成的一个重要方面。秘书应在接待来访、汇报工作、会议讨论、联谊会等社交场合,加强语言交流,从各种交谈、零碎的话语中获得有用的信息,利用各种信息传递方式实现信息的交流和利用。

一、信息传递的基本方式

信息的传递按传递范围来分类,有系统内部信息传递和系统外部信息传递两种方式。

(一)系统内部信息传递

系统内部信息传递是指为了进行协调和合作,企业内部进行信息交流。通常用于传递本单位当前工作的重要安排和部署信息、工作进展情况信息;了解员工对本单位工作的看法;了解公众对企业产品质量、销售情况和售后服务等方面的意见及社会各个方面发展情况的信息,并将这些信息或意见进行传递。系统内部信息传递的目的是达到单位内部、单位与公众之间的相互理解及单位与社会发展的协调一致。

系统内部信息传递的形式有信件、备忘录、通知或告示、传阅单、企业内部刊物等。

1. 信件

信件是正式的书面交流信息,可用于外向传递(如给客户、供应商的信件)和内向传递(如晋升或提高工资的信件)。信件的内容通常包括目的、主题、结束语三部分。

由于文化差异,要特别注意商务信件格式的区别。一般来说国内企业商务信件的格式依然采用中文书信格式。但是随着我国对外开放,外资企业不断增多,对外经济贸易往来也越来越频繁,也有许多企业采用英文书信格式(见图3-1所示的英文商务信件范文)。秘书人员要根据对象的文化背景来合理选择相应的书信格式。

1) 信件传递信息的优点

(1) 是书面的,具有凭证作用;

(2) 便于阅读和参考;

(3) 能发送至相应的地址。

2) 信件传递信息的缺点

(1) 信件邮寄花费时间;

(2) 不便于交换看法。

> Date: 23 December 2008
> Mr. James Green
> Sales manager BBB PLC55-60 Old St, London E6 6HG
> Dear Mr. Green:
>   Thank you for your letter informing us of Mr. Green's visit during June 2-7. Unfortunately, Mr. Edwards, our manager, is now in Cairo and will not be back until the second half of June. He would, however, be pleased to see Mr. Green any time after his return.
>   We look forward to hearing from you.
>   Yours faithfully

图 3-1 英文商务信件范文

2. 备忘录

备忘录是通信的简化书面表格,用来通知有关工作事项。备忘录用于内向传递,即企业内部进行信息交流。备忘录表格能预先打印或准备好,如图3-2所示。

1) 备忘录传递信息的优点

(1) 是书面的,便于查阅和参考;

(2) 文字不必像商业信件那样正规;

(3) 使用方便。

2) 备忘录传递信息的缺点

(1) 沟通较慢;

(2) 不便于交换看法。

```
温州市××秘书事务所
```

备忘录

发给：财务部
抄送：行政部
发自：人力资源部
日期：2016年3月14日
事由：办理卢×等3人离职工资结算事宜

财务部：
  网络部卢××、吴××、周×3人提出辞职申请已经公司总经理办公会同意，请按照公司相关规章制度为其办理离职工资结算事宜。

图 3-2　备忘录格式

3. 通知或告示

通知或告示贴在布告栏中，用来通知公司的内部事项或征求员工对某事项的意见。写通知或告示时应尽量避免生硬的语气。通知或告示所贴的位置要醒目，让人们在一定距离能阅读，做到文本信息简单短小，图片和色彩具有吸引力。

4. 传阅单

需要传阅内容多的信息时可利用传阅单，下面列出所有应阅读该信息的工作人员的姓名和部门，读完信息后应签字，见表3-1。

表 3-1　信息传阅单

信 息 名 称			
传阅人员/部门	送 达 时 间	返 回 时 间	签　　字
张　　×	月　日　时	月　日　时	
李　　×	月　日　时	月　日　时	
赵　　×	月　日　时	月　日　时	
财务部	月　日　时	月　日　时	
工程部	月　日　时	月　日　时	
营销事业部	月　日　时	月　日　时	

5. 企业内部刊物

企业内部刊物主要用来介绍公司动态和业务进展情况，是沟通上下、联系员工的桥梁。内部刊物的内容一般包括公司内部信息、职务升迁信息、员工信息、员工嘉奖榜、业务往来信息等，如图3-3所示。

（二）系统外部信息传递

系统外部信息传递是指秘书在日常工作中有效地利用各种媒介进行传递信息。如通过印刷媒介类的报刊、书籍、宣传材料和电子媒介类的广播、电视等向公众传递信息，宣传企业的经营政策、业务进展、产品销售情况等，以此树立企业的形象，增进

图 3-3　公司内刊

社会公众对企业产品及服务的了解,并得到他们的认可。

系统外部信息传递一般通过新闻稿、新闻发布会、报刊简短声明、直接邮件等方式进行。

1. 新闻稿

公司公布决定或政策时,可采用新闻稿发布信息。新闻稿要简明扼要,直入主题,客观反映事实,不需作评论说明。

2. 新闻发布会

新闻发布会主要是用来公布重要的信息。公司展示最新产品、演示技术上的最新成果、产品展览会前或展览期间,都可举行新闻发布会。面对面的交流能产生好的效果。

3. 声明

声明是指在报刊上宣布新的任命,或者电话、地址的变更信息等,声明要简短,引人注目。

4. 直接邮件

直接邮件是将公司的信息材料通过邮局寄出。这种方式收到的纸面信息可归档供参考,但邮件要封装、贴邮票并送到邮局,耗费精力,比电子邮件发送速度慢,可能发生邮件丢失或错的情况。

二、信息传递的方法

秘书应根据信息的形式、类型、使用目的及信息接收者的不同,选择有效的信息传递方法。

(一) 口头传递

口头传递是指秘书将信息转化成语言和声音传递给信息接收者,多用于企业内部传递信息。具体形式有对话、座谈、讲座、会议、录音、技术交流等。

1. 口头传递的优点

(1) 简洁、直接、快速;

(2) 较少受场合地点的限制；

(3) 信息反馈及时。

2. 口头传递的缺点

(1) 获得的信息比较零乱；

(2) 对信息接受者来说信息较难储存。

(二) 文字传递

文字传递是指秘书将信息转换成文字、符号、图像传递给信息接受者。这种方式可以避免信息失真变形，实现远距离多次传递，便于利用和存储。企业文字传递信息的主要表现形式有文本、表格、图形等。秘书可利用这几种形式编发各种信息简报、报告、统计报表及市场信息快报等传递信息。

1. 文本

文本是大多数信息的传递形式。为了增强文本的影响力和清晰度，可以运用一些文字处理技巧，具体有以下几种。

(1) 对标题和重点内容加粗字体或画重点线。

(2) 对各要点加上序号和符号。

(3) 使用艺术字。

(4) 使用文本框，突出部分文本。

(5) 使用不同字体和字号显示信息。

2. 表格

表格是用于对特定的、标准的信息进行展示的一种方式。在表格中系统地排列信息更为直观。运用表格传递信息要做到：有完整的标题；信息简明；标明信息来源。

表格应体现一定的目的，按逻辑顺序布局，易于填写，做到尽量精简文字，留出足够的填写空间。

3. 图形

统计信息以图的形式传递，更易表达和理解。基本的图形有柱状图、饼状图、折线图和框图，使用何种图取决于传递信息的类型。

1) 柱状图

柱状图中的信息用坚实的柱子标示，多用于统计数字的比较，容易理解。如每季度的产品销量、每月的电话费、一年来的销售量比较等。

2) 饼状图

饼状图是用环开的形式来展示信息，其中的圆环被分成几个区域，每个区域信息在整体中占一定百分比。饼状图传递信息应做到：标题完整；每一区域用不同的颜色或阴影表示；按比例划分每一区域；注明信息来源。饼状图用于表示各部分之间的比较，如可用来表示各地区的销售量分别在整体中占的比例等。

3) 折线图

折线图用于表示趋势及比较性信息。如一定时期的产品销售量、产品价格等，如

图 3-4 所示。

4) 框图

框图是用图解的形式来表示信息的,包括流程图和组织图。流程图是经简单直观的图解表示做某项工作的程序,用于分析任务的逻辑进程。任务用方框表示,用箭头连接,箭头表示信息或任务的流向,如图 3-5 所示。组织图是用来反映组织结构和相互关系的框图。

(三) 电讯传递

电讯传递即利用现代化的通信手段来传递信息的一种方式。电讯传递的信息量大、速度快、效果好、抗干扰力强、不易失真。秘书用电讯传递的途径有电话、传真、电子邮件等。

1. 电话

需要交换口头信息时可采用电话传递的方式。

1) 电话传递信息的优点

(1) 传递信息快捷;

(2) 双方能沟通交换信息;

(3) 从电话中的语调能判断对方的态度和反应。

2) 电话传递信息的缺点

(1) 电话传递没有书面证据,信息可能被误解;

(2) 如果是长途电话或打电话时间长,费用高。

2. 传真

传真是通过电话线来传送书面信息,能用于客户信息、会议信息、紧急信息等的传递。

1) 传真传递信息的优点

(1) 传递信息速度快;

(2) 能接收和发送手写、打字、打印的文本和图形信息;

(3) 传递不受时间的限制。

2) 传真传递信息的缺点

(1) 难以保证信息的机密性;

(2) 只能发送给有传真机的单位。

3. 电子邮件

电子邮件是计算机之间发送信息的系统。信息可以键入或扫描录入,通过邮箱系统发送。

1) 电子邮件传递信息的优点

(1) 传递信息迅速;

(2) 可减少用纸及发送纸面邮件的费用;

(3) 信息能同时发送给多个邮箱；
(4) 能发送图表、照片等各种类型信息；
(5) 使用密码能维护信息的安全和机密。
2) 电子邮件传递信息的缺点
(1) 由于发送信息容易，导致信息量大，易使人们淹没在电子邮件中；
(2) 收件人必须有兼容的设备；
(3) 有效地发送电子邮件需计算机技能培训。

4．可视化辅助物传递

可视化辅助物传递用来帮助理解工作任务和信息，可用于消防、安全布告及出口标志等。

1) 影像

利用摄影和录像技术传递信息，能形象地表示信息，具有真实性、直观性和感染力，可收到其他信息传递方法达不到的效果。如制作录像带介绍产品性能、推销产品、宣传企业的服务、安全培训等。

2) 投影

投影用于演示信息，将信息投影到屏幕上，引起人们对信息内容的关注。投影能体现专业化的演示水平，文字要大，字数要少，显示要清晰。

3) 展示架

展示架包括展板和架子，用于展示信息。随着科技的进步，人们现在也经常使用计算机展台来展示信息。

4) 展示或示范

展示或示范是指展示产品实物，演示实际操作，一般是在各类展销会上使用。

5) 布告栏

布告栏用于张贴通知或布告等，通常将信息用图片和大号字体记载于大纸张上展示。现在很多单位也使用各种喷绘来布置布告栏。

5．企业博客

博客也称为网络日志、网络日记或简称为网志，英文单词为 blog（web 和 log 的组合词 weblog 的缩写），指一种特别的网络出版和发表文章的方式，倡导思想的交流和共享。blog 通常由简短且经常更新的张贴文章构成，这些文章按年份和日期排列，通过网络传达实时信息。博客比电子邮件、新闻群组更加简单和方便易用，是继 E-mail、BBS、ICQ 之后第四种颇受网络用户喜爱的网络信息组织与交流方式，有着广阔的发展前景。

博客具有的知识性、自主性、共享性等基本特征决定了博客营销是一种基于个人知识资源（包括思想、体验等表现形式）的网络信息传递形式。现在很多企业都采用博客的形式来传递公司信息和产品信息，开展企业营销。

任务二 利用各种方式方法传递信息

一、信息传递的程序

（1）确定传递信息的内容。确定哪些内容是必须进行传递的，过滤出不需要传递的信息内容。

（2）选择并确定传递信息的形式。

（3）确定传递信息的方法。

（4）进行信息传递。将用一定形式表现的信息，按照所选择的信息传递方法，及时准确地传递给信息接收者。

（5）确认信息传递质量。对于传递出去的信息，应该确保接收者能够接受。秘书可以通过反馈或检查来了解接收者的反应和接收效果。

二、信息传递的注意事项

（一）区别对象，按需传递信息

信息传递要区别对象，高层次决策者需要综合性和预测性的信息，基层管理者则主要需要具体的业务信息。秘书要针对不同对象的不同需求提供信息，因人、因事而异，提高信息的利用效率。

（二）做好例行信息的传递工作

信息工作是秘书日常工作的重要组成部分，信息的上承下达都要经过秘书。秘书应做好信息的传输和接收工作。如每天转交当天的邮件、信函，并汇报前一天交办事项的执行情况；定期编写内部资料，发布相关信息；定期的例行会议上沟通情况、传递信息。

（三）加强非例行的信息传递工作

决策者及有关人员、部门在工作中急需某些信息时，秘书要及时收集相关信息进行传递。如经理要出国与一家公司进行商业谈判之前，秘书应提供有关这家公司的背景材料及所属国家的社会文化习俗等信息。

秘书从其收集到的信息中发现重要情况时要立即传递信息，如本企业所用原料的国际价格即将上涨；公司发行的股票突然被人大量买进；由本公司独占的产品市场，突然出现某境外公司企图涉足的迹象等。秘书一旦接收到这类信息，必须迅速向决策者或有关部门反映。

（四）运用现代化信息传递方式

秘书应当发挥现代化的信息技术在信息传递中的作用，利用电话、电视、数据网络、光盘和新的多媒体技术等传递信息。弥补目前在获得信息方面存在的地理的、社会的和经济的差距，使信息产生更大的社会效益和经济效益。

三、信息传递过程污染防治

信息污染是指无价值信息自由泛滥对领导决策和社会所造成的危害。由于信息采集与传递不规范,信息流通不畅,信息加工水平低,信息管理体制不健全,从而造成信息的无序和失控,直接导致信息的老化失真、重复、过载、堵塞和不确定,这种现象就是人们常说的"信息污染"。信息污染会导致上司对客观事物判断和决策的失误,给企业发展造成不应有的损失。因此,秘书要特别警惕那些失真污染信息对正常管理工作的干扰,在信息处理过程中防止信息污染,提高信息的透明度。信息污染的表现形式主要有以下几个方面。

(一) 失实信息或虚假信息

失实信息是指一些信息相关性低,甚至以讹传讹,与事实不符。其中包括以下两种信息。一为欺诈信息,是一些不法分子为了谋取自身利益,利用欺诈手段对信息需求迫切而又缺乏识别手段的信息接收者设计的圈套。二为错误信息,是指信息中的一种或一些要素失真,导致信息的失实。如事实不真实、数据的夸大与缩小等。

造成虚假信息或信息失真的原因有三种:一是信息源本身的虚假,其中多为人为因素;二是信息传播过程中由于传播技术出错或信息处理失误等原因造成信息内容的偏离,从而导致信息某种程度上的失真;三是信息工作人员由于各种主客观的原因,把反应甲事物特征的信息误以为是反映乙事物特征的信息,并加以利用,从而做出错误的决策。

(二) 重复信息

重复信息是指由于大量的转抄、引用、复述,甚至剽窃造成信息的重复、激增、泛滥,因而给信息的处理、吸收、存储和提取带来不便。

(三) 过时信息

信息的时效性很强,信息如得不到准确及时的传递就会成为过时信息。这也会造成经济和政治方面的损失。出现过时信息有两方面原因:一是信息源提供信息过时;二是信息工作人员在使用信息时忽视了信息的时效性。

(四) 过载信息

随着社会信息化建设的不断推进,信息量急剧增长,信息的增长速度已经超过了人类社会处理利用的限度,从而造成大量信息积压,直接导致信息的老化和失效。一些时效性很强的信息随着时间的推移而变得毫无用处,这时如被一些信息意识薄弱的信息工作人员加以传递或利用,过载信息就成为过时信息,甚至错误信息。

(五) 缺损信息

信息在加工、传递、利用的过程中由于种种原因,只提供了某些部分或漏掉了某些要素,从而造成利用中的失误,这种信息就是缺损信息。造成缺损信息的不是信息的失实,而是未把握好信息间的相关性,从而造成信息内容的残缺。

(六) 噪音信息或信息噪音

一个正确而完整的信息在传递过程中,受到一些客观因素的干扰,出现误差,这种信息到信息管理部门是不能直接利用的,这种信息就是噪音信息。造成噪音信息的原因主要在信息载体中,如案头调研资料的字符、词语、语法错误,字、词、语句的脱落或增加,字符的污损,计算机在信息处理过程中机器出现故障,因外界干扰而出现偏差和失控。

(七) 误差信息

信息利用的全过程都有可能出现误差,当误差积累到一定程度时就会造成信息污染,由于这种污染是由误差造成的,所以我们称之为误差信息。造成误差信息的主要原因有两方面:一是抽样误差,由于抽样调查是用部分推算全体,这种推算的结果必定会与总体有一定的差异,随着差异的积累,污染就会产生;二是非抽样误差,如统计、计算等的错误,调查表格设计不当,谈话记录不完整,信息访问人员有偏见,信息提供人员敷衍了事等。

采取有力的措施控制和防止信息污染,对于决策的成败具有非常重要的作用。秘书应努力加强对信息污染的治理,防止污染信息危害企业正常发展。

秘书要做到以下几个方面:一要加强对信息处理过程中的审查、监督和评估,达到防治信息垃圾的传播与泛滥;二要提高个人的信息素质,提高现代化信息技术的应用能力;三是要提高秘书人员有关信息需求的表达、检索、分析和吸收能力,学会比较分析,弃去糟粕,吸取精华,从根本上杜绝虚假、过时信息的产生与蔓延。

项目二 信息反馈

【学习目标】

了解信息反馈的形式、原则;熟悉信息反馈的内容、方法;能够及时准确反馈信息,供上司决策。

【任务描述】

学意公司近几年一直致力于新市场的开拓,不断开发新的产品。为了能给公司决策提供更多更新的信息,秘书吴芳向老总提建议,认为公司应该建立市场信息反馈机制,利用信息反馈来服务公司的市场开拓。吴芳的建议得到了老总的赞同和支持。最近公司新开发一种新型食品营养调理机项目。老总要求吴芳放下手头其他工作,全力做好公司信息反馈系统建设工作。

【任务分析】

秘书要迅速、准确地传递信息,首先必须要掌握信息传递的形式和方法,同时掌握信息传递的程序,这样才能较好地完成传递信息的工作任务。

任务一　熟悉信息反馈的内容和方法

信息反馈是秘书信息工作的重要环节。在各项工作活动中,秘书要及时了解来自各方面的反馈,收集公众对已推行政策、实施措施的意见,把各种指令执行情况的偏差信息反馈给决策者,以便发现问题,纠正偏差,修正或完善政策与措施,做出新的布置,发出新的信息。秘书编写简报、送阅文件等是向上反馈信息的必要途径。

一、信息反馈的形式

(一)正反馈和负反馈

1. 正反馈

正反馈是指能够增强管理者原定信念的反馈。管理工作中的正反馈并不一定就是好的。如果原来的管理信念是正确的,形成的正反馈增强原来的信念,自然是好的反馈。如果原来的管理信念有一定的缺陷,比如决策已经失误形成的正反馈仍旧增强原来的信念,那自然是不好的反馈。

2. 负反馈

负反馈是指能够减弱管理者原定信念的反馈。管理者通过负反馈可以及时了解管理工作中的各种信息,并根据反馈的信息及时修正原来的管理计划,调整管理措施,使出现的偏差得到纠正,保证管理目标的实现。

要搞好负反馈,管理者必须善于调查研究,善于发现问题,能够虚怀若谷,闻过则喜,主动征求意见,敢于面对现实,敢于客观反映问题。

(二)纵向反馈和横向反馈

1. 纵向反馈

纵向反馈又称为上行反馈,是反馈信息自下而上流动的反馈。比如,上级管理者发出指示、命令后,随时都要收集下级管理者和员工对指示与命令认识、执行的结果,以及其存在的问题等。这些都属于上行反馈。

其实,纵向反馈中还应该包括"下行反馈",即反馈信息自上而下流动的反馈。比如,下级管理者或员工要向上级管理者请示工作,在请示发出之后,他也非常须要知道上级管理者对请示的看法、批准的可能、请示中存在的问题等。这对于下级管理者或员工来说也是反馈,即下行反馈。从一定的意义上来说,纵向反馈的质量和时效决定着管理工作的效率。

2. 横向反馈

横向反馈是指企业或组织同外部系统之间的反馈及企业或组织内部的同级部门之间的反馈。

在现代管理系统中,任何企业或组织不可能是孤立的,总是处在一定的国际、国内的环境之中,总会不同程度地受到外部系统的制约和影响。管理者除了重视内部信息的反馈之外,还应该具有开放意识,变封闭式的思维方式为开放式的思维方式;通过收集来自系统之外的反馈信息,加强与外部的交流,修正管理行为,提高管理质量。

(三) 前反馈和后反馈

1. 前反馈

前反馈是指在信息发出之前,信息的接受对象向信息发出者表示的要求和愿望,希望将要发出的信息能满足自己的需求。如来自基层和群众中的建议和呼声等。

2. 后反馈

后反馈是指在信息发出后,信息接受者对信息做出的反应。

二、信息反馈原则

秘书工作中的信息反馈要能使企业领导从中了解决策执行的动态,并从中发现带有倾向性、苗头性的问题。因此,秘书工作中的信息反馈必须遵循以下原则。

(一) 全面反馈原则

全面反馈原则是指反馈的信息是事关全局、带有宏观指导意义、反映主要矛盾的反馈信息。但是,全面反馈不是全部反馈,对于那些参考价值不大,没有普遍代表意义,仅仅反映个别部门和一般动态的,没有典型意义的局部信息,应予以摒弃。

(二) 重点反馈原则

重点反馈原则主要包括以下四个方面的内容。

(1) 中心工作的信息反馈　主要是紧紧围绕企业在各个时期的中心工作和部署,有针对性地反馈领导密切关注的信息。它须要一方面及时了解企业新的方针和工作部署,经常分析每个时期、每个阶段领导在想什么、抓什么;另一方面了解一线员工在做什么,根据企业要求怎样在做。

(2) 新情况、新问题的信息反馈　包括新鲜事物,老情况、老问题在发展过程中出现的新苗头和新矛盾,以及在特定地区产生的新情况和问题。

(3) 关心和敏感的热点信息　每一时期和阶段总有一些舆论关注的热点。秘书应该把企业员工、消费者、客户、合作伙伴等在一段时期内关心或议论较多的信息及时反馈给企业领导。

(4) 重大突发性事件信息反馈　企业管理过程中,总会有一些意外事件发生。对于重大的突发性事件,秘书应该及时将事件的前因后果和事件进展情况及事件处理后的反应等信息及时反馈给企业高层。

(三) 系列反馈原则

系列反馈原则包括以下两个方面的内容。

一是由于企业中的各个职能部门都有其特定的职能和工作目标,所以,秘书在信息反馈时要围绕各职能部门的发展目标提供相关信息。不能注重了一方面而忽略了另一方面,而应做出全面综合的信息反馈,以便领导做出具有全局性的周密的决策。

二是要抓住因某一情况变化而引出的一系列情况变化,进行信息反馈。任何事物都不是孤立存在的,而与周围的许多事物有着千丝万缕的联系。秘书信息反馈不仅要对变化的本源做出反馈,而且要对所有被引发的变化做出系列性的反馈,以便了解掌握全面情况。

(四) 连续反馈原则

任何事物都有其产生、发展、结束的不同阶段,秘书信息反馈应根据事物发展变化的阶段性特征,进行不间断的适时的反馈,以求及时掌握事物的动态,并根据具体情况做出相应的决策。

(五) 正负并重原则

正负并重原则就是喜忧兼报,这是科学决策的要求。科学决策必须建立在真实、准确、全面的信息基础上,要做到这一点,既报喜又报忧是最基本的要求。报喜信息是反映成果、正确做法的信息,可以帮助人们总结经验、树立典型、制定政策;报忧信息则是反映工作失误、突发事件或问题的信息,有利于分析工作中带倾向性的问题,修正错误,针对性地采取策略,把问题解决在萌芽状态,完善做法,化忧为喜。秘书要明确信息工作的职责,提供全面、真实、准确的信息,既报喜又报忧,科学地反馈信息。

三、信息反馈的内容

秘书要通过不断的信息反馈,将信息使用过程中产生的效应及活动中不断产生的大量信息进行再收集、再处理、再传递。信息反馈的主要内容有以下几个方面。

(1) 有关方针、政策和重大工作部署执行情况的信息。

(2) 工作中的新事物、新做法和有推广意义的经验型信息,以及一些新思想、新观点和独到见解。

(3) 反映工作中存在的矛盾和问题,特别是政策问题的逆向性信息。

(4) 对全局有一定影响的带倾向性、苗头性信息。

(5) 反映意见、建议、呼声、心态的信息。

(6) 反映重大事件、突发事件的信息。

四、信息反馈的方法

在企业管理活动中,衡量反馈信息价值的大小,主要看它是否能对高层决策充分发挥其监督、检索、调整、完善的功能。因此,信息反馈的方法使用,必须以在决策的执行过程中增强其实际调节作用为出发点,运用多种手段,开辟多种渠道。一般来讲,通常使用的信息反馈方法有以下几种。

(一) 典型信息反馈

通过某些典型部门的情况、某些典型事例,甚至是某些代表人物的观点言行来反馈有关信息。典型信息反馈一般选取企业的一个部门、一个客户、一个地区市场、某一方面出现的新动态,或者是市场上新出现的某种细微现象或苗头。这些动态、现象和苗头具有较强的代表性,对于企业经营管理和决策具有较大的参考作用,可以达到以小见大的目的。采用典型反馈方法,所选典型务必要有代表性或权威性,反馈的内容一定要全面、准确,尤其是对某些局部特有的现象,一定要进行去伪存真、去粗取精的加工处理,使得这一典型能够真正反映出真实情况。

(二) 综合信息反馈

把不同部门、不同管理层、不同员工、不同区域市场、不同消费者、不同客户、不同合作伙伴对企业某一项决策的反应汇集在一起,通过分析归纳,找出其内在联系,形成一套比较完整、系统的观点与材料,集中进行反馈。这种方法是秘书在平时工作中运用较多、效果明显的一种反馈方法。综合信息反馈包容面广,信息量大,材料翔实,传报及时,对企业高层迅速掌握市场动态和企业系统动向十分便利。综合信息的方法主要有兼容、扬弃、提炼、演进等。

(1) 兼容　把来自不同角度、不同方面的反馈信息兼收并蓄,从而取得多样规定性的统一。

(2) 扬弃　对众多信息资料中合理的部分予以保留发挥,对不合理的部分予以摒弃否定,以求得反馈的科学性。

(3) 提炼　把零散的、表象的信息通过提炼升华,实现其有序化和理性化。

(4) 演进　在真实准确反映事物现状的基础上,对其未来的发展趋势做出预测。

(三) 跟踪信息反馈

对企业的各项决策有计划地进行全面跟踪,分步骤地组织连续反馈,形成反馈系列。跟踪信息反馈的针对性和计划性强,能够系统反映过程,有利于指导工作。搞好跟踪信息反馈,关键是要熟悉决策实施的总体步骤、阶段内容及该项工作与其他工作的相互联系,使整个反馈首尾贯通,环环相扣,完整地体现出决策实施工作的全貌。

任务二　为上司提供反馈信息

一、信息反馈的工作程序

(一) 明确目标

明确信息工作和信息传递活动的具体目标和具体要求,对信息工作和信息传递活动目标的实现情况的评估有明确的依据。

(二) 选择信息反馈的方法

(1) 系列型反馈信息　将工作活动的全过程情况按不同的发展阶段连续反映。

(2) 广角型反馈信息　对工作活动的某个过程从不同角度进行反映。

(3) 连续型反馈信息　对工作活动中的某个关键问题在短期内连续不断地进行反映。

(三) 获取反馈信息

根据确定的具体目标和具体要求所涉及的内容,及时地搜集和回收各种反馈信息。一般来讲,获取的反馈信息主要包括:有关方针、政策和重大工作部署执行情况的信息;新思想、新观点和具有独到见解的经验型信息;反映工作中存在问题的信息;对全局有影响的倾向性、苗头性信息;反映意见、建议的信息;反映重大事件、突发事件的信息。

(四) 加工分析反馈信息

对收集到的反馈信息进行管理、加工、分析,并将其结果与既定目标和要求进行比较分析,找出差距。

(五) 传递反馈信息

将反馈信息传递给相关部门或人员。

(六) 利用反馈信息

采取各种手段、方法和具体行动,使信息工作和信息传递活动的实施情况回到完成既定目标、满足原有要求的正确轨道上来,为各项工作活动顺利开展打下良好的基础。

二、信息反馈要求

反馈信息一般来源不同,在原始反馈信息中,散点型、动态型、随机型的广度信息多,综合性、预测性、系统性的深度信息少。为了及时将这些原始反馈信息从各信息渠道分门别类收集上来,加工后供决策时参考,必须在遵循信息反馈原则的基础上,按照信息反馈工作的要求去进行。

(一) 能够正确识别反馈信息

企业管理工作的整个过程实际上就是信息处理的过程。秘书部门每天都要通过不同渠道收集来自各方面的信息,其中包括企业内部信息、外部信息、社会信息等,这些信息都是决策的重要依据,但并不是所有这些信息都是反馈信息。由于不同信息产生的效应不尽相同,而且反馈信息在决策过程中意义重大,故必须对反馈信息加以正确识别。

首先,不能混淆信息。有些秘书把其他公司的一些新情况、新经验、新问题当作本公司的反馈信息。这对于决策虽然有借鉴意义,但不能正确反映本企业的实际情况,反而可能破坏本企业的正确决策。再比如企业对过往的生产管理工作情景进行总结分析,这些信息也不能准确反映当前企业决策执行情况,也不是反馈信息。

其次,信息不能以假乱真。在秘书信息工作中,往往会因为各种原因将失真信息当成一种反馈信息。失真信息不仅不能客观、准确地反映实际情况,而且一旦被企业领导认可,应用于企业决策,就有可能给企业造成巨大损失。信息失真的原因很多。在传递、处理过程中,信息可能被企业的各级组织进行了多次综合和分解,内容发生了很多变异;在信息加工过程中,信息人员也会掺杂个人的理解,造成信息内容偏差;

更有甚者为了个人或小团体利益,故意夸大事实或有意回避矛盾和问题,弄虚作假,形成信息失真。秘书应该尽可能掌握原始信息,避免信息污染,千万不能把失真信息作为反馈信息反馈给上司。

(二) 注重信息反馈的途径

将反馈信息由信息接受者传到信息发出者,必须通过一定的信息载体,这些载体即为反馈途径。秘书常用的信息载体包括电讯传输装备(如电话、电报、传真机、电视等)、各种文字符号材料(如文件、图表、简报等)、计算机网络等。信息的反馈途径是由信息接受者将接收信息后所产生的反应,传输给信息发出者的通道。信息反馈及时、准确与否,与信息的反馈途径具有直接的联系。秘书应该尽量缩短反馈途径。信息反馈的途径越长、层次越多、反馈所需时间越长,故障就越多,造成信息失真的概率也就越大。因此,为保证反馈信息的时效性,特别是对一些重大的、时效性强的信息允许减少层次,直接反馈。在反馈过程中,可以根据信息特点选用不同的载体,如利用电话、传真等可以解决远距离的信息反馈,利用图表等材料可以对信息进行定量和直观分析。

(三) 加强调查研究工作

秘书人员必须高度重视调查研究工作,只有在大量的充分的调查研究的基础上,才有可能提供高质量的反馈信息。

首先,要通过调查会、个别访问、书面调查、实地考察、民意测验等多种不同方法经常深入基层,及时了解公司决策执行过程中出现的一些新情况、新问题,摸清弄透这些问题出现的真正原因,从而掌握大量的第一手资料,提高行政反馈信息的准确性。

其次,对通过企业各渠道报送的一些重要信息进行跟踪调查,特别是对一些比较模糊的问题,更应彻底弄清。要通过调查,充分挖掘深藏在一些零散的表层信息中的内涵,从而提炼出有价值的高层次信息。

最后,针对上司要求开展专题性调查,提供一些"适销对路"的"拳头产品",提高信息的使用价值。

实训任务 信息传递和反馈

【训练目标】

了解信息传递的途径和方式;掌握信息反馈的方法;能够根据信息的形式、类型、使用目的及信息接收者的不同,选择有效的信息反馈方法,掌握信息工作的初步技能。

【任务描述】

学意公司总经理秘书吴芳最近忙着建立公司信息反馈系统。吴芳协同市场部根据工作需要下发通知,要求各地代理商、专卖店区域市场的操作中,要保持与公司的信息沟通,反馈商家、消费者的意见,以便了解市场,了解对手,及时调整市场操作,做到正确决策。

1. 需要反馈的信息

(1) 消费者意见:产品、技术、外观、价格、促销、售后服务、广告及个人建议。

(2) 技术或产品新动向。

(3) 竞争者情况:产品、技术、外观、价格、促销、广告、服务政策、渠道等。

(4) 本品牌网络结构调整情况:政策、产品、销售、服务、价格、竞争。

(5) 市场分析。

(6) 本月销售及进货计划。

2. 信息反馈方式

(1) 固定表格填报;

(2) 电话沟通;

(3) 实物(样品收集);

(4) 方案复印件收集;

(5) 综合分析报告。

3. 工作要求

(1) 每月收集各方面对公司的各项意见和建议,填写各项信息反馈表。

(2) 随时电话沟通市场竞争状况和区域市场状况。

(3) 建立月销售沟通制。

假如你是你所在城市的区域市场经理,请你根据公司市场部要求做好本月的信息反馈工作,将相关信息反馈给市场部。

【实训内容】

1. 收集反馈信息

请根据市场部通知的反馈信息范围,选择三种信息进行收集和整理。

2. 反馈信息

根据市场部通知的反馈方式,选择三种方式来反馈所收集的信息。

【实训要求】

(1) 实训项目分组进行,每组 3~5 人为宜,每组设组长 1 人;

(2) 以个人为单位完成信息收集任务,并将收集的信息稿录入电脑,按照规范进行排版;

(3) 每组组长将小组成员收集的信息资料进行汇总;

(4) 以小组为单位,进行实训成果汇报,并将汇报材料制作成PPT,注意图文并茂,小组成员进行角色扮演和分工,利用不同方式模拟信息反馈;

(5) 根据每组完成任务情况,小组在自评的基础上进行互评,最后由教师进行总评。

【知识链接】

取得顾客反馈信息的九种方法[①]

从顾客那里得到有价值的反馈信息,你可以学到许多有利于业务发展的东西,比如顾客购买你的主要产品只是为了得到免费赠送的礼品,顾客可能觉得你的网站导航不太方便等等。了解到诸如此类的重要信息,你可以做出相应的调整,例如改进网站设计、产品或服务、广告及营销策略等。

下面是取得顾客反馈信息的九种方法。

(1) 定期采用调查表及问卷。可以用多种方式公布调查表,如发布在您的网站、电子刊物、新闻通讯、直邮资料,以及放置在产品包装箱内等,也可以张贴在网上信息公告栏、电子邮件讨论列表或新闻组中。

(2) 为顾客创建在线社区。包括聊天室、公告栏、讨论组等,你可以作为主持人定期了解顾客对你的业务的谈论和看法。

(3) 向一组顾客分发产品。通过这种方式请顾客使用并评论你的产品,请顾客将评论表寄回给你,有的顾客会填写你的调查表,也有的顾客将不会给你反馈信息,但只要能得到的反馈信息大都很有价值。

(4) 为你的网站访问者提供免费的在线产品。这些产品可以是电子书籍、搜索引擎登记、E-mail咨询、网站设计等,作为回报,请他们填写一个关于你的网站、产品或服务、顾客服务等的简短的调查表。

(5) 创建顾客服务中心小组。邀请10~12个最忠诚的顾客定期会面,他们会给你提供改进顾客服务的意见,你可以付给他们酬劳、请他们出去吃饭或者提供给他们免费产品。

(6) 定期与顾客保持联系。为顾客订阅免费的电子刊物,询问顾客你的网站更新时是否用E-mail通知他们,每次顾客购买之后,继续了解顾客对购买产品及服务是否满意。

(7) 使顾客便于和你联系。提供尽可能多的联系方式,允许顾客通过E-mail与你联系,把你的E-mail地址做超级链接设置免得顾客重新输入地址,提供免费电话号码和传真号码,这样方便顾客表达他们的意见。

(8) 在顾客的生日或假日定期保持联系。为终生顾客发送礼物以示感谢,通过E-mail发送问候卡,打电话亲自祝贺顾客节日愉快,你可以询问他们对服务是否满意。

(9) 邀请顾客出席公司会议、午宴,参观车间或参加讨论会。为顾客创造特别的参与机会,如晚会、野餐、舞会等,在这些活动中公司员工与顾客可以相互交流,可以得到对公司业务有价值的反馈信息。你可以使用上述几种或全部方法以获得顾客有价值的反馈信息,当然并非只有这些方法,你也可以使用你自己的方法。

[①] 引自:中华服装网,http://www.51fashion.com.cn/

第四章 信息开发与利用

项目一 信息开发

【学习目标】

了解信息开发的类型;掌握信息开发的主要形式;能够根据特定需要,确定信息开发的主题,围绕主题进行信息的开发。

【任务描述】

学意公司总经理秘书吴芳,平时非常注重信息的开发,经常从各种渠道获取信息,翻阅各种国内外经济报刊,从报刊上收集市场信息进行剪贴,汇集成册,供自己和公司使用。最近,总经理在视察分公司生产车间时,发现一部分分公司的领导和员工对外界的信息掌握得不是很及时,特别是对行业的前沿动态知之甚少,缺乏危机感。于是,总经理就要求吴芳利用平时收集的行业市场信息制作《行业市场动态》,印发给各分公司。吴芳马上打开自己平时的剪报并开始整理。

【任务分析】

信息开发能够扩展信息的覆盖面,增加信息的容量,提高信息的质量。作为秘书,应该首先掌握信息开发的主要形式和方法,并进一步掌握信息开发的程序,这样才能积极配合上司和有关部门开发信息资源,挖掘深层次信息,为决策提供依据。

任务一 熟悉信息开发的类型和主要形式

信息开发是对信息进行全面挖掘、综合分析、概括提炼,以获取高层次信息的过程。信息开发具有多次性。一般物质资源经过消耗就可能丧失其功效,而信息则具有共享的特性,它可以存储,可以被多次传输利用,能够不断地补充、完善和扩散,还可以进行综合和归纳,成为可增值的资源。

对于企业而言,信息开发就是在掌握大量信息的基础上,根据决策、管理、经营等需要,利用科学的研究方法,对现有信息进行系统的归纳整理,对事物的发展趋势做出判断和预测,提供全面性、高层次的信息,为企业的经营发展服务。

信息开发能够扩展信息的覆盖面,增加信息容量,提高信息质量,获得最佳服务效果。秘书应积极开发信息资源,挖掘深层次信息,为管理活动服务,创造社会效益和经济效益。

信息开发的要求是扩展信息的覆盖面,增加信息容量,提高信息质量,创造最佳服务。通过各种信息渠道收集的原始信息,丰富而庞杂,如果不进行深入开发整理,全部塞给领导,领导者的精力、时间和关注点就会被纷繁的原始信息所淹没,不利于决策和提高工作效率。这就要求秘书对大量的、零散的、随机的、个别的信息进行加工、提炼和概括,开发出全面的、系统的高层次信息。

一、信息开发的类型

按照对信息加工的层次分,有一次信息开发、二次信息开发和三次信息开发。

一次信息开发主要是将无序信息转变为有序信息,提高信息的利用率,如剪报、外文文献编译等。

二次信息开发是对一次信息进行加工整理后而形成的新信息,提供信息线索,便于人们对信息进行概括了解。

三次信息开发是在一次、二次信息的基础之上,通过分析概括而形成更深层次的信息。

二、信息开发的主要形式

(一)剪报

报纸作为一种信息载体,传递着大量丰富、及时、新颖的信息。剪报就是根据市场的需求,选择不同的专题,确定时间周期,对报刊资料中有用的信息进行选取、组合、编辑制作、传递等工作,是将繁杂的报刊资料专题化、集中化的一种信息产品。剪报是目前开发信息的普遍方法和有效方法,属于一次信息开发,具有实用性强、使用方便的特点。

剪报方法开发信息成本相对较低,获得的信息量也较多。但剪报的许多信息是零散的和缺乏针对性的,有些信息缺乏时效性、可靠性。

剪报的操作步骤如下:

(1)确定专题;

(2)确定圈选报刊;

(3)准备剪刀、糨糊、储存架、计算机及相关软件用具;

(4)标准化工作。

收集丰富的资料是做好剪报工作的基础,剪报来源也不能仅仅把报纸作为唯一的信息收集途径,还可以从图书、期刊中查找一些时效性要求不高的相关资料。在剪报过程中要注意报纸上重复信息多,甚至有虚假信息存在,筛选工作必须做好,才能保证内容质量。

随着计算机网络技术的发展,网上中文信息的日益丰富,这为剪报提供了便利。我们可以采用电子剪报的方法,使剪报的灵活、及时、丰富的优势得到更大的发挥,成为一种不可或缺的信息产品。

(二) 索引

索引用途广泛,形式多样,编制简便,是秘书快速准确查找信息、提供咨询、开展信息利用服务的必要手段。

信息资料索引可分为篇目索引和内容索引两种。

篇目索引用来指明信息资料的出处。

内容索引将信息资料中的事件、人名、地名等一一摘录出来,分别按顺序排列,并标明它们的出处。

(三) 目录编制

目录是一系列相关信息的系统化记载及内容的揭示,它是依据信息资料的题名编制而成的。目录可供人们了解信息的主题、分类、作者、题名等,进而鉴别和选择信息资料。根据具体情况,可以编制分类目录、专题目录、行业目录、产品目录等。目录编制属于二次信息开发。

(四) 文摘

信息资料文摘一方面可以直接向人们提供信息资料的要点和主题,另一方面还可以使人们据此线索找到原始资料和完整的信息。

1. 文摘的类型

1) 指示性文摘

指示性文摘是一种篇幅短小的摘要,以向利用者指示信息源的主题范围、使用对象为目的。只向利用者提供信息源中涉及的内容纲要,以使利用者正确了解信息源为原则。适用于信息篇幅长、内容复杂的情况。如图 4-1 所示为河南省物业商会编写的信息文摘。

《河南物业》信息文摘

非营利共享型信息选编　　　半月刊　　　试刊第7期/20090610
主办:河南省物业商会　　　　　　　　媒体支持:河南物业网

【商会动态】——河南省物业商会组团赴西安交流学习的通知
　　　　　　——全国政协主席贾庆林到亚星盛世家园小区调研
　　　　　　——亚星盛世家园09年度第一届业主联谊会
【行业要闻】——首家全国性的股份制物业管理集团成立
　　　　　　——安徽省直行业协会09年将分批与主管部门脱离关系
　　　　　　——广州:生活小区试点首个宠物公厕
　　　　　　——广州:不劝阻、制止小区"房中房"物管公司要受罚
　　　　　　——青岛:电梯收费盼分"阶梯" 物业办将尽快出台新标准
【法律法规】——最高法出台处理建筑物区分所有权及物业服务纠纷的司法解释
　　　　　　——重庆物业管理条例:小区失盗物管担多少责按合同约定说了算
【案例选编】——物业阻止业主"扩建"花园获法院支持
【学习平台】——物业管理企业发展战略问题探析

图 4-1　河南省物业商会编写的信息文摘

2) 报道性文摘

报道性文摘是原文要点较详细的摘要。以向利用者提供信息的实质性内容为主要目的,是信息源的浓缩。适用于主题比较单一集中、内容新颖的信息资料。

2. 文摘的特点

(1) 篇幅短小。

(2) 主要内容语义上相同。

(3) 对信息进行准确简化。

(4) 不加评论和补充解释。

3. 编写文摘的步骤

(1) 浏览信息,初步确定编写哪种文摘较适合。

(2) 分析信息内容,将有用信息分解为要素,理清主次。

(3) 选择与确定内容要素。

(4) 概念综合并书写成文。

(5) 内容准确性检查与文字的推敲润色。

(五) 信息资料册

信息资料册既有历史资料又有近期资料。人们通过它可以对有关行业、产品的历史与现状有所了解,使用价值很高。

(六) 简讯

简讯是一种以简明扼要的语言报道最新动态信息的三次信息产品。通常用"××快报"、"××动态"、"××快讯"等冠名。简讯属于三次信息开发。三次信息的开发工作是根据特定需要,在充分收集有关一次、二次信息资料及必要的实地调查基础上,运用科学的研究方法进行信息编序,从而使处于分散或无序状态的信息有效利用的一项工作。

(七) 调研报告

调研报告是在实地调查获得数据、事实的基础上,经过分析研究后得出能真实反映有关事件的本质特征信息的三次信息产品。

任务二　进行一次、二次、三次信息开发

一、信息开发基本途径

编写是信息开发的基本途径。所谓编写就是以书面形式,利用文字对信息进行整理、提炼,形成信息材料的过程。不可否认,编写水平直接影响信息工作的质量和信息本身的价值发挥。秘书人员通常在工作中编写的信息材料包括摘要、图表、简报、快讯、可行性方案、调查报告等。秘书要做好信息编写工作,一方面在编写信息时要做到主题鲜明、角度新颖、语言精练、结构严谨、标题确切、内容客观;另外一方面还要掌握信息编写的基本步骤和方法。

(一) 信息编写的步骤

信息编写过程从本质上而言就是文章的写作过程,通常包括以下几个步骤。

1. 确定主题

任何信息在编写之前都要确定主题,主题是核心,直接关系到材料的选择和取舍。秘书人员在确定主题时必须紧紧围绕上司的工作重心,围绕企业当前的经营管理现状,围绕公司的经营业务范围,有针对性地选择主题,组织材料,只有这样编写出来的信息才能对企业或上司的工作有辅助作用。

2. 分析材料

确定主题后,围绕主题对调查或通过其他渠道获得的原始信息材料进行分析、梳理,决定取舍。一定要选择那些能够表现主题的,富有典型性的材料。秘书人员对信息材料进行分析的过程中特别要注意鉴定信息材料的真伪,把错误的信息材料提供给上司决策参考,会给企业带来灾难。其次还要注重信息的时效性。市场经济条件下,信息稍纵即逝,没有时效性的信息本质上是伪信息。

3. 材料组合

材料组合就是根据主题,对已经选定的材料,按照逻辑顺序进行组织,使之成为完整的整体。在材料组合工作中,秘书人员要特别注意在组合过程中,要根据材料的特点、性质、形态、作用及相互关系,将它们合理组织、搭配起来。材料要互相支持,防止矛盾、排斥。如同建筑的材料一样,水泥、钢筋和砖木要合理搭配,才能建筑高楼大厦。同时,材料也要互相联系,防止简单罗列、拼凑。

(二) 信息编写的类型

1. 经验型信息

经验型信息是反映一个地区、一个单位、一个部门某方面经验的信息,侧重于对事物发展规律的认识和探索,提示事物的本质。

经验型信息的编写可采用顺叙法,即先写做法和经验,后写效果;也可采用倒叙法,即先写效果,再写做法和经验。经验型信息的编写必须做到内容具体、观点明确、分析透彻、数据充分。经验型信息应有典型性,具有实际指导意义。秘书要通过调查总结经验,善于借鉴和浓缩有关的调研成果。

2. 问题型信息

问题型信息即负面信息,分为已经发生、正在发生和将要发生三种。它由标题、背景和问题三部分构成。背景指问题发生的时间、地点、条件、原因等。问题部分事实要准确,表述要清楚。在提示问题的同时,应提出解决问题的方法。

3. 建议型信息

建议型信息一般由标题、背景、建议内容及理由组成。建议型信息的编写要有针对性,既要反映问题,又要提出解决问题的措施办法。建议要有理有据,切实可行。

4. 动态型信息

动态型信息反映某项工作、活动或事件的发生、发展和变化,说明客观情况,可以使领导从大量动态现象中看到问题的本质,预测未来。

动态型信息的编写必须做到:标题简洁、新颖;内容准确无误;材料重点突出,全面反映客观过程;使用的背景材料能起到增强信息价值的作用。

5. 预测型信息

预测型信息由标题、预测内容和预测依据等三部分组成。预测内容包括:工作情况、社会动态、经济动态、市场前景等。预测依据必须充分,反映情况要真实,数据要准确。

二、信息开发基本方法

信息开发的常用方法包括归纳法、汇集法、浓缩法、连横法、纵深法、转换法和图表法。

(一) 归纳法

传统的归纳法指的是通过对个别的一些经验事实和感性材料进行概括和总结,从而获得普遍的结论、原理、公式和原则的一种推理方法,是发现新规律的一种思维方法。在信息开发中的归纳法是指秘书人员将所收集到的主题大致相同的各类信息材料集中在一起进行分析总结,以获得企业在某一方面的工作动态。归纳法要求分类合理、线条清晰、综合准确。

(二) 汇集法

按照信息材料所反映的主题,把主题相同的原始信息材料汇集在一起进行编写的方法称为汇集法。汇集法适用于反映一个地区或一个部门某方面的状况。在信息材料较多的时候较为适用。

(三) 浓缩法

浓缩法是以突出主题,简洁行文为目的,对信息材料进行压缩结构,减少段落层次等处理,减少信息材料的文字篇幅的信息编写方法。在信息材料数量巨大、篇幅长的情况下推荐使用这种方法。

浓缩法可有效缩短信息阅读时间。在使用浓缩法的过程中,要做到一篇信息资料只表达一个中心思想、阐明一个观点。语言上要做到精练,简明地表达含义。

(四) 连横法

连横法是相对于纵深法而言的。它与纵深法不同,是把信息进行横向的分析比较,从而编写出新的信息资料。秘书人员在采用连横法时应特别注意所选择用于比较的信息一定要有同质性,也就是可比性。信息材料来源、年代、地域特征等区别较大的是不适合用连横法比较的。

(五) 纵深法

纵深法又称为层进法,是指秘书人员在进行信息开发时,根据主题要求,把相关信息进行纵向比较分析的方法。纵深法中所使用的各类信息材料之间是存在内在某种联系的,并且这种联系是层层递进的关系。采用纵深法使得所开发的信息具有一定的深度,也符合人们认识事物的逻辑顺序。

第四章　信息开发与利用

（六）转换法

原始信息中若有数据出现，应把不易理解的数字转换为容易理解的数字，这种处理方法即转换法。

（七）图表法

如果原始信息材料中的数据有一定的规律性，可以将数据制成图表，使人一目了然，便于传递与利用，这种处理方法即图表法。

三、信息开发的要求

进行信息开发要注重调查研究，通过各种渠道全面、及时地获取信息，充分利用信息网络开发系统，运用信息开发技巧，加强对信息的加工、综合分析、提炼和概括，开发出有特色、利用价值大、可信度高的信息。

项目二　信息利用服务

【学习目标】

熟悉信息利用服务的途径；掌握信息利用服务的程序。

【任务描述】

学意公司近期要召开市场销售工作总结会议，将对上一年的市场销售工作进行总结，并部署今年的工作计划。秘书吴芳负责为分管市场销售的张副总起草报告。为了使报告切实反映工作实际，吴芳把原先收集和存储的能体现工作实绩的信息整理出来，特别强调整理出各类数据统计表，并把各省级市场办事处提交的总结和计划进行编辑加工并形成报告。

【任务分析】

秘书信息工作的全部意义在于充分利用信息，发挥参谋助手的作用。因此，秘书要围绕中心工作，通过各种信息利用方式，主动开展信息利用服务。秘书首先应该掌握信息利用的程序和要求，明确上司的信息利用需求，然后通过各种信息利用方式，将收集、处理、存储的信息提供给上司，满足其信息需求。

任务一　熟悉利用服务途径和程序

信息利用服务就是通过各种有效的方式和方法，将收集、处理、储存的信息资源提供给利用者，发挥信息的效用。利用是信息工作的出发点和归宿。它有利于实现信息的价值，促进管理水平的提高；有利于信息的增值和信息资源共享；有利于提高各级组织决策的成功率。

值得注意的是"信息利用服务"和"利用信息"是两个完全不同的概念。虽然两者都是对信息的开发利用,但是利用信息是指利用者为了研究和解决各种问题使用信息,其主体是利用者。信息利用服务是信息管理者为了满足开发利用需要向利用者提供信息材料的服务工作,其主体是信息工作者。

从秘书工作角度而言,秘书信息工作的全部意义在于充分利用信息,发挥参谋助手的作用。因此,秘书人员要围绕工作中心,积极开发信息,主动服务,提高工作水平。

一、信息利用服务的途径

(一)信息检索服务

信息检索服务是指秘书根据上司或相关职能部门的利用要求,在企业信息资料室、计算机信息系统或其他检索工具中有选择地查找和提供相关信息资料的服务工作。信息的检索服务常见的形式有信息复制、信息发布服务、信息借阅、档案开放等。

(二)信息加工服务

信息加工服务即通过对信息内容进行分析研究、选择、加工、编辑后,利用信息成果的方式。这种利用方式建立在对信息加工的基础上。

(三)定题、查询利用服务

定题、查询利用服务即针对特定的主题和内容向利用者提供需要信息的服务方式。日常工作中,上司、内部机构经常提出一些需要查询的问题,涉及各方面的内容,如查找报刊文献资料、核查具体数据、了解国内外某些重大事件等。查询、解答这些问题,必须记录、存储足够的信息资料,通过查找信息资料,回答问题的全部或部分。

(四)信息咨询服务

信息咨询服务即改变所收集或储存信息的形态而产生的新信息服务。其表现形式有:问题解答、书目服务、报刊索引服务、信息线索咨询服务;数据、统计资料的咨询服务;利用者教育服务等。

(五)网络信息服务

网络信息服务是建立在现代信息技术的基础上,以计算机硬件和通信设备为依托,以应用软件为手段,以数据库信息资源为对象开展利用服务。它可将信息提供服务和信息咨询服务统一起来,有助于最大限度地实现个别化服务。主要表现形式有:电子信息的发布、电子函件、电子公告板服务、联机公共目录查询服务、光盘远程检索服务、远程电话会议服务、用户电子论坛、用户定题服务等。

二、信息利用服务程序

秘书要做好信息利用服务工作,必须掌握相应的工作程序。无论信息提供利用服务工作的方式如何变化,其基本工作程序大致相同,一般包括熟悉、预测、咨询、提供信息四个关键环节。

(一)熟悉

信息利用服务与利用信息是完全不同的。信息利用服务的主体是秘书,利用信息的主体是利用者。因此,秘书要做好服务,首先必须对自己管理的信息了如指掌,透彻地了解收藏信息的内容和成分及各种信息检索工具的使用方法。

(二) 预测

作为一项服务工作,信息提供利用必须先搞清楚服务对象的性质、范围,并根据服务对象的特点,科学预测它们所需要的服务信息的内容。只有把握信息利用需求的发展规律,科学把握了服务对象的信息需求,我们才能有的放矢,服务工作效率才会高。

(三) 咨询

咨询既是信息利用的重要形式,也是信息利用服务程序的主要环节。秘书应想方设法提高咨询服务的质量。一方面依赖于秘书个人素质的提高,尤其是树立信息服务意识。另一方面要加强秘书的业务能力。

(四) 提供信息

秘书在回答利用者的相关咨询时,还应根据实际情况向利用者提供所需的信息及信息加工品。

任务二 开展利用服务管理和评价

一、信息利用服务的管理

(一) 信息利用服务中可能发生的问题

信息无论是哪种载体形式,也无论因何种原因被使用,都必然要发生信息流动。信息在流动过程中必须严格规范管理,否则可能会出现下列问题,给企业造成不必要的损失。

1. 损坏

利用者如果随意在信息上做记号、勾画,或者对信息进行随意涂改,容易引起信息污损。阅读信息资料时吃东西、喝水等行为也会致使信息资料受到污染。利用电子信息时,操作不当则容易导致信息感染计算机病毒、损坏等。

2. 丢失或逾期不还

信息利用管理制度或手续不全,如未进行借阅登记、外借登记等会造成信息资料丢失或逾期不还。有些利用者违反规定,擅自将信息资料带出阅览室,或者随意将信息资料转借他人,造成丢失。更有甚者为方便个人利用私自拆散、调换或抽取信息资料会造成资料或档案的缺失。电子信息资料也会因管理不规范、计算机技术水平低等原因受到网络环境中不安全因素的威胁而丢失,如未及时对电子档案进行备份或未及时更新杀毒软件造成计算机中毒等。

3. 泄密

信息管理者或利用者违反规定或未经许可擅自公布重要信息资料;电子信息管

理不规范,任由他人阅览、复制、摘抄电子信息,对电子信息的外借未建立或未严格履行审查与借阅制度与手续等都是导致信息泄密的主要原因。

(二) 信息利用服务中的管理工作

企业信息资料的管理利用中,要做好信息资料的维护与管理,必须保证信息资料的有序完整。

1. 建立信息资料管理制度和审批手续

为了防止信息资料遭受损失,确保信息安全,必须制定严格的管理制度,包括信息借阅制度、外借管理制度等,严格借阅、外借范围、利用要求、数量、种类时间限制等。除此之外还应完善审批手续。

2. 严格执行信息管理中的登记制度和手续

做好登记工作,履行登记手续是我们做好信息利用服务管理工作的重要方法和手段。通过登记,我们可以动态地掌握信息资料基本情况,包括谁利用了,什么时间利用,利用什么信息等。常见的信息利用登记工具包括以下几种。

1) 跟踪卡

当信息被人利用时,我们应该填写跟踪卡,如表 4-1 所示,如实记录利用信息的时间、内容、利用人等基本信息,并放置在原存放处,使其他利用者了解该信息的去向。当信息资料被归还时,应及时填写归还时间。秘书应经常检查跟踪卡,对没有及时归还的信息资料要跟踪索回。

表 4-1　信息跟踪卡

借出时间	信息标题	借阅人	单位部门	归还时间	签名

2) 文档日志

管理信息资料,也可以采用文档日志,如表 4-2 所示。当借出信息资料时,在日志表上登记签名,归还时在"归还"一栏中签名。有了文档日志,可以很轻松地找到某一信息的去向,了解信息利用情况。

表 4-2　信息文档日志

序号	日期	利用者		利用目的	利用方式	信息标题	利用者签名	归还	
		姓名	单位					日期	经手人

二、信息利用服务评价

提供了信息利用服务后,还需要对信息的使用情况进行评价,为今后改善信息工作打下基础。所谓信息利用评价就是在信息利用之后,根据一定的标准对信息的效果、效益和效应所做的分析和判断。它是信息管理中一个重要的环节。运用正确的信息评价标准,对信息做出实事求是的评价,对于科学地总结信息实践中的问题,更有效的发挥信息的作用,有着非常重要的意义。

(一)信息效果评价

信息效果评价就是对信息结果实现信息目标的程度做出判断,也就是通过信息的实际结构和理想结果之间的比较,对信息是否实现了预期目标进行分析。信息效果评价是信息评价过程的起点。因此,它是否科学和准确直接关系到整个信息评价的科学性和准确性。

明确有价值的目标和实事求是地确定信息结果是信息效果评价的前提条件。在明确信息效果评价的标准以后,就需要对信息结果进行分析,实事求是地确定信息结果。所谓信息结果就是该信息行为作用下引起环境变化所达到的状态。一项信息利用之后,如果能有效发挥作用,必然引起环境的某种变化。通过环境变化的分析,可以大致确定一项信息产生的结果。

(二)信息效益评价

对信息效果进行评价后,还必须对信息效益进行评价。信息效益评价就是对信息效果和信息投入之间的关系所做的判断,目的是分析信息在支出了各种费用之后是否获得了充分的效益,与其他信息相比,费用的支出是否经济有效。

信息效果评价注重的是如何以最小的信息投入获得最好的信息效果。因为在有些情况下,虽然一则信息利用后所取得的结果实现了预期的信息目标,但信息投入过多,得不偿失,这不能算是好信息。信息效益评价的标准是相同费用所产生的最理想效果或相同效果所需的最少费用。所以,信息效益评价的重点是在保证信息目标实现的前提下,是否以较快和较节省的方式利用了信息。所谓信息投入是指利用或维持一则信息所需要的费用总和,包括了交替费用、执行费用和时间费用。

(三)信息效应评价

信息效应评价就是把一则信息放到整个社会系统中,从与之相关的其他要素的相互联系中,对该信息的作用产生的影响所做的综合判断。要对一则信息做出全面的评价,仅仅评价其实现目标的程度和自身的效益是不够的,还必须对它在整个社会系统中产生的影响进行综合评价,以确定它在整个社会系统中,从整体来说其作用是积极的还是消极的。信息效应评价的标准就是从整体看一则信息,其积极作用是否大于消极作用,从而有效地规范人们的行为,以推动社会的经济发展。有时一则信息从其自身来看其效果好,效益好,但把它放到社会系统中综合考察,其消极作用却大于积极作用,这不能算是好信息。只有从自身来看效果好、效益好,且在整个社会系统中积极作用又大于消极作用的信息才是好信息。

实训任务　信息开发

【任务目标】

了解信息开发的类型,熟悉信息开发的主要形式,掌握信息开发的工作程序。能根据特定需要,确定信息开发的主题,围绕主题进行信息的开发。掌握信息工作的初步技能。

【任务描述】

根据公司市场销售工作会议的部署,为了做好IT产品的战略布局,市场部近期着手对全国的IT市场进行摸底考查。总经理指示吴芳,收集全国各省会城市的IT销售市场信息,包括市场名称、地址、规模、成立时间、特点等,制作一份《全国IT销售市场名录》提供给一线市场经理参考。

假如你是秘书吴芳,请你完成总经理交给你的任务。

【实训内容】

1. 收集信息

通过网络、报纸、电视等渠道收集全国各省会城市IT销售市场信息。

2. 整理信息

对收集的信息进行整理。

3. 编制信息目录

根据所收集到的相关信息,编制《全国IT销售市场名录》。

【实训要求】

(1) 实训项目分组进行,每组3~5人为宜,每组设组长1人;

(2) 以个人为单位完成信息收集任务,并将收集的信息稿录入电脑,按照规范进行排版,报刊、杂志等资料可以将其拍摄或扫描成电子文档;

(3) 每组组长将小组成员收集的信息资料进行汇总;

(4) 以小组为单位,进行实训成果汇报,并将汇报材料制作成PPT,注意图文并茂;

(5) 根据每组完成任务情况,小组在自评的基础上进行互评,最后由教师进行总评;

(6) 将每个小组的实训资料进行汇总,并编辑成册,按照信息(档案)存储的要求进行存储。

【知识链接】

现代企业怎样剪报[①]

剪报并非新生事物,从 400 多年前报纸诞生以来,全世界的文人学者,商人政客对此都不陌生。现代企业和机构大多也都沿袭了这个传统而又不会泯灭的文化习惯,将源源不断的信息和知识通过剪辑整理,分享传播,更好地为我所用。

随着时代的变迁,信息技术的变革,传媒工业的进步,传统意义上的剪报在实践上已经发生了很大的变化,"剪报"不再是狭义的"报纸"剪辑,信息剪裁的来源还包括各类期刊、书籍、电子出版物、电波媒体和网络信息,信息加工和分发的形式也开始从剪刀糨糊变成电子信息的交换。"剪报"演变成信息搜集的泛指词汇。

20 年前,一家企业所做剪报的内容,大多数是国家和地方政府法规,本行业内的一些动态,相关领域的新技术、新方法等。同行业企业之间所需要采集的信息大多雷同,而且,在 20 世纪八九十年代,媒体少,信息量少,针对企业和产品的新闻报道量也少,所以,那时在中国的大中城市出现了很多剪报公司和剪报服务社,利用一套人手为多个客户制作特定主题的剪报。县级以上的公共图书馆也大多设有相关的部门为当地的企事业单位提供这项服务,至今上海图书馆的剪报服务中心依然在为企业和机构提供服务。

可是,时至今日,企业感觉剪报越来越难,剪报的可用性也越来越差。究其原因,主要还是传媒市场的巨大发展,媒体数量和传播规模都越来越大,而现代企业的精细化作业也要求针对不同细分市场搜集不同层次的信息,为不同的部分、不同的目的所用。所以剪报这个原本简单命题的内在需求发生了根本性变化,导致我们不得不重新来研讨现代企业如何来让"剪报"在新时代中更好地为自身服务。

1. 剪报的目的与内容

剪报的形式大同小异,过去是一本本剪贴复印而来的剪报簿,而现在多见的是依托内容管理系统(content management system)及其输出的电子文档。但是企业不同职能部门却有截然不同的剪报目的。

a)为关注当前资讯剪报

对于通常的企业来说,"当前资讯"通常可以包括从宏观经济,行业经济新闻到针对具体企业、品牌和产品的新闻报道,一般都有很强的时效性,因此剪报的周期通常在一天到一周内。这部分内容的剪报已经越来越多地从传统纸媒转移到互联网,但是除了网络传播以外,报刊媒体依然扮演着原始内容来源的重要角色,尤其是行业报刊,是能够提供最相关资讯的媒体来源之一,大多数企业都不能完全忽略。搜集当前资讯是剪报的主要目的之一,也是能够提供最大信息量的剪报行为,对于企业提高日常经营决策水平影响非常深远。可以这么说,如果对于这个目标的剪报体系,网络新

---

① 任向晖.现代企业怎样剪报[J].竞争情报,2007(2).

闻传播能够提供大多数来源,需要额外注意的是本行业内有影响力的行业报刊,至于综合类报纸,它们中的大多数都已经建有比较完整的电子报,新闻搜索引擎可以挖掘出其中大多数内容。根据梅花信息在2007年上半年的一次网络媒体和平面媒体新闻相互渗透的调研中,网络媒体对中国最主要的155份报纸新闻的全文覆盖率已经达到了80%以上。

b) 为搜集知识剪报

知识和上文所说的资讯有所不同,知识没有很强的时效性,但散布在各种类型的传播媒介中。对于企业有用的知识常见为管理方法,项目执行案例和各种培训资料。为搜集知识的剪报和企业知识管理建设工作息息相关,但是在更多没有部署 KM 系统的公司完全可以通过落实到平时的剪报工作来加强这方面信息的搜集、管理和分享。

对于已经存在于互联网的知识条目,例如名词解释,技术标准,常见效率工具,企业没有必要再通过剪报进行搜集,因为当需要使用这些知识时,搜索引擎能够很快帮助用户找到结果。因此知识剪报可以重点关注来自管理杂志,报纸专栏和一些非常规的出版物上的内容。

c) 为公关评估剪报

公关评估是企业市场部门的具体职能。大多数消费品厂商都特别注重通过剪报来检阅媒体对自身公司、品牌和产品的报道,厘清正面和负面报道的比例关系,监测重大的公关事件报道。同时,消费品厂商在广告发布监测以外还需要监测各种媒体对产品的宣传介绍、使用指南、对比评测等方面的具体的内容,用于评估营销效果。

在这个目标指导下,公关剪报大多监测发行量较大的消费者报刊和主要的电视栏目。而出于对量化研究的需要,公关剪报的重点不仅在于搜集发布的内容本身,还要对发布的频次,曝光的篇幅进行量化统计和对比分析。

2. 剪报的实践方法

a) 纸媒剪报

作为最传统的剪报方式,纸媒剪报依然被大量的剪报用户所采用,尤其对于公关目标的剪报工作,对原始出版物的记录将非常重要。可惜的是纸媒剪报需要投入大量的人力,需要占用一定的空间和设备。大多数企业剪报者并不可能亲自来进行这项工作,因此在各大城市都有很多为企业提供服务的剪报公司,它们可以根据客户的要求,在选定的媒体范围内,按指定的分类方式来剪辑报刊文章,最后提交给客户打印成册的文件。

但纸媒剪报是一个劳力密集的工作,大多数从事简单重复剪贴工作的员工对于信息标引和分类工作力不从心,很难完全理解客户的需求和精准把握信息的实质。所以企业往往需要花费很长的时间和一家剪报服务公司建立关系,并通过不断的指导和磨合来提高剪报质量。在信息电子化的潮流下,纸媒剪报不断受到挑战,其时效性差,难以共享等缺陷将制约其成为主流的信息搜集方式。

b）网络新闻监测

也许新闻注定属于互联网，因为只有网络能够用最快的速度和便利性传播新闻。在过去 10 年内，国内的网络新闻传播已经逐步发展到一个新的阶段。现在大多数主流新闻源都极度依赖互联网发布，即便是纸媒体的网站，电子报的发行也总是早于纸质报纸上摊。在梅花信息监测的 200 份左右的地方报纸中，已经有 85% 以上建立了电子版网站，其中大多数提供准全文的内容，而更有多达 50 份报刊统一使用北大方正出版系统所附带的电子报系统发布每天报纸上的电子全文。

在这样的趋势下，网络新闻监测已经毫无疑问将成为资讯剪报的重要工具。在信息服务领域，越来越多的信息监测服务公司开始放弃纸媒体的模转数过程（扫描和进行文字识别），而开始架构网络新闻监测工具。梅花信息在 2007 年推出的新闻监测服务甚至直接架构在新闻搜索引擎的基础上，对多家新闻搜索引擎的结果进行实时的聚合、排重和分类，并提供一系列的增值内容管理应用。

网络新闻监测的为一个重要优点是信息可以被很容易地在企业内部分享，而不受实体剪报册的约束。专业服务商所提供的新闻监测系统可以协助按照预定将每天获得的信息进行电子化分发，并为不同用户生成不同的视图，其使用效率要比纸质剪报册高很多，而且成本更加低廉。

3. 企业如何使用剪报

无论采用何种剪报方法，获得的资讯当然要内部分享，但是要注意的是不同职能部门的员工对信息的关注点不同，所以剪报工作的组织过程中就需要事先设计部门用户角色，根据分发的部门进行分类和标引。而分发给决策层的内容更要注意合理的精简和提取重要的片段。

大多数公司并不会设立专门的岗位来负责剪报或协调剪报公司，但是指派一位兼任的专员还是非常必要的。专员的主要职能是考察公司内部组织对信息搜集的具体需求分布，设计剪报分类结构和分发规则，并对剪报内容和剪报公司的服务进行质量控制，尤其要利用自己的行业经验来指导实际从事剪报工作的员工进行准确的信息标引和分类。

第五章 档案的收集和整理

项目一 档案的收集

【学习目标】

了解归档的概念;掌握国有企业和民营企业的文书归档范围;掌握不需要归档的范围。

【任务描述】

吴芳在学意公司工作了很长时间,近来公司新聘了一位秘书小李,办公室主任让小李学习管理公司的档案,并让吴芳对她进行指导。又到了一年一度的归档时间,吴芳先让小李熟悉公司文件的归档范围,知道哪些文件应该存档,哪些文件用过之后应该销毁。

【任务分析】

档案的收集主要是指组织内部文件的归档,档案收集的范围也就是归档的范围。秘书应掌握企业文书归档的范围,才能确定哪些文件应该保存,哪些文件应该销毁。

任务一 确定档案收集的范围

"各单位在工作活动中不断产生的文件,处理完毕以后,经由文书部门或文件工作人员整理,定期移交给档案室集中保存,称为'归档'"。秘书职责范围内的档案收集主要是指组织内部文件的归档。《中华人民共和国档案法》和各类组织的公文处理办法都对此做出了明确规定。2006年12月18日,国家档案局公布并施行《机关文件材料归档范围和文书档案保管期限规定》。档案收集的范围在一个独立的组织(立档单位)中通常是指文件的归档范围。从文件产生到正式归档的过程中,秘书都应当跟踪需要归档文件的去向。那么,到底哪些文件必须归档?哪些文件不需要归档呢?

在企业生产经营活动中,形成的文书很多,凡是对企业今后工作发展有参考利用价值的文书都应归档。但重点需要归档的文件主要是与企业各方面活动有关的文件。

由于企业类型与经营行业的不同,文书的形式、内容也有所不同,归档范围也会有所不同。

一、国有企业的文书归档范围

(一) 党群工作形成的文件材料

(1) 党务综合性工作、党员代表大会或党组织其他有关会议。

(2) 党组织建设、党员和党员干部管理、党纪监察工作、重要政治活动或事件。

(3) 宣传及思想政治工作、企业文化和精神文明建设、统战工作。

(4) 职工代表大会、工会工作、共青团工作、女工工作。

(5) 专业学会、协会工作,群众团体活动。

(二) 行政管理工作形成的文件材料

(1) 企业筹备期的可行性研究、申请、批准,企业章程。

(2) 企业领导班子(包括董事会、股东会、监事会和经理层,下同)构成及变更,企业内部机构及变更。

(3) 企业领导班子活动。

(4) 综合性行政事务,企业事务公开,文秘、机要、保密、信访工作,印鉴的管理。

(5) 法律事务、纪检监察、公证工作。

(6) 审计工作。

(7) 职工人事管理、劳动合同管理、劳动工资和社会保险、职务任免、职称评聘。

(8) 职工教育与培训工作。

(9) 医疗卫生工作。

(10) 后勤福利、住房管理。

(11) 公安保卫,综合治理,防范自然灾害。

(12) 外事工作。

(三) 经营管理工作形成的文件材料

(1) 企业改革,经营战略决策。

(2) 计划管理,责任制管理,各种统计报表,企业综合性统计分析。

(3) 资产管理,房地产管理,资本运作,对外投资、股权管理,多种经营管理,产权变动、清产核资。

(4) 属企业所有的知识产权和商业秘密及其管理。

(5) 企业信用管理、形象宣传。

(6) 商务合同正本及与合同有关的补充材料,有关的资信调查等。

(7) 财务管理、资金管理、成本价格管理、会计管理。

(8) 物资采购、保存、供应和流通。

(9) 经营业务管理,服务质量管理。

(10) 境外项目管理。

(11) 招投标项目管理。

(四) 生产技术管理工作形成的文件材料

(1) 生产准备、生产组织、调度工作。

(2) 质量管理、质量检测和质量控制工作。

(3) 能源管理。

(4) 企业管理现代化和信息化建设,科技管理。

(5) 生产安全、消防工作,交通管理。

(6) 环境保护、检测与控制。

(7) 计量工作。

(8) 标准化工作。

(9) 档案、图书、情报工作。

(五) 产品生产或业务开发工作形成的文件材料

1. 工业企业

(1) 产品的市场调研、立项论证、设计。

(2) 产品的工艺、工装、试制、加工制造。

(3) 产品的检验、包装。

(4) 产品的销售与售后服务。

(5) 产品鉴定、评优。

(6) 产品质量事故分析及处理。

2. 非工业企业

(1) 业务项目的研发与形成。

(2) 业务项目的经营。

(3) 业务项目的保障与监督。

(六) 科学技术研究工作形成的文件材料

(1) 科研项目的调研、申报立项。

(2) 科研项目的研究、试验。

(3) 科研项目的总结、鉴定。

(4) 科研项目的报奖、推广应用。

(七) 基本建设和技术改造工作形成的文件材料

(1) 基建项目和技术改造项目的可行性研究、立项、勘探、测绘、招标、投标、征迁工作,以及建设单位项目管理工作。

(2) 基建项目和技术改造项目的设计。

(3) 基建项目和技术改造项目的施工。

(4) 基建项目和技术改造项目的监理。

(5) 基建项目和技术改造项目的竣工和验收。

(6) 基建项目和技术改造项目的评奖、创优。

(7) 基建项目的使用、维修、改建、扩建。

(8) 事故分析和处理。
(八) 设备仪器管理形成的文件材料
(1) 购置设备、仪器的立项审批,购置合同。
(2) 设备、仪器的开箱验收或接收。
(3) 设备、仪器的安装调试。
(4) 设备、仪器的使用、维护和改造、报废。
(5) 事故分析和处理。
(九) 会计工作形成的文件材料
(1) 会计凭证。
(2) 会计账簿。
(3) 财务报告及报表。
(4) 其他文件材料。
(十) 职工个人管理形成的文件材料
(1) 职工(包括离退休职工、死亡职工)的履历材料。
(2) 职工的鉴定、考核。
(3) 职工的专业技术职务评聘。
(4) 职工的奖励与处分。
(5) 职工的工资、保险、福利待遇等。
(6) 职工的培训与岗位技能评定等。
(7) 其他记载个人重要社会活动的文件材料。

二、民营企业文书归档范围

(1) 反映民营企业历史变迁和发展过程的文件材料,包括企业发展史、大事记、工作计划和总结、会议记录、企业发展变迁记录等。

(2) 民营企业在党委(党支部)、共青团组织活动中及日常事务性工作中形成的文件材料,包括党委(支部)年度工作计划、总结、表彰先进、统计年报、上级党组织、工青团组织下发企业需要贯彻执行的指导性文件、民营企业经济实体设立和变更的请示、批复、章程、工商登记证、年检记录、税务登记证、企业年度计划总结、人事任免、职工名册等。

(3) 民营企业在经营活动方面形成的文件材料,包括计划管理、产品销售、物资管理、生产供应、财务、市场信息预测中形成的文件材料,在生产经营管理活动中和往来单位签订的各类合同、协议等。

(4) 民营企业在生产技术管理、产品开发、科学技术研究方面所产生的文件材料,包括生产管理、质量检查报告、标准管理、卫生达标、环境保护等;产品设计方案、制造工艺、商品特色、产品照片、说明书及底图等;新开发项目的建议书、计划任务书、可行性研究方案、技术转让、专利技术改造和革新文件、发表的学术论文和著作等。

(5) 民营企业在财务管理、劳动工资、教育培训方面形成的文件材料,包括各种财务账册、报告、凭证、劳动调配、定员、干部职工教育、技术培训的文件、教材等。

(6) 民营企业在各项工作活动中形成的照片、录音、录像,以及获得的各种奖状、锦旗、奖杯、证书等。

(一) 党群工作类

(1) 党务　指党的组织、宣传、纪检等方面的文件材料。

(2) 群团工作　指共青团、妇联、职代会、妇委会、协会、学会等群众团体在工作活动中形成的各种文件材料。

(二) 行政工作类

行政管理、劳动人事、后勤、外事工作、员工聘用、解聘、人事管理、安全保卫、社会保障、劳动者维权以及法律、法规、规章制度、章程等方面的文件材料。

(三) 经营管理类

(1) 企业设立、变更、撤销的请示、批复、注册、登记、申报、评审、验证等文件材料。

(2) 企业规划、经营决策、物资供应、产品销售、物业管理、外汇管理、经济责任制和承包、考核、奖惩文件,市场信息预测,以及股份、合同、协议、租赁、广告、商标和用户反馈意见等文字材料。

(3) 材料采购、产品成本、市场销售、售后服务、宣传广告等方面的合同、协议等文件材料。

(四) 生产技术管理类

(1) 生产管理　包括生产计划及实施记录、安全操作规程、事故报告及改进意见等。

(2) 质量管理　包括质检报告、质量事故分析、获奖证书等。

(3) 标准管理　包括计量管理、能源管理等方面形成的文件材料。

(4) 工业卫生和环境保护方面形成的文件材料。

(五) 产品类

(1) 产品设计　产品设计协议书、任务书、合同、设计方案、实验数据、产品鉴定书、产品照片、说明书和全套底图、蓝图等。

(2) 产品制造工艺　包括各种配方、技术诀窍、工艺流程、操作规程、工时计算、材料定额等。

(3) 产品检验和受理过程中形成的文件材料及名优特产品和获奖产品的有关文件、证书等。

(六) 科研类

(1) 新开发项目的建议书、计划任务书、可行性研究方案、调查记录、成果申报、总结、鉴定、推广应用、奖励证明、专利、技术转让等文件。

(2) 技术改造和革新文件、图纸。

(3) 中断和取得负结果项目的各种有参考价值的科研总结、报告。

(4) 经审定或在学会上发表的学术论文或著作。

（七）经营信誉类

纳税记录、获得的县级以上政府表彰、媒体报道、客户往来记载等。

（八）知识产权类

(1) 商标注册、专利、商业秘密以及县级以上科研项目立项、审批、成果鉴定等方面文件材料。

(2) 科研活动中的立项、实验、鉴定、应用等阶段的请示、批复、报告、合同、数据、图纸、认定、鉴定等文件材料。

（九）基本建设工程类

(1) 工程项目的可行性研究、计划任务书、审批、勘测设计、施工、竣工验收、工程管理以及维修、改建、扩建等方面的文件、图纸。

(2) 土地、房屋证明、基本建设规划、工程勘探、测绘、设计、施工、竣工验收等形成的文件材料、图纸等。

(3) 新建、改建工程的规划、设计、建设、施工、监理等方面的请示、批复、任务书、许可证、协议、合同、洽商、图纸、评审、验收、总结等文件材料。

（十）设备仪器类

(1) 购进仪器设备的全套随机文件及开箱记录、安装调试、检查维修记录以及改装报废的文件。

(2) 自制设备仪器的设计图纸、计算数据、测定数据、性能鉴定、材料、工艺安装图纸、使用说明书及检查维修记录等。

(3) 设备台账。购进设备仪器的全套说明文件、安装、调试、运行、检查维修、验收过程记录等。

（十一）财务管理类

(1) 会计凭证　原始凭证、记账凭证、汇总凭证、银行存款、余额调节表等。

(2) 会计账簿　日记账、明细账、总账、固定财产卡片、辅助账簿、移交清单、保管清册、销毁清册、涉外账簿等。

(3) 会计报表。财务指标快报、月、季度会计报表、年底会计报表（决算）等。

（十二）特种载体类

具有法律凭证和查找利用价值的照片、录音、录像、磁带、光盘等声像、磁性载体、电子文件。

三、无需归档文件材料

无论是国有企业还是民营企业，有些文件是不需要归档的，它们主要包括以下几个方面。

(一) 未定稿的文件和一般性文件历次修改稿

文件起草人在构思撰稿过程中起草的、未成文的、未经审批的一些提纲、素材、废稿等不需要整理归档。一般性文件写作过程中的修改稿一般不需要整理归档,只有非常重要的、有查考利用价值的文件的历次草稿才需要保存,以反映出讨论修改的过程。

(二) 仅供工作参考的文件

与企业主要业务无关的文件或是政府有关部门、行业协会、合作伙伴送来的参考性文件,一般不需要企业具体执行或是办理,也不需要归档。

(三) 无查考利用价值的事务性、临时性文件

公司一般会议的通知;接洽业务的介绍信;随手做的记录、摘录材料;事务性的通知等,这些在企业的发展过程中参考利用的价值比较小,是不需要归档的。

(四) 重份文件

同一份文件有时会有几份甚至许多份,包括一式多份的收文及本公司印制、复印的材料。整理时只需由主办部门保存一份,其余多余的份数应当拣选处理。拣选时注意保留上面有领导批示或有其他承办标记、说明的文件。同一份文件的草稿、定稿和存本,不能作为重份文件处理。

(五) 无特殊保存价值的信封

信封、通常不需要保存,如果需要记录发文机关的地址,可以另行登记。有特殊意义的作者、需要保存来文的信封。

(六) 企业内部相互抄送的文件

企业内部相互抄送的文件,一般只需有发文的相关部门整理归档,其他部门保留的抄送件不需要归档。

任务二 熟悉文书归档的要求

企业档案是记录和反映企业各项活动和历史面貌的第一手材料,是生产、经营、管理和科研等各项工作的依据和参考,也是企业的宝贵财富。良好的档案管理有助于企业增加技术和知识储备,促进企业保护好知识产权和商业秘密,为企业的可持续发展提供强有力的保障;有助于企业在国际国内市场竞争中增强抵御风险的能力,并在关键时刻发挥档案的依据和凭证作用,维护企业的经济利益和合法权益;有助于企业构筑信用体系,提高企业诚信度,树立企业形象;有助于企业加强自身文化建设,利用丰富生动的档案素材,展示企业创业发展的历程,培养员工的认同感和归属感,创新企业经营理念,提升企业的文化品位。

一、文书归档的时间要求

归档时间是指办理企业文件材料归档交接手续等的时间。归档时间是归档制度

的重要内容之一,具体可按以下几种方法进行。

(一) 按年度归档

对一般管理类文件通常按年度接收归档,即在第二年的上半年,将上一年形成的文件经整理后,办理交接归档手续。

(二) 按活动结束时间归档

通常在一项科技、生产活动结束后归档。对一些重大专项活动中形成的管理类文件也常采用这种方法。

(三) 按工作阶段归档

对于形成周期过长,程序明显的企业文件,主要是科技文件,比如跨年度、需几年或几十年完成的产品、科技或工程项目,因文件数量庞大,可按各项活动的工作阶段将其接收归档。

(四) 随时归档

对于一些较机密的文件,如人事、调查研究或从单位收集来的文件等,为避免丢失和泄密,通常采取随时归档的方法。

二、文书归档的整理要求

(一) 归档的文书必须是办理完毕的

所谓"办理完毕",并不是说文书内容所涉及的事情已经全部办完,而是指文书处理程序上已经办理完毕。

(二) 归档的文书必须要有一定的查考利用价值

文书归档不能是"有文必归",没有查考利用价值的文书材料是不需要进行整理的。

(三) 归档文书必须以"件"为单位

按照2000年国家档案局颁布的《归档文件整理规则》,文书归档是以"件"为单位进行的,一方面方便查找利用,另一方面大大减轻文书档案工作者的工作量。以"件"为单位是指内容大致相同的一份或一组文件,包括自然件和组件(或称大件)。

(四) 归档文书使用案盒进行保管

归档文书经过整理后,放入档案盒进行保管。

三、文书归档的质量要求

(一) 归档的文书材料必须齐全完整

齐全完整一方面是指所收集的文书材料应齐全、完整,没有缺漏,特别是有关重要文书材料要尽力收集齐全,否则就会造成损失;另一方面是指收集到的文书材料没有漏页及破损等情况。漏页的应找齐全,破损的应予以修整,字迹模糊或易褪色的应予以复制。

(二) 归档的文书材料必须是原件(定稿)

归档的文书材料必须是原件,特别重要的文件应同时保存历次修改稿,重要的或利用频率高的文件材料可根据需要复制若干份归档。

(三) 归档的文书材料必须经过系统整理

归档的文书材料必须经过系统整理,能准确地反映生产、基建、科研、技术、经营管理各项活动的真实内容和历史过程,符合自然规律。

(四) 归档文书材料要符合档案保护要求

归档文书的制成材料必须易于长久保存,同时要保证图像清晰、字迹工整、审查签字手续完备,禁用铅笔、圆珠笔、纯蓝墨水、纯红墨水、复写纸。

总体来讲,归档的档案质量要符合国家标准《科学技术管理卷构成的一般要求》和《文书档案案卷格式》的要求。

项目二　档案的整理

【学习目标】
熟悉"件"的概念;熟练掌握归档文件整理的方法步骤。

【任务描述】
吴芳在学意公司工作了很长时间,近来公司新聘了一位秘书小李,办公室主任让小李学习管理公司的档案,并让吴芳对她进行指导。又到了一年一度的归档时间,吴芳带着小李对公司上一年的文件进行归档整理。

【任务分析】
归档文件的整理工作是秘书人员的一项基本工作。要完成此任务,秘书人员首先要熟练掌握文件的归档范围,能够准确地对需要归档的文件进行分类,然后对照《归档文书的整理规则》,按照文件的归档要求,对公司上一年度的文件进行归档。

任务一　按"件"整理档案

归档文件整理的方法步骤主要包括编制分类方案、初步整理、系统整理和归档四个环节。归档文件整理就是将归档文件以件为单位进行装订、分类、排列、编号、编目、装盒,使之有序化的过程。

一、以"件"为单位装订

(一) 以"件"为单位整理

"件"是归档文件的整理单位。一般以每份文件为一件,文件正本与定稿为一件,正文与附件为一件,原件与复制件为一件,转发文与被转发文为一件,报表、名册、图表等一册(本)为一件,来文与复文为一件。

1. 文件正本与不同稿本

同一文件除正本外,在撰写、印刷过程中形成的不同稿本,包括历次修改稿、讨论稿、征求意见稿、定稿等,也可能需要保存。一般来说,文件的正本与定稿为一件,但定稿过厚不易装订的,也可单独作为一件;重要文件(如法律法规等)须保留历次修改稿,其正本与历次修改稿(包括定稿)各为一件。

2. 正文与附件

附件是指附属于正文之后的其他文件材料,作为正文的补充说明或参考材料,如附带的图表、统计数字,正文批准或发布的法规文件等。一般来说,正文与附件为一件。如果附件数量较多或太厚不易装订时,也可各为一件或数件。

3. 正文与文件处理单等

文书处理较为规范的机关在文件运转过程中一般都附有文件处理单、拟办单或发文稿纸,有的还附有领导批示的签批条等。这些表单真实地记录了文件的形成、办理过程,是归档文件不可分割的重要组成部分,应与文件作为一件。

4. 原件与复制件

对于制成材料、字迹材料等不利于档案保管的文件(如热敏纸、传真件、铅笔、圆珠笔书写的重要文件),以及使用中出现破损的文件,应复制后归档。复制件包括复印机制作的复印件及手工眷写的抄件等。这些复制件应与原件作为一件。

5. 转发文与被转发文

转发文与被转发文是一份文件的不同部分,前者往往包括贯彻意见及执行要求,后者是具体内容,它们在发挥文件效力方面难以分割,因此也应作为一件。

6. 报表、名册、图册等

报表、名册、图册等一般每册(本)内容都相对完整,具有独立的检索价值,因此应按照其本来的装订方式,以一册(本)作为一件。如党员名册、团员名册、职工名册、统计报表等。

7. 来文与复文

这是比较特殊的规定。"来文与复文"是对联系密切的来往性质的文件材料的概括性表述,也包括"去文与复文",从文种上看包括请示与批复、报告与批示、函与复函、通知与报告等。根据检索需要的不同,此类文件可作为一件,也可以分别各作为一件,所以《归档文件整理规则》中采用"可为一件"的表述方式。各单位可根据具体情况灵活掌握这类文件的整理。

需要注意的是,"为一件"是指在实体上装订在一起,编目时也只体现为一条条目。

(二) 文件修整

文件修整主要包括以下几项内容。

(1) 修整破损文件。

(2) 复制字迹模糊或已褪色的文件。

(3) 对超大纸页进行折叠。
(4) 去除易锈蚀的金属物。

(三) 文件装订

1. 文件排序

装订时,正本在前,定稿在后;正文在前,附件在后;原件在前,复制件在后;转发文在前,被转发文在后;复文在前,来文在后;不同文字的文本,中文本在前,其他文种版本在后。有文件处理单的,可放在最前面。文件定稿如果是计算机打印的,没有修改笔迹,且与正文内容一致,只要将文头纸或者领导签字的一页附在正本之后归档(见图5-1)即可。

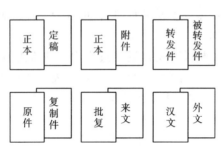

图 5-1 文件排序方式

2. 文件装订方式的选择

文件可采用左上角装订(见图5-2),也可采用左侧装订(见图5-3)。

采用左上角装订的文件应当左齐上齐;采用左边装订的文件应当左齐下齐。

目前的装订方式除传统的线装订之外,还包括粘贴式装订和穿孔式装订(见图5-4)。粘贴式可用糨糊、热封胶等进行装订;穿孔式可用不锈钢书钉、铁夹背等进行装订。

图 5-2 左上角装订　　　图 5-3 左侧装订　　　图 5-4 穿孔式装订

文件装订的要求:第一,要符合档案保护要求,装订用品必须对档案无害,不影响档案的保护寿命;第二,选用装订用品应尽量降低成本,装订方式应简便易行。

较厚的文件可采用"三孔一线"的装订方法,成册不易拆封且未使用铁钉的,可保持原貌不变。

二、归档文件的分类

归档文件的分类是将归档文件按其内容和形式特征划分类别和层次,构成有机体系的过程。

分类是归档文件整理的重要环节,通过对归档文件进行整理的分类,不但能有效揭示出归档文件之间的内在联系,使归档文件成为一个有机整体,便于系统地提供利用,而且对排列、编目等后续工作的开展,以及将来组织室藏和排架管理都有重要的意义。

(一) 分类方法

基本的分类方法主要有三种:年度分类法、机构(问题)分类法和保管期限分类法。

1. 年度分类法

年度分类法,就是根据形成和处理的年度对归档文件进行分类。年度分类法是运用最广泛的分类方法。归档文件按年度特征分类,可以反映出一个机关单位每年工作的特点和逐年发展变化的情况,并且同现行机关以年度为单位将文件整理归档的制度相吻合,类目设置准确、清楚、明确。

运用年度分类法时,正确地判定文件的日期并归入相应的年度,是决定分类质量的关键。这里有以下几种情况应当注意。

1) 文件有多个时间特征

一份文件往往有多个时间特征,包括成文日期、签发日期、批准日期、会议通过日期、公布日期、发文和收文日期等。

一份文件有多个时间特征时,一般以文件的签发日期为准。如 2005 年形成的"2006—2010 年的机关'十一五'发展规划",应当归入 2005 年度;2005 年形成的"2004 年机关工作总结",应当归入 2005 年度;2005 年制定,2006 年生效的法规性文件,应当归入 2005 年。

2) 跨年度形成的文件

机关单位的某些具体职能活动,如召开会议、处理案件等,可能会跨年度形成文件。对这类文件的处理往往统一在办结年度归档。例如,跨 2005 年、2006 年两个年度召开的会议形成的文件材料,统一归在会议闭幕年度归档;跨 2004 年、2005 年两个年度办理的案件文件材料,统一归入案件办结年度归档,即 2005 年度;下级单位 2004 年的请示,上级机关 2005 年 1 月收到并办结,应连同下级请示和本级批复一同归入 2005 年度。

3) 几份文件作为一件时,"件"的日期确定

文件的正本与定稿、来文与复文、转发文与被转发文为一件时,这时"件"的日期

应以装订在前的那份文件日期为准。例如,正本与定稿应以正本的日期为准;转发与被转发文应以转发文日期为准;来文与复文应以复文时间为准。

4) 文件没有标注日期时应当考证

当文件没有标注日期时,这时需要通过分析文件的内容、制成材料、格式、字体及各种标志等对照手段来考证和推断文件的形成日期。使这些文件归入应归的年度。

5) 有专门年度的文件分类方法

有的单位和部门的工作是按专门年度进行的,如学校的教学年等。采取年度分类时,对这部分形成的文件,就应按照专门年度进行整理归档。

2. 机构(问题)分类法

机构(问题)分类法也是现行机关常见的一种分类法。按机构分类还是按问题分类,各单位应从自己的实际情况出发,选择其一。也就是说,在一个立档单位选择机构分类法,就不能再选择问题分类法,两种分类方法只能选择其中的一种,而且不要轻易更改,要保持相对稳定。

1) 机构分类法

按组织机构分类,就是按组织内部各个组织机构的名称进行分类,可直接采用各个组织内部机构的名称作为类名(如图5-5所示)。如某一企业可分为厂党委办公室、厂长办公室、党委宣传部、党委组织部、生产科、技术科、供销科、财务科、劳资科等。

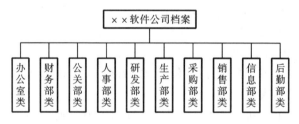

图 5-5 机构分类法

按机构分类法,原则上以哪个机构名义发文的文件就归入哪个机构;几个机构联合办文的,应归入主要承办机构;以机关名义或办公室发的文件,应归入有关机构类中,即根据文件内容和机构的职能来确定。

立档单位内设立的临时机构,应当设置一个类别,和其他内设机构一样来看待。形成的文件应当归入临时机构类保存。

2) 问题分类法

问题分类法是按照文件材料内容所说明的问题对归档文件进行分类。采用问题分类法可以避免或减少同类问题文件的分散现象,便于查找和利用。

在实际工作中,使用问题分类法的立档单位,大多数都是参照本单位内组织机构的职能性质来设置类别。如党委、工会、共青团等机构形成的文件划为"党群类";业务部门形成的文件划为"业务类";行政后勤部门形成的文件划为"行政类"等。

3. 保管期限分类法

根据国家档案局 2006 年 12 月 28 日公布的《机关文件材料归档范围和文书档案保管期限规定》,机关文书档案的保管期限定为永久、定期两种。定期一般分为 30 年和 10 年。归档文书的保管期限要根据《机关文件材料归档范围和文书档案保管期限规定》来判断。

(二) 复式分类与分类方案的编制

在实际工作中,往往不只使用一种分类方法,而是选用几个级次,将几种分类法结合起来使用,这种划分方法就叫做复式分类法。

年度、保管期限、机构(问题)这三种分类法组合时的先后顺序,各单位可根据工作实际需要进行安排。但年度、保管期限是必备项,必须选择,而机构(问题)为选择项。基层单位或小机关,形成文件材料少的单位可不选择机构(问题)作为分类方法。

常用的复式分类法主要有以下几种。

1. 保管期限—年度—组织机构分类法

这种方法是指先按保管期限进行分类,然后在每个保管期限下按年度分类,再在年度下面按机构进行分类。这种方法适用于内部机构虽有变化但不复杂的立档单位,一般组织常采用这种分类法。使用这种方法,在档案管理时,不同保管期限的档案分别排架,便于档案移交进馆,但每个保管期限应预留柜架,以备以后档案陆续上架。

例如,某企业全宗分类的情况如下。

```
永久:2009 年    财务部
              销售部
     ……       ……
     2010 年   财务部
              销售部
     ……       ……
定期(30 年):2009 年    财务部
                    销售部
          ……       ……
          2010 年   财务部
                    销售部
          ……       ……
定期(10 年):2009 年    财务部
                    销售部
          ……       ……
          2010 年   财务部
                    销售部
          ……       ……
```

2. 保管期限—年度—问题分类法

这种方法是指先按保管期限分类,然后在每个保管期限下面按年度分类,再在年度下面按问题分类。这种方法适用于不宜按机构分类的组织。

例如,某企业的档案分类情况如下。

　　永久:2009 年　　人事类
　　　　　　　　　　行政类
　　　　……　　　　……
　　　　2010 年　　人事类
　　　　　　　　　　行政类
　　　　……　　　　……

　　定期(30 年):2009 年　　人事类
　　　　　　　　　　　　　　行政类
　　　　　　……　　　　　　……
　　　　　　2010 年　　　　人事类
　　　　　　　　　　　　　　行政类
　　　　　　……　　　　　　……

　　定期(10 年):2009 年　　人事类
　　　　　　　　　　　　　　行政类
　　　　　　……　　　　　　……
　　　　　　2010 年　　　　人事类
　　　　　　　　　　　　　　行政类
　　　　　　……　　　　　　……

三、归档文件的排列

归档文件的排列是指在分类体系的最低一级类目内,按照一定的原则和方法排列归档文件先后次序的过程。例如,保管期限—年度—机构分类法中的"机构"为最低一级类目,即文件应在机构下进行排列。

(一)排列原则

"事由原则",即同一事由有密切联系的文件材料应当排列在一起。事由可以指一个事件、一个事物、一个人物、一项工作活动、一项具体业务、一种工作性质、一个具体问题等。

对事由的界定可以有较大的灵活性。例如,一次请示或报告在批复收到后,可以视为一个事由;一项工程、一次活动或一次会议,可视为一个事由;一项工作如果办理时间长需跨年度,为了及时归档,也可以按不同阶段分为几个事由;一次会议也可分为筹备、开幕、不同议程、闭幕等几个事由。事由的具体划分要根据办理时间长短、形成文件材料的数量及文书处理程序的不同等,本着便于整理和利用的原则自行掌握。

（二）排列方法

（1）同一事由内归档文件排列（按时间或重要程度排列）。

（2）不同事由间的归档文件排列（按时间或重要程度排列，或将时间和重要程度结合起来排列）。

四、归档文件的编号

（一）件号的编制

件号即文件的排列顺序号，它是反映归档文件在全宗中的位置和固定归档文件排列先后顺序的重要标志。件号包括室编件号和馆编件号。

1. 室编件号的编制

室编件号即归档文件在分类方案的最低一级类目内的排列顺序号。室编件号在分类方案最低一级类目内，按文件排列顺序从"1"开始标注。如采用"年度—机构—保管期限"进行分类，室编件号应在同一年度内、同一机构的一个保管期限内从"1"开始逐件流水编号。以年度—机构—保管期限分类法为例：

2015年，办公室，⎧ 永久 1.2.3.4.……
　　　　　　　　　⎨ 长期 1.2.3.4.……
　　　　　　　　　⎩ 短期 1.2.3.4.……

2. 馆编件号的编制

馆编件号的设置主要是出于管事衔接的需要。各级档案室的定期（30年）、永久档案移交进馆时，由于各种原因需要进行鉴定、整理等局部调整，如部分内容需要抽出、补充等，使目录中的件号可能出现断号、跳号等现象，从而给管理带来麻烦，故需要重新编制或调整件号。调整后的件号即为馆编件号。

（二）档号项目的设置及填写要求

档号是以字符形式赋予档案实体的用以固定和反映档案排列顺序的一组代码。档号项目分为必备项和选择项两类。

1. 必备项

（1）全宗号：档案馆给立档单位的代号。如J026、J124。

（2）年度：指归档文件形成年度，用4位数表示，如2004、2005。

（3）保管期限：分为永久、定期（30年）、定期（10年）三种。

（4）件号：室编件号由档室填写，馆编件号由档馆编写。

2. 选择项

选择项主要是指"机构"和"问题"。一个立档单位在机构或问题二者之间只能选择其一，即选择机构，就必须放弃问题，选择问题就必须放弃机构，这一点务必注意。

（三）加盖归档章

案盒内归档文件经过系统排列后，应依分类方案和排列顺序逐件编号，以固定位置，统计数量，并便于保护文件和方便查找利用。归档文件编号方法是在文件首页上端的空白位置加盖归档章。归档章的位置不限于首页右上角，首页上端的空白处都可以盖归档章,但在整个案盒文件中,其位置应一致。

归档章设置的必备项目有全宗号、年度、保管期限、室编件号、馆编件号。必备项目编号必须填写,设置的选择项目可根据情况填写。选择项目有机构和问题。只采用"年度—保管期限"两级分类的单位,可以不填写机构或问题名称。归档章式样如表 5-1 所示。

表 5-1　归档章式样

（全宗号）	（年度）	（室编件号）
＊（机构或问题）	（保管期限）	（馆编件号）

注:"＊"号栏为选择项。

归档章各项目的填写方法如下。全宗号栏内填写同级国家综合档案馆给立档单位编制的代号。年度栏内填写文件的形成年度,以四位阿拉伯数字标注公元纪年,如"2003"。保管期限标注"永久"、"定期",或者使用其简称"永"、"定"或代码。室编件号栏内填写文件在同一保管期限内的排列顺序号。一般组织同一年度里、同一机构（问题）、同一保管期限下从"1"开始逐件编流水号。永久保管文件较少的组织,永久和长期保管的档案可以从"1"开始混编成一个流水号,按进馆要求编写。按组织机构分类的,填写形成或承办该文件的组织机构全称,如机构名称太长,可使用机构内部规范的简称。按问题分类的可直接填写问题的类名。

五、归档文件的编目

编目主要指编制归档文件目录,为档案的保管、鉴定、检索、统计和编研等工作的开展提供基础条件。归档文件应根据分类方案和室编件号顺序编制归档文件目录,即按照分类、排列、编号的结果,逐类逐件编制目录,以系统、全面地揭示归档文件的全貌。

归档文件目录设置件号（室编件号、馆编件号）、责任者、文号、题名、日期、页数、备注等项目,填写要认真、细致、准确,如表 5-2 所示。

表 5-2　归档文件目录

保管期限:永久　　　　　　　　　　　　　　　　　　　　　机构:办公室

件号		责任者	文号	题名	日期	页数	备注
室编	馆编						
1		××省档案局	×档发〔2015〕3号	关于印发《××省机关档案工作目标管理考评办法》的通知	20150316	8	
2		……	……	……	……	……	
3							
4							

1. 件号

件号包括室编件号和馆编件号两种,室编件号由立档单位填写,馆编件号由档案馆填写。填写的标准和要求前面已作介绍,这里不重复介绍。

2. 责任者

责任者是指制发文件的组织或个人,即文件的发文机关或署名者。责任者可以是一个机关或机关内部的一个机构,也可以是几个机关或若干人。它是文件的组成部分之一和重要的外形特征,对于确定文件来源有着重要的作用,也是检索利用的重要途径。

填写责任者项时一般应使用全称或通用简称,不能用含糊不明、难以判断的简称。如中国共产党河南省委员会,可简称为中共河南省委,但不能简称为"省委"。

联合发文时,应将所有责任者照实抄录,责任者过多时,著录列居首位的责任者。主办单位是责任者的必须著录,立档单位是责任者的必须著录,上级机关是责任者的必须著录,其余的视需要著录。被省略的责任者用"[等]"表示。责任者之间用";"号隔开。例如,河南省档案局;河南省水利厅;河南省财政厅[等]。

3. 文件编号

文号即发文字号,是由发文机关按发文次序编制的顺序号。一般由机关代字、年度和序号三部分组成。年度用4位阿拉伯数字表示,著录于"〔〕"号内。顺序号用阿拉伯数字表示。其余的照原文字著录。例如,皖档发〔2004〕30号。

著录文号时应当注意:"会议文件之一"、"简报第一期"、"党组会议纪要(第一号)"等不属于文件编号,不应著录在文号项内。

4. 题名

题名即文件标题。题名一般由文件责任者(发文机关或单位)、事由(问题)、名称(文种)三个基本部分组成,用于揭示文件的内容和成分,为查找和利用提供线索。题名包括正题名、副题名、说明题名文字和并列题名。

1) 正题名

正题名是档案的主要题名,一般指单份文件文首的题目,照原文著录。例如,河南省档案局转发国家档案局《关于档案安全问题的通知》。有的题名中有化学符号、类型标记、阿拉伯数字、外文字母、汉语拼音等均应照原文著录,不能省略。例如,河南省司法厅、河南省邮政管理局关于在全省开设"148"法律服务专用电话的通知。

(1) 单份文件没有题名,应依据文件拟写题名,并加"[ ]"号。

这类文件不多,但在实际工作中也较为常见。如会议记录、电报、公私信函、电话记录等。这类文件应当重新拟写题名。例如,[××关于生活补助费的函]等。

(2) 单份文件题名不能揭示或不能全面揭示其内容时,原题名照录,并根据内容另拟题名附后,另拟的题名加"[ ]"号。

(3) 文件题名只写责任者或名称,不标明事由,如《国家档案局令》、《河南省人民代表大会常务委员会公告》,应拟写为:国家档案局令[国家档案局为颁布《中华人民共和国档案法实施办法》令]。

(4)文件题名中省略了责任者和事由,只标明名称,如《通知》、《公告》,应原题名照录,并根据内容另拟题名附后,另拟题名加"[ ]"号。例如,通知[河南省档案局关于召开老干部座谈会的通知]。

(5)文件题名含糊不清,不能揭示其内容,又没有副名可以补充的,如《××县委关于执行安徽省委〔1998〕25号文件精神的通知》,应拟写为:××县委关于执行河南省委〔1998〕25号文件精神的通知[××县委关于执行河南省进一步加强农业生产的通知]。

(6)正文与附件一般为一件,用正文题名作为本件题名。附件题名必要时在附件项中著录。

(7)转发文与被转发文为一件时,用转发文题名作为本件题名。转发文题名不能揭示被转发文主要内容时,原题名照录,同时著录被转发文题名或另拟题名附后,并加"[ ]"号。

2)副题名与说明文字

副题名是解释或从属于正题名的另一题名。正题名能够揭示档案内容时,副题名不必著录。必要时副题名照原文著录。例如,"大包干"的成效、做法和问题——农村问题调查报告,只需著录为:"大包干"的成效、做法和问题。

正题名不能揭示档案主要内容时,副题名著录在正题名之后,并在副题名前加":"号。例如,农民致富之路——河南省农业大包干四年实践的回顾,应著录为"农民致富之路:河南省农业大包干四年实践的回顾"。

说明题名文字是指在正题名前后对档案内容、范围、用途等说明的文字,一般不需著录,必要时照原文著录在正题名之后。著录时应在说明题名文字前加":"号。例如,"××同志在全省档案工作会议上的讲话:根据录音整理未经本人审阅";"强化目标管理,推动机关档案工作发展:××同志在市机关档案工作会议上的讲话";"《中华人民共和国档案法》:1987年第六届全国人民代表大会常务委员会第二十二次会议通过"。

5. 日期

日期即文件的形成时间。它是文件的重要特征之一,反映文件产生的时代背景,是查找档案的常用途径。文件的形成时间即发文时间(文件的落款)。具体填写应用8位阿拉伯数字标注年、月、日。第1~4位表示年,第5~6位表示月,第7~8位表示日。如2010年6月16日,可著录为20100616。

6. 页数

页数填写每件文件的总页数,用于统计和核对。计算页数时以文件中有图文(指与文件内容相关的文字、图画等)的页面为一页,空白页不计。大张的文件、图表折叠后,仍按未折叠前有图文的页数计算页数。

7. 备注

备注项用于填写档案文件需要说明的情况,包括密级、缺损、修改、补充、移出、调整、销毁等。备注项使用应当严加控制,避免杂乱无章。备注栏填写不下时,可在备注栏中加注"*"号,将具体内容移到备注表中进行说明。

8. 归档文件目录的装订

归档文件目录应装订成册并编制封面,一般一年一本。目录封面可视需要设置全宗名称(立档单位名称)、年度、保管期限、机构(问题)等项目,如图5-6所示。

这里要说明的是,归档文件目录统一制作完成后,案盒内应存放本案盒的文件目录,并置于案盒文件最前面以方便查找。同时还应另备一份,同其他盒内目录按"件"号顺次装订成总目录,以供文件的检索利用。

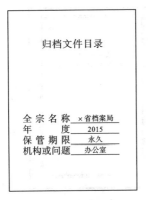

图 5-6 归档文件目录封面

六、归档文件的装盒

装盒包括将归档文件按件号顺序装入档案盒、填写备考表、编制档案盒封面及盒脊项目等工作内容。

(一) 装盒要求

(1) 不同形成年度的归档文件不应放入同一档案盒;

(2) 不同保管期限的归档文件不应放入同一档案盒;

(3) 分机构或问题的情况下,不同机构或问题形成的归档文件不应放入同一档案盒。

(二) 档案装盒应当注意的问题

(1) 应视文件的厚度选择厚度适宜的档案盒,尽量做到文件装盒后与档案盒形成一个整体,站立放置时不至于使文件弯曲受损。也就是说,一盒内的文件多少,应根据文件的厚度来选择档案盒的厚度。不同的文件厚度应选择不同标准的档案盒,而不是用统一的档案盒来选择档案文件。

(2) 档案盒只是归档文件的装具,不具备保管单位的作用。因此,档案盒只是档案装具,而不是档案的保管单位。

(三) 填写档案盒要求

(1) 档案盒封面应标明全宗名称。

(2) 档案盒应根据摆放方式的不同,在盒脊或底边设置全宗号、年度、保管期限、起止件号、盒号等必备项,可设置机构(问题)等选择项。其中,起止件号填写盒内第一件文件和最后一件文件的件号,中间用"——"连接;盒号即档案盒的排列顺序号,在档案移交进馆时按进馆要求编制。

(四) 档案盒的格式

1. 档案盒规格

档案盒的规格如图 5-7 所示。

2. 档案盒封面

档案盒封面如图 5-8 所示。

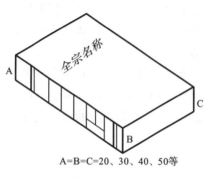

图 5-7　档案盒规格

图 5-8　档案盒封面

3. 档案盒背脊的项目

档案盒背脊的项目如图 5-9 所示。

图 5-9　档案盒背脊的项目

图 5-10　备考表

(五) 盒内备考表

备考表(如图 5-10 所示)放在案盒文件的最后,说明盒内文件的状况,如该盒内文件缺损、移出、补充、销毁及其他需要说明的问题等。同时要填写登记日期及归档文件整理完毕的日期、整理人、检查人。整理人，即负责整理文件的人员姓名；检查人，即负责检查归档文件整理质量的人员姓名。备考表由整理人填写。

归档文件装盒后，上架排列应与本单位归档文件分类方案一致，企业按问题（即一级类目）—年度—保管期限排架，统一竖放，盒脊朝外。

任务二 按"卷"整理档案

归档文书的案卷级整理是指传统的文书立卷法，是 2000 年 12 月 6 日国家档案局发布的《归档文件整理规则》对文书整理工作进行改革前普遍使用的一种文书立卷法。它是指文书部门将已经办理完毕，具有一定查考保存价值的零散的文书，依其内在联系和一定的规律分门别类地组成一个或数个案卷。通过立卷，可以确保文书的完整与安全，便于文件的查找和提供利用，为档案工作奠定基础。

案卷级文书的立卷与归档，是文书处理过程的最后一个环节，是将现行文书转化为档案的基础，因此，做好归档文书的立卷和归档工作，对于文书的管理和使用都具有重要意义。

归档文书案卷级整理的文书归档范围和整理工作的承担部门及遵循原则与文件级整理一致，而整理的方法有所不同。

一、归档文书立卷的方法

归档文书立卷的方法就是根据文书的特征或文书的保存价值，或者根据文书形成的客观规律进行组卷。

（一）按保管期限组卷

按保管期限组卷就是按照国家档案局规定的永久、定期保管期限的不同，对属于不同保管期限的文件材料分别组卷，为今后的档案管理与鉴定提供方便。

在实际工作过程中，常常会出现照顾保管期限与保持文件的密切联系之间发生矛盾的情况。首先，判定保管期限不要孤立地只从一份文件来看其保存价值，应从有密切联系的一组文件来考虑。即当一组文件之间有一定的联系，但因保存价值悬殊，又有相当数量，分别立卷并不妨碍对主要文件的查考利用时，可适当分别立卷；如果文件之间的联系紧密，分别立卷不便于利用时，这些文件的保管期限就应当统一看待。其次，允许永久卷中有个别定期（30 年）保存价值的文件，且这些文件与永久卷中的其他文件有密切联系，不易分开来立卷；允许定期（30 年）卷中有个别定期（10 年）保存价值的文件，且这些文件与定期（30 年）卷中的其他文件有密切联系，不易分开来立卷。但是反之则不行，即定期（10 年）卷中不能有定期（30 年）保存价值的文件，定期（30 年）卷中不能有永久保存价值的文件。

（二）按文件形成的客观规律组卷

所谓客观规律，就是文件形成的起因、先后顺序、前后衔接及一系列固有的程序和手续，也就是公文产生的自然过程。如一件事、一项工作、一个问题、一个案件等，就不宜分散打乱，应各自集中一起立卷，以保证它们之间的自然联系。按文件形成的客观规律组卷最典型的就是会议文书的按会议组卷。按会议组卷，就是以一次或一类会议为一个案卷进行组卷。一次会议，不管开多长时间，不管讨论几个性质不同的问题，也不管形成多少文件，都以这次会议名称为卷名，进行组卷。一般是一会一卷，也有一会多卷的，可按照会议文件的多少和会议文件形成的特点或会议文件的文种灵活掌握。

（三）按文件特征组卷

按文件特征组卷，就是将具有共同特征的和有密切联系的文件结合在一起立卷，以便于日后的查找和利用。文件本身一般具备六个特征：问题特征、时间特征、文种特征、作者特征、通讯者特征和地区特征。除了这六个特征外，在实际工作中文件的特征还有来源特征（收、发文机关）、载体特征（制成材料）、形状规格特征（如图纸、奖牌、礼品、题词等）。

（1）问题特征　问题特征是指文件内容所反映的事件、人物、事物、问题或工作性质。按问题特征立卷，就是将反映同一事件、人物、事物、问题或工作性质的文件组合在一起集中立卷。

（2）时间特征　时间特征即年度特征。这里所指的时间有两个方面：一是指文件形成的时间；二是指文件内容所限制和针对的时间。按时间特征立卷，即将属于同一时间（年度、时期、季度、学年、月份等）的文件组合在一起集中立卷。

（3）文种特征　文种特征是指文件种类的名称。按文种特征立卷，就是将文种相同的文件组合在一起立卷。

（4）机构特征　也称为作者特征，是指制发文件的组织按作者特征立卷，就是将同一作者的文件组合在一起立卷。

（5）通讯者特征　通讯者特征是作者特征的特殊形式，是指两个以上机关就某一问题或几个问题进行工作联系形成的来往文书。通讯者是指文件的收发或问答双方。按通讯者特征立卷，就是将两个以上机关就某一问题或几个问题进行工作联系形成的来往文件组合在一起立卷。

（6）地区特征　地区是指文件内容所涉及的地区。按地区特征立卷，就是将内容所涉及同一地区的文件组合在一起立卷。

"六个特征立卷法"是文书档案基本的立卷方法，即根据文件在问题、作者、时间、名称、地区和通讯者特征六个方面的共同点将文件组合成案卷。比如：把同一个作者的文件组成一卷；把同一个会议的文件组成一卷；等等。

（四）结合并灵活运用"六个特征"组卷

按照文件的六个特征立卷时，一般不单一地采用某个特征组成案卷，而是综合分析文件之间的关系,选择其中最能说明客观情况的几个特征作为组卷的依据。结合运用"六个特征",就是要求在一个案卷中至少运用到三个以上的特征来组卷。例如:"××总公司关于2006年产品销售问题的调查报告、策划方案"是作者、时间、问题、文种四个特征相结合组成的案卷;"××省水利开发公司关于××地区水利资源情况的调查报告"是作者、地区、问题、文种四个特征相结合组成的案卷。

此外,在实际工作中还有一些其他的立卷方法,如将文件按照"事"或"件"组卷的"立小卷法"及"四分四注意立卷法"等,它们都具有各自的特点,也是比较适用的立卷方法。

在实践中,以上的这些方面往往要结合起来灵活运用。常见的结合运用方法有年度—机构(或问题)—保管期限或保管期限—年度—机构(或问题)等结合方法。

二、归档文书立卷的步骤

(一) 平时归卷

平时归卷就是在日常工作中将办完的文件材料随时收集、整理、分类存放,有条理地管理起来,到年终再做必要的调整,就可以成为正式案卷。平时归卷的好处在于:第一,有利于把文件收集完整,防止丢失和遗漏;第二,有利于组织平时查找利用,方便工作;第三,有利于分门别类地整理,保证案卷的质量;第四,有利于节省人力和时间,以免年终突击立卷。

平时归卷的要求主要有以下几个方面。

第一,做好平时归卷的准备工作,即按照问题分类,随时做好案卷类目的编制。

第二,搞好平时收集,随时清理办完的文件,使归卷工作经常化。要做到应该办理的文件,办完后即收回归卷,要随办随收,随收随归。只需传阅不做具体处理的文件,阅后即收回归卷。尤其是会议材料,领导开会回来后,要马上收回。

第三,归卷文件要做到"四个清楚"、"十个完整"。四个清楚即收文清楚、发文清楚、领导手中文件清楚、所属业务部门的文件清楚。十个完整即正件与附件完整、打印件与底稿完整、请示与批复完整、转发件与原件完整、账内件与账外件完整。

平时归卷还要注意检查收回文件有无缺张少页或残损不清的现象,检查签批手续、处理结果及时间等是否完备。要及早发现问题,及时解决,以免到年终不好查找。

(二) 案卷的系统整理

案卷的整理与归档是文书或文书部门根据文书归档制度的要求,将一个年度全部处理完毕的文书材料,在平时归卷的基础上,进一步系统地加以整理,全部立成案卷,以便向档案室移交。

1. 案卷整理的要求

按照立卷类目归入各个卷夹内的文件,在立卷之前,必须逐卷逐件进行检查、整理,若发现与立卷要求不相符合的文件,要及时进行调整,然后再确定文件的组合而立成案卷,以确保立卷的质量。立卷文件整理的要求主要有以下几个方面。

1) 检查立卷文件是否齐全、完整

文书立卷,必须要做到立卷的文件材料的齐全和完整。检查立卷文件是否齐全和完整,首先要对照办公室的收发文登记本,检查文件的清退情况,把所有应归档的文件材料收集齐全。其次,还要检查借阅文件登记本,将借出的文件全部收回。这样一方面保证了立卷文件的齐全和完整,另一方面也避免了文件装订成卷后又发现了应当立卷的文件而拆卷进行返工。

2) 检查卷内文件是否符合归档范围

文书立卷归档有一定的范围与要求,在检查时就要看归卷的文件材料是否符合归档范围的要求。对重份文件要剔除,对其他不符合归档要求的文件也要剔除出来另作处理。如把跨年度的文件挑出来,包括下年度的工作计划、没办结的文件材料等,作为下年底立卷用。

3) 检查卷内文件排列是否科学、合理

为了保持卷内文件之间的联系和条理性,卷内文件的排列要有一定的规律。例如,按文件重要程度排列的,重要的在前,次要的在后;政策性、法规性的在前,业务性、事务性的在后;综合性的在前,专题性的在后。正文与附件的排列,正文在前,附件在后。存本(印刷件)与定稿(签发稿)的排列,存本在前,定稿在后。在检查卷内文件排列时,发现有不符合排列规律的案卷,就要进行适当的调整,以保证案卷的质量。

4) 检查案卷是否保持了文件之间的历史联系

保持文件之间的历史联系是立卷的重要原则之一。归入各卷夹内的文件,凡与本卷特征不符合的要加以调整,或转入其他有关卷内或另立新卷,避免因立卷不当而造成的案卷界限不清,各卷间文件内容重复、交叉等现象。

5) 检查卷内文件保存价值是否统一

卷内文件的保存价值按照《机关文件材料归档范围和文书档案保管期限规定》统一划分。永久卷、定期卷要统一标准,凡有保存价值不一致的案卷,要做适当的调整。文件基本固定后,要根据卷内文件的全面情况,确定本卷的保管期限。

2. 卷内文件的整理

1) 卷内文件的排列和编号

卷内文件排列是指将每个案卷内的文件按一定的规律进行排列,使每一份文件在卷内处于适当的固定位置,以便于管理和查找利用。卷内文件的排列一般采用若干文件特征相结合的方法,通常的排列方法如下。

第一,由机构、问题和名称三个特征组成的案卷,可以按文件形成时间的先后排列,日期早的放在前,日期晚的放在后。

第二,问题与时间相结合的案卷,先将卷内文件按问题分开,然后再对同类问题的文件按时间顺序排列。

第三,作者与时间相结合的案卷,先将卷内文件按作者分开,然后再对同一作者的文件按时间顺序排列。

第四,问题重要程度与时间相结合的案卷先将卷内文件按问题的重要程度分开,然后再对相同重要程度的文件按时间顺序排列。

此外,由一个案件、一项工作等组成的案卷,可以按事件的发生和处理过程的先后顺序排列。会议文件材料组成的案卷,可按会议进程及其重要性排列。来往文件组成的案卷,如请示和批复,如果是请示单位立卷,请示在前,批复在后;如果是批复机关立卷,就批复在前,请示在后。有底稿(包括定稿、草案等)和附件的案卷,按先正件后底稿,先正件后附件的方式排列。

卷内文件排列完毕后,为了固定文件的排列顺序,便于保护、统计和检索文件,还需要为文件依次编定页号或张号。

2) 填写卷内文件目录和备考表

(1) 卷内文件目录　卷内文件目录是揭示卷内文件内容和成分的一览表,按照卷内文件的排列顺序填写,置于案卷的首页,如表 5-3 所示。

表 5-3　卷内文件目录

顺序号	发文字号	责任者	文件题名	日期	页号	备注

■ 顺序号:按照每件文件在案卷中的排列顺序依次填写。

■ 发文字号:按照文件上的编号填写。

■ 责任者:填写文件的作者。

■ 文件题名:照实抄录文件标题。如果有的文件没有标题或标题不能揭示文件的内容和成分,应为文件重新拟写标题。由立卷人员重新拟写的文件标题要加"[ ]"。

■ 日期:填写文件的形成日期,填写方法是采用阿拉伯数字在年月日间加"."分隔,表示具体日期,比如,一九九六年六月一日,应写为"1996.6.1"。

■ 页号:有两种填写方法。第一,填写每份文件首页所在页的编号,最后一份文件填写起止页号;第二,每份文件均填写起止页号。

■ 备注:当卷内文件有一些特殊情况时可予以说明。

卷内文件目录可以一式三份:一份装在案卷中;一份留在立卷部门供查阅;一份与案卷目录合编为全引目录,作为检索工具。

(2) 卷内备考表　卷内备考表是用以注明卷内文件存在状况的表格,置于案卷的末页,如图 5-11 所示。

■ 本卷情况说明:填写卷内文件的缺损、补充、移出、销毁等情况。如果无情况,可不填写。

■ 立卷人:由立卷者签名。

■ 检查人:由案卷质量检查者签名。

■ 立卷时间:填写完成立卷的时间。

```
┌─────────────────────────────┐
│ 本卷情况说明                │
│                             │
│                  立卷人：   │
│                  检查人：   │
│                  年  月  日 │
└─────────────────────────────┘
```

图 5-11　卷内备考表样图

3）拟写案卷题名

案卷题名又称案卷标题，就是案卷的名称，用以概括和揭示卷内文件的内容和成分，是识别、检索文件的重要标记，也是编制各种检索工具的重要依据。

拟写案卷标题要遵守观点正确、内容概括准确、结构完整、语言精练的基本要求。

概括准确是指案卷标题应当全面地恰如其分地揭示卷内文件的基本内容，使人一看就知道这卷文件大致有什么内容。文字简洁通顺是指案卷的标题不能太长，一般以 20～30 个字为宜，最多不要超过 50 个字。不能采用连接卷内各份文件标题的方法，拟制出冗长烦琐的案卷标题。

结构完整是指案卷的标题必须标出卷内文件的作者、问题、名称三个基本内容，它们之间的排列顺序为：作者—问题—名称。有些案卷标题有时还需要标出地区、时间或通讯者。如需指出作者的所在地区时，地区加写在作者的前面；若是针对某地区或某人物的问题，地区或人物写在问题部分的前面；时间一般加写在问题部分前面。按通讯者特征组成的案卷，应把标题中的作者部分换写为通讯者，具体如下所示。

案卷题名的基本结构：

作者（责任者）—问题（内容）—名称（文种）

例如：

$\underset{\text{作者}}{\underline{\text{海天科技公司}}}$ 关于 $\underset{\text{问题}}{\underline{\text{加强技术信息管理}}}$ 的 $\underset{\text{名称}}{\underline{\text{决定}}}$

当文件内容涉及一定地区、时间或通讯者等立卷特征时，也应予以标明，其结构如下：

（地区）作者（通讯者）—（时间）（地区）问题—名称

例如：

$\underset{\text{作者}}{\underline{\text{××制药公司}}}$ 关于 $\underset{\text{地区}}{\underline{\text{××省}}}$ $\underset{\text{时间}}{\underline{\text{2003 年度}}}$ $\underset{\text{问题}}{\underline{\text{销售情况}}}$ $\underset{\text{名称}}{\underline{\text{统计表}}}$

$\underset{\text{通讯者}}{\underline{\text{美斯达商贸有限公司}}}$ 关于 $\underset{\text{问题}}{\underline{\text{供货问题}}}$ 的 $\underset{\text{名称}}{\underline{\text{来往文书}}}$

拟制案卷标题要注意以下几点。第一，标明作者一般应写全称。如单位名称很长或在许多案卷中重复出现，可写通用的简称。若作者较多，可以概括两三个主要的作者为代表，其余单位用"等"字概括。如作者是本机关、单位可写"本局"、"本厂"或"市政府"、"院党委"等。第二，准确而简明地揭示出卷内文件的主要内容是拟制案卷标题的关键，按问题特征组成的案卷，由于内容单一比较易于标明。不是按问题特征组成的案卷或由一个范围更大的问题归纳了几个具体问题组成的案卷，写标题时必须注意全面、准确，既不因只揭示一部分文件的内容，而使另一部分文件内容被略去；也不要概括得过于笼统含糊，使读者无法把握卷内的文件内容。第三，案卷文件的文种名称一般应全部标出。对于不具有文种名称特征的案卷，要标出其中几个主要的、有代表性的文种名称，并加上"等"字。

4）填写案卷封面

案卷题名拟写完成之后，需要填写案卷封面。案卷封面的主要项目包括机关名称、类别名称、案卷标题、卷内文件起止日期、卷内页（张）数、保密期限及右下角标出全宗号、目录号、案卷号等。填写案卷封面的要求：项目填写齐全，字迹整洁、清晰、美观；手工填写应使用毛笔或蓝黑钢笔；也可使用计算机打印输出。全宗名称加盖专用章（单位公章）的要用黑色油墨。案卷封面式样如图 5-12 所示。

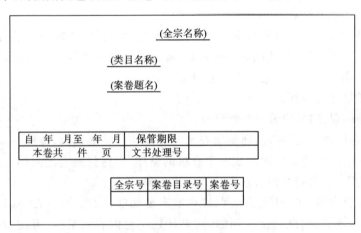

图 5-12　案卷封面式样

- 全宗名称：填写立档单位的名称，使用全称或规范的简称。
- 类目名称：填写该案卷所属类别的名称，如"办公室类"、"综合类"等。
- 案卷题名：填写所拟写的案卷标题，居中书写。
- 时间：用阿拉伯数字填写卷内文件的起止时间。
- 保管期限：填写为该卷划定的保管期限。
- 件（页）数：装订的案卷填写其总页数；不装订的案卷填写总件数。
- 文书处理号：填写立卷方案中的类号和条款号。
- 档号：填写全宗号、案卷目录号、案卷号，其中全宗号是由档案馆给予立档单位的编号。

5）案卷的装订

案卷的装订是为了保护卷内文件不受损坏，防止散失和混乱的一种措施。同时经过装订也便于在管理和交接上的清点。卷内文件装订的方式分为以"卷"为单位装订和以"件"为单位装订。同一全宗的案卷应该统一装订的方式,使档案保管整齐划一。案卷装订一般包括以下几个程序。

第一,拆除装订障碍。为了使案卷不受污损,应拆除文件上的金属物(曲别针、大头针、订书钉等)。

第二,修补。为便于装订、便于保护文件和方便利用,凡装订线左侧有起草或签发字迹的文件材料都应改换装订位置(上面、下面或右侧),实在改换不了装订位置的文件材料要加边取齐;文件不够规定尺寸的要加边裱糊取齐;凡有破损的文件均应裱饰和修补;凡原页大于规定尺寸的,要折叠起来。

第三,编写页号。组卷要以卷为单位编写页号。页号编写位置:单面书写的在文件材料右上角编写页号;双面书写的在文件材料正面右上角和背面左上角编写页号。此外,还应用到打号机进行辅助,打印时应打印清楚,做到不错、不漏、不重。

第四,登记卷内目录和备考表。应使用档案局统一印发的目录纸。

第五,拟定案卷标题。

第六,装订成卷。装订时做到右边、下边齐整,无倒页,不漏订。装订要用白线绳,左侧三孔一线装订,两孔间距 7～8 cm,线头要结合在背面,勿外露,装订后的案卷必须整齐、美观。一个案卷一般不超过 200 页。

第七,填写案卷封面。

6) 案卷排列、编号和编制案卷目录

(1) 案卷排列　案卷的排列是指在案卷整理装订完毕以后,按照一定的联系对案卷进行分类排列,将案卷组织成一个有机的整体,以保持案卷之间的历史联系,便于保管和利用。案卷排列的方法主要有以下几种。

① 按案卷内容—时间顺序排列,即内容有密切联系的案卷排在一起,形成时间早的案卷排在前面,以此类推。例如,同是计划生育内容的案卷,可按 2001 年度—2002 年度……依次排列。

② 按保管期限—重要程度排列,即保管期限相同的案卷排在一起,重要的排在前面,以此类推。例如,同是永久保管的案卷,可按上级—本级—下级进行排列。

③ 人事档案等专门案卷一般按姓氏笔画或拼音字母等逻辑顺序排列。

(2) 编号　案卷编号就是给每个案卷编一个固定的代码。案卷编号的方法是用阿拉伯数字按案卷排列的顺序依次编写。排在最前面的案卷是 1 号卷,排在第二位的是 2 号卷,以此类推。

案卷编号的方法有两种:一种是统编,即一个全宗的所有案卷统一号序,只编一个从"1 号卷"开始的号序系统;另一种是分编,即按全宗内所分类别(年度或保管期限)分别编从"1 号卷"开始的号序系统。

统编或分编案卷号各有其特点和适用情况。统编号的优点是号序单一,不易出现管理上的错乱;其不足之处是号码排列较长,难以按照类别或保管期限接续新归档或补充归档的案卷。分编号的优点是号序能够反映全宗内档案分类或保管期限的状况，便于随时接续新归档或补充归档的案卷，因此，档案室管理阶段较多采用分编号方法；其不足之处是一个全宗内的同号卷过多，管理中也容易发生错乱。

（3）编制案卷目录　案卷目录是经过系统排列的案卷进行逐一编号登记后形成的案卷名册，是统计案卷数量和查找利用档案的基本工具，是文书处理部门向档案室移交案卷的手续和凭证，也是档案部门检查、统计案卷的依据。

案卷目录必须以全宗为单位编制，准确反映全宗内档案的实体整理秩序；必须严格按照案卷的排列顺序登录条目，准确反映案卷号的排序系统。

案卷目录的编制方法分为统编和分编两种。统编法是指一个全宗只编制一本案卷目录；分编法是指一个全宗编制若干本案卷目录，分别以全宗内的各个门类为单位进行编制。一个全宗的档案采用哪一种案卷目录的编制方法，取决于全宗内案卷的编号方法。即采用统编法编制案卷号的全宗，案卷目录就只能统编；采用分编法编制案卷号的全宗，案卷目录就只能分编，如按每一年、每一类、每一个保管期限或密级分别编制案卷目录。

案卷目录编制完成后，还要给每本目录编定一个案卷目录号，作为管理和检索标识。

案卷目录的形式均为簿册式，不宜采用卡片式或活页式。因案卷目录使用频繁，所以应加硬质封皮。装订线可在左侧或上侧。开本尺寸一般采用16开并横向使用。

案卷目录由封面、序言、目次、简称与全称对照表、案卷目录表和备考表六部分组成，其中封面和案卷目录表是主体部分。

① 封面。封面的内容主要有全宗号、目录号、目录名称、编制单位、编制时间、密级、保管期限等，如图5-13所示。

```
全宗号
目录号

        ××××(组织)案卷目录
     (年度或组织机构、问题、保管期限、密级)


        编制单位：
        编制时间：    年   月   日
```

图5-13　案卷目录封面

② 序言。序言一般置于首页，简要对编制方法、目录结构、立档单位和全宗概况等进行介绍或说明。

③ 目次。目次即目录所分类目的索引，根据案卷的分类排列情况，写明各类的名称和所在页码。

④ 简称与全称对照表。简称与全称对照表主要是指案卷题名、作者、地区等全称过长的名词经简化后，对其中不为人熟悉的简称列出其全称，两相对照，以供查找。

⑤ 案卷目录表。这是案卷目录中最主要的部分，主要包括案卷号、案卷题名、卷内文件起止时间、保管期限、件数、页数和备注等项（如表5-4所示）。

表 5-4　案卷目录表

案卷号		案卷题名	卷内文件起止日期	件数	页数	保管期限	备注
室编	馆编						

填写说明：

■ 案卷号：用阿拉伯数字填写案卷的实际编号。

■ 案卷题名：按照案卷封面上的案卷题名抄录。

■ 保管期限：填写该卷标明的保管期限。

■ 件数：填写卷内单份文件的数量。

■ 页数：填写卷内实有文件的总页数。

■ 备注：用于说明卷内文件的某些特殊情况，如卷内文件纸张、字迹的老化情况和卷内文件的销毁、移出情况等。

⑥ 备考表。备考表置于目录最后，用于总结性地记录案卷目录及其所包括案卷的基本情况，如案卷总数量和排架长度，案卷号总号数与案卷实有卷数的对应程度，即是否有分卷（一号两卷或几卷）、空号（有号无卷）等（如图 5-14 所示）。

图 5-14　案卷目录备考表

案卷目录应一式三份，一份存档，一份备用，一份随档移交。

7) 档号

档号是档案室（馆）在整理和管理档案的过程中赋予档案实体的一组位置号或存址号，包括全宗号、案卷目录号、案卷号、卷内文件的页号或件号。档号是档案实体最基本的秩序号，是档案整理成果的一种客观记录。它反映了分类与排列的次序，为日常的管理和查找利用提供了便利的条件，因此，在档案管理中具有不可替代的作用。

(1) 档号的编制方法。

全宗号是档号序列中的第一个号码。全宗号通常是档案馆为每一个全宗编定的,其编制方法主要有大流水编号法和分类流水编号法两种。大流水编号法是档案馆按照全宗进馆的先后顺序从1号开始依次编定号码。分类流水编号法是将档案馆的所有全宗划分为若干大类(全宗群),并以固定的代字或代码作标志,如用汉字的"党"、"政"、"建"或汉语拼音字头作为代字,然后在各个大类中按全宗进馆的先后顺序流水编号。

案卷目录号、案卷号、卷内文件的页号或件号的编制方法已在前面介绍过,不再赘述。

在编制档号时,要注意指代的唯一性,即每一个编号对象被赋予的号码都是不同的,不允许有重号的现象。具体地说就是:同一个档案室(馆)内不能有相同的全宗号,同一个全宗内不能有相同的案卷目录号,同一个案卷目录内不能有相同的案卷号,同一个案卷内不能有相同的页号或件号。

(2) 档号的表示方法。

全宗号标写于全宗名册、案卷目录封面和案卷封面上;案卷目录号标写于案卷目录封面和案卷封面上;案卷号标写于案卷封面和案卷目录中;页号或件号标写于卷内每一页或每一份文件的首页上。

用检索工具进行检索时,如果检索级别为案卷,则要同时标写全宗号、案卷目录号、案卷号三个号码;如果检索级别是文件级,则要同时标明全部档号,其标写方法是用"一"置于各层次各号码之间,并将其连接起来,例如,某一份文件的档号为:3—5—2—7,就是指这份文件属于某档案馆(室)内的第3号全宗中的第5号案卷目录中的第2号案卷中的第7页或第7件文件。

(三) 案卷的归档

归档是指文书部门将立好的案卷定期向档案部门移交以便集中保管。任何个人都不得保存应当归档的文件。

国家档案局1987年12月4日印发的《机关档案工作业务规范》和2006年12月28日公布的《机关文件材料归档范围和文书档案保管期限规定》具体规定了文件材料的归档制度,其中包括归档范围、时限和对案卷的要求。

1. 归档范围

归档范围即文书立卷的范围。凡属于立卷范围的文书材料,一律归档。

2. 归档时限

机关单位文书部门或业务部门一般应在第二年上半年向档案部门移交档案。对一些专门性的文件或驻地比较分散的个别业务单位的文件,可根据实际情况商定适当的归档时间。

3. 归档要求

归档要求是指对需要归档的案卷在质量、规格上的要求,主要包括以下几点:

(1) 应归档的文件材料应齐全、完整;

(2) 文件和电报按其内容的联系,合并整理立卷;

(3) 案卷标题应简明确切,按规定进行系统化排列和编目;
(4) 区分保存价值,准确划定案卷的保管期限。

移交案卷时,必须有移交目录,并按移交目录清点核对,履行移交手续。案卷移交目录封面如图 5-15 所示,文书归档移交/接收登记表如表 5-5 所示。案卷归入档案部门后,文件即转化为档案。

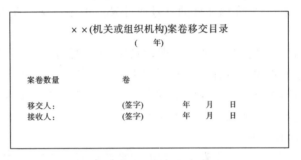

图 5-15　案卷移交目录封面

表 5-5　文书归档移交/接收登记表

档案盒号	机构(问题)名称	所属年度	移交日期	移交原因	档案数量			备注
					小计	其中		
						永久	定期(30年)	定期(15年)	
移交单位(盖章)		移交人(签字):			接收单位(盖章)		接收人(签字):	

项目三　档案的鉴定

【学习目标】

熟悉档案价值鉴定的原则;掌握档案价值鉴定的程序;掌握档案价值鉴定的方法。

【任务描述】

学意公司在年末进行文件归档鉴定时,鉴定人员对一些文件的保存价值产生了不同的看法和争论。有的人认为:直属上级部门是本公司的直接领导,因此,归档的应该是主要保留上级部门发给本公司的文件,本公司的文件不需要重点保存,下属公司的文件则更没有保存的价值。而有的人则认为:凡是本公司的文件都是重要的,都需要永久保存；外来的文件则可以少保存或不保存。还有的鉴定人员提出：凡是对本公司没有查考利用价值的文件都应剔出，作为准备销毁的文件。为了统一鉴定人员认识，秘书吴芳找来《机关文件材料归档范围和文书档案保管期限规定》等文件和一些资料，供大家在鉴定过程中作为标准掌握。有了文件的指导，这些鉴定人员对档案价值的判断有了依据，认识得到了统一，圆满地完成了鉴定任务。

【任务分析】

文件是否有保存价值，应该保存多长时间，这是由鉴定人员判定的。于是，在档案价值鉴定工作中就难免出现上述案例中发生的情况。为了保证档案价值得到准确鉴定，鉴定人员应该掌握档案价值鉴定的原则、标准和方法，结合实际情况进行分析，这样才能作出正确的判断。

任务一 鉴定档案的价值

一、档案价值鉴定工作的程序

档案价值鉴定工作包括三个方面的内容：第一，制定鉴定档案价值的标准，包括单行规定和档案保管期限表等；第二，判定档案的价值，确定其保管期限；第三，剔出无保存价值和保管期已满的档案，按规定的手续进行销毁或做其他方式的处理。

档案价值鉴定工作通常分三个阶段进行，涉及单位内部的文书工作部门、档案部门及各级各类档案馆。

（一）文件归档鉴定

文件归档鉴定是各单位对处理完毕的文件所进行的划定归档范围的工作。归档鉴定所依据的原则是国家档案局关于《机关文件材料归档和不归档的范围》的规定。各个单位也可以根据国家的规定确定本组织的归档范围。这项工作由单位的文书人员或秘书人员承担。

（二）划定文件的保管期限

由于各种因素的影响，同属于一个归档范围的文件常具有不同的保管期限，为此，在确定归档范围之后还需要对文件划定具体的保管期限。这项工作也由单位的文书人员或秘书人员承担。

（三）档案价值复审

除了永久保存的档案外，其他定期保存的文件在保管期满之后，需要对其价值进行复审，以确定是继续保存还是予以淘汰。档案价值复审主要采取以下两种形式。

1. 到期复审

到期复审是指对于短期或长期保管的档案，在保管期满后重新审查其是否确实丧失了保存价值。对保管期满档案的复审可以逐年进行，也可以若干年度进行一次。这项工作由档案室(馆)承担。

2. 移交复审

移交复审是指档案室向档案馆移交档案时,档案室人员和档案馆接收人员共同对所移交的档案的保管期限进行的审查工作。

(四) 销毁无价值档案

对于经归档鉴定和价值复审确认为没有保存价值的档案,应按照规定的手续和方法予以销毁。这项工作通常由档案部门承担。

二、鉴定档案价值的原则

(一) 以国家和人民的整体利益为出发点

从国家和人民的整体利益出发衡量档案的价值是鉴定工作的指导思想,也是评价档案价值的基本准则。鉴定档案时,不能仅从本组织的利益或个人的好恶出发评价其价值,而应充分估计和预测档案在整个社会发展过程中的作用。

(二) 全面的观点

1. 通过全面分析文件的各方面因素,综合判定档案的价值

文件的价值由多种要素构成,因此,在鉴定档案时,应该综合分析文件的具体情况,全面考虑其各方面的要素,不可只根据某方面的特征便片面地作出结论。

2. 全面把握档案之间的联系

各个组织、各项工作中形成的文件之间具有密切的联系,因此,在鉴定档案时,不要孤立地判断单份文件的价值,而应将有关的文件材料联系起来分析,然后再作出判断。

3. 全面预测社会对档案的利用需求

档案不仅对本单位有用,而且对社会也有着重要的价值。因此,在鉴定档案价值时,既要考虑本单位的需求,也要考虑社会的需求,切忌只根据某个方面的需求来判定其价值。

(三) 历史的观点

档案是历史的产物,它的形成总是脱离不了一定的历史环境。因此,在鉴定档案价值时,要将档案放到它所形成的历史环境中进行分析,并结合社会现实及未来的需要考察其价值。

(四) 发展的观点

社会对档案的利用需求是动态变化的,而档案价值的鉴定总是在一定的时空条件下进行的。因此,在鉴定档案价值时,既要看到其现实作用,又要看到其长远作用,准确地预测档案的价值。

(五) 效益的观点

保存档案需要人、财、物的支持,档案保管期限越长,消耗就越高。效益的观点就是要求鉴定档案时考虑投入和产出比,只有预计档案发挥作用的效益能够超过保管成本,才能判定其具有保存价值。保存档案的效益包括经济效益和社会效益两个方

面,档案价值的鉴定要求经济效益和社会效益并重。

三、鉴定档案价值的标准和方法

(一) 档案属性标准

档案属性包括文件来源、内容、形式、特征等,它们是从档案自身来分析、确定档案价值的标准。

1. 档案的来源标准

档案的来源是指档案的形成者。运用来源标准鉴定档案的价值应注意分析以下几方面的情况。

(1) 分析本单位文件与外单位文件的关系。

在鉴定档案时,应注意区分不同的作者。一般情况下,应该主要保存本单位制成的文件。对于外来文件,则应具体分析来文单位与本单位的关系,以及来文内容与本单位职能活动的关系。

(2) 分析本单位制成的文件的作者的职能。

在本单位制成的文件中,领导人、决策机构、综合性办公机构、主要业务职能机构、人事机构、外事机构制发的文件能够比较直接地反映本单位的主要职能活动和基本情况,因而具有长久保存价值的文件的比例比较高;而一般行政事务性机构、后勤机构及某些辅助性机构所制发的文件中具有长久保存价值的文件的比例则比较低。

2. 档案的内容标准

档案的内容是指档案所记载的事实、现象、数据、思想、经验、结论等,它是决定档案价值最重要、最本质的因素。根据档案的内容判断其价值,主要从以下三个方面入手。

(1) 分析档案内容的重要性。

一般说来,反映方针政策、重大事件、主要业务活动的文件比反映一般性事务活动的文件重要;反映全面情况的文件比反映局部情况的文件重要;反映本单位主要职能活动、中心工作和基本情况的文件比反映非主要职能活动、日常工作和一般情况的文件重要;反映典型性问题的文件比反映一般性问题的文件重要。在工作、生产、科学研究、维护权益及总结经验方面具有凭证、查考作用的档案,多数具有较高的价值。

(2) 分析档案内容的独特性。

档案内容的独特性是指档案记述的情况或反映了本单位、地区、系统的特点,或者具有新颖性和典型意义。比如,记载某个公司经营特色的档案、某个学校办学特色的档案或某个地区文化特色的档案等都是内容上有独特性的档案。鉴定档案时,应注意那些记述本单位特殊事件、特殊产品、特殊人物、特殊成果和某些特殊传统的档案,以及具有开创意义的新人、新事的档案。

(3) 分析档案内容的时效性。

文件有效期的长短对档案的价值高低具有一定的影响。例如,方针政策性、法规性、计划性文件在失去现行效用后，其行政作用就会转变为科学研究的作用；而经济合同、协议等文件成为档案后，在有效期及法律规定的时效期内具有约束和凭证价值，有效期过后，有些文件仍具有科学研究、历史研究的价值，而其他一些文件的价值则可能降低甚至消失。因此，在鉴定档案价值时，应该通过分析文件内容的时效性及其变化情况来判定文件的价值。

3. 档案的形式标准

档案的形式是指文种（文件的名称）、形成时间、载体形态和记录方式等。在某种情况下，档案的形式也影响其价值。

（1）文种与档案的价值。

文种表明文件的特定用途和性质，因而能够在一定程度上反映文件的价值。一般说来，命令、指示、决定、决议、条例、公告、纪要、报告等文种往往用于记录方针政策、重大事件和主要业务活动，具有权威性、指导性、规定性，价值较高；而通知、函件、简报等往往用于处理一般事务，价值则相对较低。

应该注意的是：一方面由于一些文种如通知、函件等的使用范围比较宽泛，另一方面由于有的单位行文时选择文种不够准确，造成文种与实际用途不符的情况，因此，不能仅用文件的名称作为判定其价值的依据，而需要结合文件的内容加以分析。

（2）形成时间与档案的价值。

这是指文件产生时间距离今天的远近程度，以及所处历史时期的特殊意义。一般说来，档案产生的时间距离今天越遥远，留存下来的越稀少，其价值就越大，就越值得保护和保存。单位档案中涉及单位建立初期、重大调整、重大变化和发展情况的档案等都具有重要的价值，需要长远保存。

（3）稿本与档案的价值。

文件不同稿本的行政效能和凭证作用是不一样的，因此，其价值也就有所不同。

文件的定稿是经单位领导人审核和正式签发程序形成的稿本，是缮印正本文件的依据，具有凭证价值；文件的正本具有标准的公文格式，有文件的生效标识——组织的印章或领导人的签名，是单位工作的依据，具有法定的效用和凭证作用。上述两种稿本的可靠性大，其价值相应就较大。

文件的草稿或草案是文件形成过程的产物，没有现行效用，可靠性相对于定稿和正本文件要差一些，因此，价值也较小。但是应该注意的是，某些重要文件的草稿、草案反映了文件修改、丰富、完善的过程，也具有较高的科学研究价值或历史价值。

（4）外观类型与档案的价值。

文件的外观类型是指其制成材料、记录方式、笔迹、图案等，它们的特殊性在一定程度上也影响档案的价值。例如，有些文件因载体材料的独特、古老、珍稀而具有文物价值；有些文件因出自书法家之手或装帧华美而具有艺术价值；也有些文件因有著名人物的题词、批注、签字而具有纪念价值等。因此，在鉴定档案时，对于外观类型独特的文件要通过具体分析其特殊意义才能判定其价值。

4. 相关档案的保管状况标准

(1) 完整程度与档案的价值。

完整程度是指一个立档单位、一个时期、一个地区档案数量的齐全状况。档案的完整程度在一定条件下对档案的价值产生影响。例如,在鉴定时,有时会看到某份文件的价值并不大,但是,由于这个时期该单位保存下来的档案数量很少,如果再剔除一些文件,就会造成历史的空白,于是,这份文件的价值就会相应提高,可以适当地延长其保管期限。

(2) 内容的可替代程度与档案的价值。

在鉴定时,如果看到一份文件的内容已经被其他更重要的文件所包括,那么,该份文件的价值需要小心判定;反之,如果一份文件独立地反映了一个方面的问题,没有其他材料能够反映这方面的问题,那么,这份文件的价值就相对提高。例如,一般来说,本单位的年度总结和统计报表等应该永久保存,季度、月份的总结和统计报表应定期保存。但是,在没有年度总结和统计报表的情况下,季度和月份的总结和统计报表就会变得重要起来,其价值就会相应提高。再如,在有定稿和正本文件的情况下,副本、草稿的价值比较小,一般可以不归档;而在没有定稿和正本的情况下,副本、草稿的价值则相对提高,可视为正本归档保存。

(二) 社会利用标准

1. 利用方向与档案的价值

利用方向是指利用者对档案内容和类型需求的趋向性。不同时期、不同职业、不同目的的利用者,其所需档案的内容和类型存在较大差别。例如,组织的领导所从事的是决策性工作,因此常需要方针政策性的档案或反映组织全面情况的档案;而业务部门的人员则更多地需要那些反映具体情况的决定、报表等。

为了掌握利用需要的方向,就需要加强对现有档案利用状况的统计和研究,总结规律,进行科学的预测,使保存的档案能够满足各方面的需要。

2. 利用面与档案的价值

利用面是指档案利用者的广泛性,这就要求在判定档案保管期限时,一定要以社会广泛的利用面为前提,克服只考虑单位的需要而忽视公民个人需要的片面性。

四、鉴定档案的基本方法

直接鉴定法是鉴定档案的基本方法。这种方法要求鉴定人员直接地、具体地审查每一份文件,从其作者、内容、文种、时间、可靠程度、完整程度等各方面进行考察,然后根据鉴定原则和标准判定其保管期限。不能仅根据文件的题名、文种、卷内文件目录、案卷题名或案卷目录等去确定档案的价值。

在鉴定档案时,需要注意以下几种情况。

(1) 如果在鉴定时对一些文件是否保留存有疑义,则不要匆忙下结论。一般应掌握以下原则:保存从宽,销毁从严;孤本从宽,复本从严;本单位文件从宽,外单位文件从严。

（2）对于介于永久、定期之间两可的文件，可采取"就高不就低"的处理方法。

（3）在具有密切联系的一组文件中，如果只有一两个文件的保存期较短，而其他文件均具有较长久的保存期，则可合并立卷，长期保管。

在剔除保管期满的档案时，一般以卷为单位，以短从长，尽量不拆卷。如果一卷中只有个别文件需要继续保存，可以将其挑选出来，其他文件则剔除；如果一卷中只有个别文件失去保存价值，可暂不剔除，原卷继续保留。

任务二 销毁档案

对于经归档鉴定和价值复审确认为没有保存价值的档案，应按照规定的手续和方法予以销毁。这项工作通常由档案部门承担。

一、销毁档案的程序

（一）编制档案销毁清册

档案销毁清册是登记经鉴定需要销毁档案的内容、成分、数量的表册，其作用是提供给有关领导人或有关领导部门对需要销毁的档案进行审查和批准，以及以后作为查考档案销毁情况的依据。

档案销毁清册封面的项目有全宗号、全宗名称、编制档案销毁清册单位名称、编制时间等。

档案销毁清册主表的项目有序号、年度、档号、案卷或文件题名、文件数量、原保管期限、销毁原因、鉴定时间、备注等。上述登记项目可以酌情增减，例如，整理过程中剔出销毁的档案，一般没有准确的档号，对其可取消"档号"项；又如，为了方便有关领导人或有关领导部门审查，可增加"档案保管期限表中的条款号"、"审查意见"等项目。

档案销毁清册一般是以全宗为单位编制，至少一式两份，一份留在档案室（馆），另一份送有关领导审查、批准；如果需要报送档案行政管理机关备案，则需一式三份。

（二）编制立档单位和全宗简要说明

为了便于本单位领导人或主管领导部门了解待销毁档案的情况，作出正确的决定，档案室（馆）还需要编制立档单位和全宗简要说明。立档单位和全宗简要说明的内容包括：立档单位和全宗历史概况、档案所属年代及其保管期限、销毁档案的数量及其内容、档案鉴定的概况和销毁档案的主要理由等。销毁档案的数量及其内容部分可以粗略地分类进行介绍。档案室（馆）应将立档单位和全宗简要说明与档案销毁清册一并向本单位领导人或主管领导部门送审。

二、销毁档案的方法

准备销毁的档案在未获批准之前应单独保管,以便审批时对其进行检查或不批准销毁时恢复保存。准备予以销毁的档案经批准后,一般可将其送往造纸厂作纸浆原料。若档案室(馆)远离造纸厂或待销毁档案特别机密,则可采取自行焚毁的方式。

为保守机密,严禁将需要销毁的档案用作其他用途,更不允许作为废旧纸张、书刊出卖。

销毁档案无论采取何种方式,均需指派两人以上执行监销任务。档案监销人员在销毁现场监督,直至确认档案已经销毁完毕,然后在销毁清册上注明销毁方式、"已销毁"字样和销毁日期,并签字,以示负责。

对于已经获批准确定销毁的档案,为慎重起见,不必立即执行销毁,可以"暂缓执行",搁置一段时间,经审查没有发现问题后再实施销毁。

实训任务　归档文件整理

【训练目标】

通过本项目实训,要求学生掌握归档文件整理的相关知识。

【任务描述】

吴芳是学意公司的办公室秘书,负责公司的档案管理工作。对于公司往来的文件的管理,吴芳非常认真负责,对办公室工作中形成的、办理完毕的、具有参考利用价值的管理性文件、会议文件、重要文件的历次修改稿、电话记录、电报、公司内部简报等,都认真细致地进行登记、收集、定期归档。由于吴芳管理认真、细致、科学,熟悉文件归档的制度和方法步骤。到了一年一度文件归档的时候,办公室主任要求吴芳负责将公司上年度文件整理归档并移交档案室。

【实训内容】

(1) 将公司文件进行分类。

(2) 确定文件的保管期限。

(3) 按照《归档文件整理规则》要求的步骤,对公司文件进行归档。

【实训要求】

(1) 实训项目分组进行,每组3~5人为宜,每组设组长1人;

(2) 每个小组分别完成相应文件资料的分类、整理、立卷等工作,最终每个小组形成一个档案案卷;

(3) 以小组为单位,进行实训成果汇报,将各小组整理的案卷进行展示、评比;

(4) 根据每组完成任务情况,小组在自评的基础上进行互评,最后由教师进行总评。

第六章 档案的检索和编研

项目一 档案的检索

【学习目标】
了解档案著录的含义;掌握档案著录的格式和方法。

【任务描述】
为了方便档案的利用,学意公司行政部秘书吴芳和同事在整理好档案之后,又开始进行档案的著录。

【任务分析】
档案的著录是档案人员编制档案检索工具时,对每份文件或案卷的内容和形式特征进行分析、选择和记录的过程。档案人员必须熟悉各著录项目,熟练掌握著录的格式和方法,才能做好这项工作。

任务一 档案的著录

一、档案著录的含义

档案著录是档案馆(室)编制档案检索工具时,对每份文件、每个案卷的内容和形式特征进行分析、选择和记录的过程。所谓内容特征,是指对文件或案卷主题的揭示,包括档案的题名、主题词、分类号等;所谓形式特征,是指文件或案卷的实体形式、文字表述形式、载体形态及文件的时间、责任者等有关特征。

档案著录所遵循的方法称为著录规则。档案著录规则是在编制档案目录时,对档案的内容和形式特征进行描述以形成条目的技术规定。《档案著录规则》规定了单份或一组文件、一个或一组案卷的著录项目、著录格式、标识符号、著录用文字、著录信息源及著录项目细则。

二、著录项目

著录项目是揭示档案内容和形式特征的记录事项。根据国家档案局颁布的《档案著录规则》的规定,需著录以下项目。

档案著录项目共分七项,每项分若干著录单元(小项)。其中有"*"号者为选择著录项目或单元(小项)。

（1）题名与责任说明项：正题名、并列题名＊、副题名及说明题名文字＊、文件编号＊、责任者和附件＊。

（2）稿本与文种项：稿本＊和文种＊。

（3）密级与保管期限项：密级＊和保管期限＊。

（4）时间项。

（5）载体形态项：载体类型＊、数量及单位＊和规格＊。

（6）附注与提要项：附注＊和提要＊。

（7）排检与编号项：分类号、档案馆代号＊、档号、电子文档号、缩微号和主题词或关键词。

三、著录用标识符

(一)为识别各著录项目

单元(小项)及其内容添加如下规定的标识符。

"—"置于下列各著录项目之前：

稿本与文种项、密级与保管期限项、时间项、载体形态项、附注项。

"＝"置于并列题名之前。

"："置于下列各著录单元之前：

副题名及说明题名文字、文件编号、文种、保管期限、数量及单位、规格。

"／"置于第一个责任者之前。

"；"置于多个文件编号之间、多个责任者之间。

"，"用于相同职责、身份省略时的责任者之间或同一责任者的不同职责、身份之间。

"＋"置于每一个附件之前。

"[ ]"置于下列著录内容的两端：

自拟著录内容、文件编号中的年度、责任者省略时的"等"字。

"( )"置于下列著录内容的两端：

责任者所属机构名称、责任者真实姓名、责任者职责或身份、外国责任者国别及姓名原文、中国责任者时代、历史档案中的朝代纪年、农历、地支代月、韵目代日转换后的公元纪年。

"？"用于不能确定的著录内容，一般与"[ ]"号配合使用。

"—"用于下列著录内容之间：

日期起止和档号、电子文档号、缩微号各层次之间。

"……"用于节略内容。

"□"用于每一个残缺文字和未考证出时间的每一数字。未考证出的责任者及难以计数的残缺文字用三个"□"号。

(二) 著录用标识符使用说明

(1) 除"题名与责任说明项、排检与编号项"外,各项目连续著录时,其前均冠". —"。如需回行,不可省略该标识符。但各项目另起段落著录时则省略该标识符。

(2) ". —"符占两格,在回行时不应拆开;";"和","各占一格,前后均不再空格。

(3) 如某个项目缺少第一个单元(小项)时,应将现位于首位的单元原规定的标识符改为". —"。

(4) 凡重复著录一个项目或单元时,其标识符也需重复。

(5) 不著录的项目或单元,其标识符应连同该项目或单元一并省略。

四、著录条目格式

(1) 段落符号式条目格式如下。

  分类号 档案馆代号
  档号 电子文档号 缩微号
  正题名=并列题名:副题名及说明题名文字:文件编号/责任者+附件. —稿本:文种. —密级:保管期限. —时间. —载体类型:数量及单位:规格. —附注
  提要
  主题词或关键词

段落符号式条目格式将著录项目划分为四个段落。第一段落中分类号、档号分别置于条目左上角的第一、二行,档案馆代号、缩微号分别置于条目右上角第一、二行,电子文档号置于第二行的中间位置。第二段落从第三行与档号齐头处依次著录题名与责任说明项、稿本与文种项、密级与保管期限项、时间项、载体形态项、附注项,回行时,齐头著录。第三段落另起一行空两格著录提要,回行时与一、二段落对齐。

(2) 表格式条目格式要求如下。

实际工作需要使用表格式条目时,其著录项目应与段落符号式条目相同,其排列顺序可参照段落符号式条目的排列顺序。

(3) 无论著录对象为单份文件、单个案卷还是一组文件或一组案卷,均按上述格式依次著录。

(4) 著录条目的形式为卡片式时,卡片尺寸一般为 12.5 cm×7.5 cm,著录时卡片四周均应留 1 cm 的空隙,如卡片正面著录不完,可接背面连续著录。

五、著录用文字

(1) 著录用文字必须规范化。

(2) 汉字应使用规范化的简化汉字。外文与少数民族文字应依照其文字规则书写。

(3) 文件编号项、时间项、载体形态项、排检与编号项中的数字应使用阿拉伯数字。

(4) 图形及符号应照录,无法照录的可改为其他形式的相应内容,并加"[ ]"号。

六、著录信息源

（1）著录信息来源于被著录的档案。
（2）单份或一组文件著录时主要依据文头、文尾。
（3）一个或一组案卷著录时主要依据案卷封面、卷内文件目录、备考表等。
（4）被著录档案本身信息不足时，可参考其他相关的档案资料。

七、著录项目细则

（一）题名与责任说明项

1. 题名

题名又称标题、题目，是表达档案中心内容、形式特征的名称。

1）正题名

（1）正题名是档案的主要题名，一般指单份文件文首的题目和案卷封面上的题目。正题名照原文著录。
（2）单份文件没有题名，依据其内容拟写题名，并加"[ ]"号。
（3）单份文件的题名不能揭示内容时，原题名照录，并根据其内容另拟题名附后，加"[ ]"号。

例如：

通知　[共青团中央关于纪念一·二九的通知]

（4）单份文件的题名过于冗长时，在不丢失重要信息和损伤原意的情况下，可删去冗余部分，节略内容用"……"号表示。
（5）案卷题名不能揭示案卷内容或题名过于冗长时，一般应重新拟写，将原题名修改好后再著录。

2）并列题名

并列题名是以第二种语言文字书写的与正题名对照并列的题名，必要时并列题名与正题名一并著录，并列题名前加"＝"号。

3）副题名及说明题名文字

副题名是解释或从属于正题名的另一题名。副题名照原文著录，正题名能够反映档案内容时，副题名不必著录。

说明题名文字是指在题名前后对档案内容、范围、用途等的说明文字。必要时说明题名文字照原文著录。

副题名及说明题名文字前加"："号。

例如：

"国家机关公文格式：中华人民共和国国家标准"

2. 文件编号

（1）文件编号是文件制发过程中由制发机关、团体或个人赋予文件的顺序号。

文件编号包括发文字号、科研试验报告流水号、标准规范类文件的统编号、图号等。

（2）文件编号除年度用"[ ]"号外，其余照原文字符号抄录，在其前面加"："号。例如：

：中发[1980]16号

：GB/T 13968—92

（3）联合发文或档案上有多个文件编号时，一般只著录一个文件编号，但立档单位的文件编号必须著录。若著录多个文件编号，中间用"；"号隔开。

（4）档案室一般应著录文件编号。

3. 责任说明

责任说明著录责任者，必要时著录职责或身份（职务、职称等）。

责任者也称作者，是指对档案内容进行创造、负有责任的团体或个人。

（1）责任者只有一个时，照原文著录，其前加"/"号。

（2）责任者有多个时，著录列居首位的责任者，立档单位本身是责任者的必须著录，其余视需要著录。被省略的责任者用"[等]"表示。第一个责任者之前加"/"号，责任者之间以"；"号相隔。多个责任者具有同一职责或身份又必须著录时，可将职责或身份置于最末一个责任者后的"( )"号中，责任者之间以"，"号相隔。同一责任者有多个职责或身份又必须著录时，可将多个职责或身份置于责任者后的"( )"号中，职责或身份之间以"，"号相隔。例如：

/国家计委；国家科委；国家档案局

/徐昌霖（编剧，导演）；舒适，项堃，上官云珠（主演）陈歌辛（作曲）

（3）机关团体责任者。

① 机关团体责任者必须著录全称或不发生误解的通用简称。例如：

/中国共产党中央委员会/中共中央

/中华人民共和国外交部/外交部

/中华人民共和国科学技术部/科技部

/河北省人民政治协商会议/河北省政协

以上不应简称为"中央"、"本部"、"科委"、"省政协"。

② 历代政权机关团体责任者，著录时在其前面应冠以朝代或政权名称，并加"( )"号。例如：

/（清）内阁

（4）个人责任者。

① 个人责任者一般只著录姓名，必要时在姓名后著录职务、职称或其他职责，并加"( )"号。例如：

/陈毅（外交部长）

② 文件所署个人责任者有多种职务时，只著录与形成文件相应的职务。例如：

/毛泽东（中共中央主席）

/毛泽东(国家主席)

/毛泽东(中央军委主席)

③ 清代及其以前的个人责任者应冠以朝代名称,并加"( )"号。例如:

/(清)李鸿章

④ 少数民族个人责任者称谓各民族有差异,著录时,应依照该民族的署名习惯著录。

⑤ 外国责任者,姓名前应著录各历史时期易于识别的国名简称,其后著录统一的中文姓氏译名。必要时著录姓氏原文和名的缩写。国别、姓氏原文和名的缩写均加"( )"号。例如:

(苏)斯大林(CTAJlnh,n.B.)

(美)爱因斯坦(Einstein,A.)

(5) 文件所署责任者为别名、笔名时,均照原文著录,但应将其真实名称附后,并加"( )"号。例如:

/白芳渠(中共中央北方局)

/茅盾(沈雁冰)

(6) 未署责任者的文件,应著录根据其内容、形式特征考证出的责任者,并加"[ ]"号;考证无结果时,以三个"□"代之。

(7) 文件责任者不完整时,应照原文著录,将考证出的完整责任者附后,并加"[ ]"号。例如:

/周[周恩来]

(8) 文件责任者有误,仍照原文著录,但应考证出真实责任者附后,并加"[ ]"号。例如:

/王国央[王国英]

(9) 考证出的责任者根据不足时,在其后加"?",一并著录于"[ ]"号内。例如:

/[张治中?]

4. 附件

(1) 附件是指文件正文后的附加材料,只著录附件题名,在其前面冠以"+"号。

(2) 文件正文后有多个附件时,应逐一著录各附件题名,各附件题名前均冠以"+"号。

如附件题名过长,也可简略,其节略内容用"……"号表示,自拟附件题名加"[ ]"号。

(3) 若附件题名具有独立检索意义时,也可另行著录条目,但应在附注项中加以说明。

(二)稿本与文种项

1. 稿本

稿本是指档案文件的文稿、文本和版本。稿本项依实际情况著录为草稿、定稿、手稿、草图、原图、底图、蓝图、正本、副本、原版、试行本、修订本、影印本、各种文字本等,在其前面加". —"号。

2. 文种

文种是指文件种类的名称。文种项依实际情况著录为命令、决议、指示、通知、报告、批复、函、会议纪要、说明书、协议书、鉴定书、任务书、判决书、国书、照会、诰、敕、奏折等,在其前面加":"号。

(三) 密级与保管期限项

1. 密级

密级是指文件保密程度的等级。

(1) 密级分为六个级别,名称与代码如表 6-1 所示。

表 6-1 文献保密等级代码

名 称	数 字 代 码	汉语拼音代码	汉 字 代 码
公开级	0	GK	公开
国内级	1	GN	国内
内部级	2	NB	内部
秘密级	3	MM	秘密
机密级	4	JM	机密
绝密级	5	UM	绝密

(2) 密级一般按文件形成时所定密级著录,对以升、降、解密的文件,应著录新的密级,公开级、国内级可不著录。密级前加". -"号。

2. 保管期限

保管期限是指根据档案价值确定的档案应该保存的时间,一般分为永久、30 年、10 年(过去分永久、长期、短期)三种。

保管期限一般按文件归档整理或案卷组成时所定保管期限著录,在其前面加":"号,若已更改的,应著录新的保管期限。

(四) 时间项

时间项视不同著录对象,分为文件形成时间、卷内文件起止时间等,在其前面均加". -"号。

(1) 文件形成时间。一般公私文书、信札为发文时间,决议、决定、命令、法令、规程、规范、标准、条例等法规性文件为通过或发布时间,条约、合同、协议为签署时间,技术评审证书、技术鉴定证书、转产证书为通过时间,获奖证书、发明证书、专利证书为颁发时间,科研试验报告、学术论文为发表时间,工程施工图、产品加工图为为设计时间,竣工图为绘制时间,原始试验记录、测定检验数据为记录时间等。

(2) 时间项一律用 8 位阿拉伯数字表示,第 1~4 位数表示年,第 5~6 位数表示月,第 7~8 位数表示日。

(3) 历史档案中的朝代纪年、农历、地支代月、韵目代日,应照原文著录,同时将换算好的公元纪年附后,并加"()"号。

(4) 没有形成时间的文件,应根据其内容、形成特征等考证出形成时间后著录,并加"[ ]"号。

(5) 文件时间不完整或部分时间字迹不清时,仍著录原时间,原时间中缺少或字迹不清部分以"□"补之,再将考证出的时间附后,并加"[ ]"号。

(6) 文件时间记载有误或有疑义时,仍照原文著录,再将考证出的时间附后,并加"[]"号。

(7) 文件形成时间考证不出时,著录为".-□□□□□□□□",也可著录文件上的收文时间、审核时间、印发时间等其他时间,但应在附注项中说明。

(8) 若考证出的时间根据不足时,在其后加"?"号,一并著录于"[ ]"方括号内。

(9) 文件起止日期。以一组文件、一卷、一组案卷为对象著录一个条目时,著录其中最早和最迟形成的文件的时间,其间用".-"点杠号连接。起止时间的表示,无论是本年度或跨年度,著录时均不能省略年度。

(五) 载体类型项

载体类型项著录档案的载体类型标识及档案载体的物质形态特征。

1. 载体类型

档案的载体类型分为甲骨、金石、简牍、纸、唱片、胶片、胶卷、磁带、磁盘、光盘等。以纸张为载体的档案一般不予著录,其他载体类型据实著录,其前加".-"号。

2. 载体形态

1) 数量及单位

数量为阿拉伯数字,单位用档案物质形态的统计单位,如"页"、"卷"、"册"、"张"、"片"、"盒"、"米"等。著录时其前加":"号。

2) 规格

规格指档案载体的尺寸及型号等,著录时其前加":"号。

(六) 附注与提要项

1. 附注项

附注项著录档案中需要解释和补充的事项。附注项的内容依各项目的顺序著录,项目以外需解释和补充的列在其后。

每一条附注均以".-"点杠号分隔。如每一条附注都分段著录时,可省略该标识符。

1) 各著录项目中需要注明的事项

(1) 题名附注:注明同一文件的不同题名或其他称谓。

(2) 责任者附注:注明考证出责任者的依据和责任者项未著录责任者的数目或名称。

(3) 时间附注:注明考证出时间的依据。若著录为非文件形成时间时,应注明为何种时间。

(4) 载体形态附注:注明载体形态的破损、残缺、变质及字迹褪色等情况。
2) 著录项目以外需要注明的事情
(1) 被著录文件有不同稿本者应予注明。
(2) 被著录文件另有其他载体形式者应予注明。
(3) 被著录文件的来源为捐赠、购买、交换、复制、寄存等情况时应予注明。
(4) 被著录文件经考证为赝品者应予注明。
(5) 被著录文件关系密切的相关文件应予注明。
(6) 除上述附注内容外,需要注明的其他事项。

2. 提要项

提要项是对文件和案卷内容的简介,应反映其主要内容、重要数据(包括技术参数等)。

提要在附注之后另起一段空两个汉字位置著录,一般不超过 200 字。提要内容依汉语的语法和标点符号使用法著录。

(七) 排检与编号项

排检与编号项是目录排检和档案馆(室)业务注记项。

1. 分类号

分类号依据《中国档案分类法》和 GB/T15418—1994 的有关规定著录,置于条目左上角第一行。

2. 档案馆代号

档案馆代号依据《编制全国档案馆名称代码实施细则》所赋予的代码著录,置于条目右上角第一行。

档案馆代号在建立目录中心或报道交流时必须著录。

3. 档号

档号是指档案馆(室)在整理和管理档案的过程中,以字符形式赋予档案的一组代号。档案著录于条目左上角第二行,与分类号对齐。

【著录条目实例】

有关著录条目的实例可参见图 6-1～图 6-5。

```
   A121                    [        22        ]
422001
   1-12-15-4
125-49
         中国共产党吉林省委员会工作报告:吴德同志1956年6月29日在中国
         共产党吉林省第一次代表大会上的报告/吴德(中共吉林省第一书记).—正
         本:报告.—秘密:永久.—19560629.—55页:260mm×184mm
         农业工业商业统一战线镇压反革命运动文化教育组织建设吉林
```

图 6-1 著录条目实例一

```
         GE5.75
411010
         2-53-107-8                                                    46-94
     转发国务院批转国家教委关于改革高等学校毕业生分配制度报告通知
的通知：京政发[1989]56号/北京市人民政府＋国务院通知＋国家教委...报
告＋[市计委、市高教局、市人事局实施意见].—副本.—通知.—内部：永久.
—19890702.—8页：260mm×184mm.—教委报告不全，市计委、市高教局、
市人事局实施意见全无
     国家教委报告分析了毕业生分配制度上存在的问题及进行改革的意见。
国务院通知要求各地区各部门制定改革措施。北京市有关单位提出了实施
意见。
     毕业生   分配   高等院校   教育   改革   制度
```

图 6-2　著录条目实例二

```
         TB552[12]＋SA321[12]                                       412403
         2-4-31-12
     天津市污染气象要素的研究＝Research of the Pollution Meteorological Element
in Tianjin/孙奕敏(天津市气象科研所副研究员)；王长有，铁学熙(天津市气象科研
所助理研究员)[等].—正本.—永久.—19821105-19851031.—8卷.—责任者还有边海；
李檬；陈英；刘学军.—19881011获天津市科技进步二等奖
     通过大气边界层中的湍流与气象特征来研究大气污染物质的输送和扩散稀释
规律，为大气污染的预报提供了科学依据。本课题为"六五"期间国家攻关项目
《天津市城市生态系统与污染综合防治研究课题》中所属的大气专题项目。
     大气污染   气象要素   大气边界层   天津
```

图 6-3　著录条目实例三

```
         SA2＋NT612
443401
         6-3-115-4
     长沙茶厂速溶减肥茶车间扩建工程环境影响报告书：D-0330/彭维宁；刘耀煌.
—副本.—长期.—19870800.—49页
     本报告书系针对长沙茶厂经外经部批复同意在原厂址上改建扩建速溶减肥茶车
间而作。其内容包括工程及环境概况、工程环境现状、监测及评价、工程环境影响
评价、工程环保可行性论证意见等。基本结论是：扩建该车间，不仅经济效益和社
会效益好，设计所规定的环保措施实施后，环境效益也是好的，该工程是可行的。
     环境管理   环境监测   环境噪声   工业大气   影响   工业废水   工业建筑   制茶
```

图 6-4　著录条目实例四

```
         GD113223＋GE6.2
411010
         4-7-1993-7
     北京业余外语英语广播讲座教学片：初学班/张冠林，屠蓓，朱欣茂(朗读)；
屠蓓，朱欣茂，吴千之，熊德？(演播)；中国唱片社(出版)[等].—长期.—1977□
□□□.—塑料薄膜唱片：28张：17.5cm.—钱慧娜，施鸿鄂，张正宜(演唱歌曲).
—同内容纸质铅印教材2本.—播放时间201′40″
     通过句型练习和对话，进行口语和笔译训练。共42课，是适用于自学英语者
的听说材料。
     英语   讲座   广播   业余教育   北京
```

图 6-5　著录条目实例五

任务二 档案的标引

档案标引是指对文件或案卷进行主题分析，把自然语言转换成规范化检索语言的过程，即对主题分析的结果给予检索标识的过程。给予文件或案卷以分类号标识的过程称为分类标引；给予文件或案卷以主题词标识的过程称为主题标引。

一、档案的主题标引

为保证档案主题标引的准确性和一致性，提高标引工作的质量和检索效率，国家特制定档案主题标引规则这项国家标准，本标准规定了档案主题分析方法和依据《中国档案主题词表》及各种专业档案主题词表进行档案主题词标引的方法。

（一）主题分析

主题分析是主题标引的基础，通过对档案的内容特征进行分析，准确提炼和选定主题概念。

1. 审读档案

通过审读档案，了解和判断档案所反映的中心内容和其他主题因素。

1）阅读题名

文件和案卷的题名是对档案内容的概括。在题名准确反映档案中心内容的情况下，阅读题名是分析、提炼主题的一条捷径，但题名不能作为提炼主题概念唯一的依据。

2）浏览全文

在档案无题名或题名不能全面、准确地反映档案主题时应浏览全文。浏览全文应注重了解题名未能反映的主题和深层次主题，发掘隐含主题。浏览全文重点是阅读全文的开头、结束语、段落题名，必要时阅读批语、摘要、简介、目次、图表、备考表等内容。

2. 确定主题类型

主题的类型可以分为单主题和多主题两种。单主题包括单元主题和复合主题（即多元主题），多主题则由几个单主题组成。

3. 分析主题结构

任何主题都是由一定的主题因素构成的。构成主题的因素一般可以分解为：主体因素、通用因素、位置因素、时间因素、文种因素。主题因素分为五种：主体因素（即反映文件主题内容的关键性概念）、通用因素（即对主体因素起补充和限定作用的通用概念）、位置因素（即文件所记述对象的空间和地理位置概念）、时间因素（即文件所论述对象存在的时间概念）、文件类型因素（即文件类型和形式方面的概念）。

在档案标引中，主体因素是最重要的，必须标出，其他因素酌情标引。

4. 主题概念的选定

在审读档案题名或全文的基础上，提炼选定出一个或若干个表达档案主题的自然语言主题概念。选定主题概念的原则如下。

(1) 选定的主题概念应是档案中论述的问题。

(2) 选定的主题概念应具有实际检索意义。

(3) 选定的主题概念应能全面、准确地表达档案主题。

(二) 选词标引

选词标引是对档案主题分析出的概念给予主题词标识的过程。

(1) 在主题分析中选出的主题概念,应转化成档案主题词表中的主题词(正式主题词)进行标引,书写形式应与词表中的词形相一致,非正式主题词不能作为标引词使用。

(2) 标引词应选用档案主题词表中与档案主题概念直接相对应的、专指的主题词。

(3) 当词表中没有与档案主题概念直接相对应的专指主题词时,应选用两个或两个以上的主题词进行组配标引。

① 组配应是概念组配。概念组配包括以下两种类型。

一种是交叉组配,即同级词组配,指用两个或两个以上具有概念交叉关系的同级主题词组配表达其相应的下位概念。

例如:《关于组建钢铁联合企业的通知》,用"钢铁企业"和"联合企业"两个具有交叉概念的主题词组配标引,来表达"钢铁联合企业"这一专指概念。

另一种是方面组配,即限定组配,指由一个表示事物的主题词,与另外一个或几个表示事物某种属性或某个方面的主题词组配表达相应的下位概念。

例如:《高考制度改革方案》,用"高考"和"规章"来限定"教育改革",从而表达了"高考制度改革"这一专指概念。

② 组配标引时,优先考虑交叉组配,然后考虑方面组配。

③ 应选用与档案主题概念关系最密切、最临近的主题词进行组配,不能越级组配,即不能用其上位或下位主题词组配。如《高考制度改革方案》标引词中,只能用"教育改革",而不能用其上位词"改革"或其下位词"教学改革"进行组配。

④ 组配结果所表达的概念应清楚、确切,只能表达一个主题概念。

⑤ 为避免多主题虚假组配造成误检,可以加联系符号区分每个问题。其做法是:在主题词后用数字 1.2.3.……表示分组符号,数字相同的主题词是一组相关联的组配概念。数字中的"0",称为共同联号,表示该主题词可以和该档案中标引的任何一个主题词进行组配。

例如:《关于安阳县棉花播种与玉米田间管理的情况报告》标引为"棉花 1"、"播种 1"、"玉米 2"、"田间管理 2"、"安阳县 0"。

⑥ 当某一主题概念在词表中有组代主题词(先组复合词)时,应选用规定的组代主题词,不应另选其他主题词进行组配标引。

(4) 当某一主题概念在词表中查不到专指的主题词,也无法通过组配标引来表达该主题概念时,可以采用靠词标引。靠词标引有以下两种。

① 用上位概念主题词进行靠词标引。依据词族索引选用最直接的上位概念主题词进行标引,不应使用越级上位主题词标引。

② 用近义词进行靠词标引。依据范畴索引选用与主题概念含义最相近的主题词进行标引。

(5) 关键词标引又称增词标引。关键词是主题词表以外的、未经规范化处理的自然语言词。使用关键词标引应严格控制。

① 下述情况可以采用关键词标引:第一,某些概念采用组配其结果出现多义时;第二,某些概念虽可以采用靠词标引,但当这些概念的被标引频率较高时;第三,词表中明显漏选的词,包括词表中未收录的地名、人名、机构名、产品名等专有名称;第四,表达新生事物的词。

② 关键词应尽可能选自其他词表或较权威的参考书、工具书,选用的关键词应达到词形简练、概念明确,实用性强。

③ 使用关键词标引后,应有所记录,并反馈到所用档案主题词表的管理部门。

(6) 一个标引对象,标引用词一般有 2～10 个。

二、档案分类标引

为了正确进行档案分类标引,选用恰当的标识表达档案文献的主题,保证档案分类标引的质量,提高检索效果,实现档案资源共享,国家特制定了档案分类标引规则。本规则适用于各级各类档案馆(室)使用《中国档案分类法》对所藏各种类型的档案进行分类标引。

(一) 分类标引基本规则

(1) 档案分类标引的依据是以国家机构、社会组织从事社会实践活动的职能分工为基础,结合档案记述和反映的事物属性关系,并兼顾档案的其他特征。分类标引时,应对档案文件进行周密的主题分析,把握所论述的对象,准确地给予分类标识。

(2) 档案分类标引应依据《中国档案分类法》及其使用指南。

(3) 档案分类标引时,要正确地理解类目含义和范围,避免脱离类目之间的联系和类目注释的限定片面地理解类目含义。

(4) 档案分类标引应充分考虑实际的检索需求和检索方式,根据档案的具体内容和用途,选定适当的标引深度。凡一份文件或案卷涉及两个或两个以上主题者,除按第一主题或最重要的主题标出确切的分类号外,必要时可对其他主题附加相应的分类号。

(5) 档案分类标引必须按专指性的要求,分入恰当的类目,切不可分入较宽的上位类或较窄的下位类。当分类表中无恰当的类目时,可分入范围较大的类目(上位类)或与档案内容密切相关的类目。

(6) 档案分类标引应保持一致性。各种文本、载体类型的同一主题档案所标引的分类号均应一致。遇有某些难以分类和分类表上无恰当类目可归的档案，无论归入上位类或归入与其密切相关的类目，以及增设类目，都应作出记录，以后遇有类似情况，均按此处理。

(二) 各种主题档案分类标引规则

主题的类型依据档案内容可分为单主题和多主题两种。单主题包括单元主题和复合主题(多元主题)，多主题则由几个单主题组成。

1. 单主题档案的分类标引

(1) 单主题文件或案卷，一般依主题主体因素所属的类目标引，若是从一个方面对主题进行论述，就依这方面所属类目标引；若是从多方面对主题进行论述，一般只依主题所属类作整体标引。

(2) 文件或案卷论述的主题内容互相交叉时应依据《中国档案分类法》关于集中与分散的有关规定进行标引。需要、参考价值大小以及各主题间的逻辑关系，加以综合分析，再确定给予一个或几个分类号。

(3) 文件、案卷论述的几个主题之间是并列关系，参考价值大，除对第一主题按上述文件或案卷论述的主题涉及国家、地区、民族、时代等因素时，若《中国档案分类法》中注明需要复分则应标出复分号，否则可以省略。

2. 多主题档案的标引

(1) 文件、案卷论述的是两个以上的主题，标引时除应充分考虑利用者的检索属性给予分类号外，第二、第三主题也应按其属性给予分类号，以便充分揭示主题，为利用者提供更多的检索途径。

(2) 文件、案卷论述的几个主题之间是从属关系，即上下位关系或整体与部分关系，一般依它们的上位类目作整体标引，若较小主题具有检索价值，也可依小主题的所属类目作互见标引。

(3) 文件、案卷论述的几个主题之间是因果或影响关系，一般依结果或受影响的主题所属类目标引。对于互为因果的、互相影响的主题做全面标引。

(4) 文件、案卷论述的几个主题之间，一个主题应用于多个主题，一般依被应用主题所属类目标引。必要时可以对其他主题附加相应的分类号。

(三) 档案分类标引工作程序

1. 研读分类法

标引人员在标引工作开始时，应系统研读《中国档案分类法》的编制说明、主表、附表，了解该法的编制目的、适用范围、分类原则、体系结构、标识符号、类目注释，辨清上位类、同位类、下位类、理论与应用等关系，深入透彻地掌握其使用方法。

2. 档案主题分析

标引人员应充分考虑立档单位的性质、职能和任务，通过分析题名、浏览正文、参考文件版头和案卷封面，从而了解档案的中心内容和涉及的主要问题，判明其属性特征，以便正确归类。

(1) 分析题名　文件和案卷的题名是责任者或立卷人对档案内容的概括,在题名准确反映档案的中心内容的情况下,分析题名能直观地把握档案的主题。但有些文件、案卷的题名,由于拟写上的缺陷,不能准确地、直接地揭示主题内容,所以不能作为分类标引的唯一依据,还应浏览正文。

(2) 浏览正文　通过分析题名不能确定档案的确切内容和类别时,应浏览文件、案卷的正文。重点阅读文头、文尾、段落题名,了解作者的撰写的目的和意图,从而确定档案内容论述或涉及的主题。

(3) 查阅文件版头和案卷封面　党、政机关行文都有固定的文件版头,标明发文机关的全称或通用简称、发文字号,文尾有发文机关、抄送机关、成文日期、盖印与签署。此外,附加标记有密级、缓急时限、阅读范围等。案卷封面上有机关全称和组织机构名称、案卷题名、年度日期、保管期限、档号及卷内目录、卷末备考表等。它对于了解文件、案卷的主题、起草目的、利用范围、使用价值等,都能提供一定的参考。

3. 判定类别

进行主题分析后,须确定文件、案卷所论述的事物中,哪些主题应予以标引,能为利用者提供检索途径。然后根据主题性质,到《中国档案分类法》中查找其所属的类目。

4. 标引分类号

标引分类号是用《中国档案分类法》中的类号来表达档案主题性质的标引过程,也就是将判定的类别赋予分类标识。给予分类号,应根据文件、案卷内容的属性、主题多寡、起草意图、利用对象、检索需求等特点,采用恰当的方式和方法,准确、一致、适度地标引出来。遇到难以分类的新事物、新主题的档案材料,分类表上无确切类目可归时,各档案馆(室)可增设新类目予以分类标引,同时上报《中国档案分类法》编委会确认。今后若遇到同类主题的文件、案卷亦照此办理,确保一致性。

5. 审校

审校是分类标引的最后一道工序,是确保标引质量的最后关口。审校内容包括检查验证档案的内容是否得到全面的分析,主题概念是否准确、恰当,辨类是否准确,同类档案是否归类一致,标引的类号是否充分、完整、准确,书写是否正确无误。

任务三　编制档案检索工具

一、档案检索及其工作内容

档案检索是指对档案信息进行加工和存储,并根据需要进行查找的工作。它是档案提供利用工作的基础和前提条件,是开发档案信息资源的必要条件。

档案检索包括档案信息存储和查检两方面的工作内容。档案信息存储是将档案中具有检索意义的特征标识出来,加以编排,形成检索工具或档案信息数据库的过程;档案信息查检是指利用档案检索工具或数据库搜取所需档案的过程。这两方面工作内容密切联系、不可分割,存储是查检的基础和前提,查检则是存储的目的。

(一)档案信息存储工作的主要内容

(1)著录标引　即对档案的内容和形式特征进行分析、选择和记录,将反映该件(卷)档案主题的概念借助检索语言转换成规范化的检索标识。对每件(卷)档案著录标引后形成的一条记录称为一个条目。

(2)编制检索工具　即对著录标引后形成的条目加以系统排列,组成各种检索工具或输入计算机,建立机读目录和数据库。

(二)档案信息查检工作的主要内容

(1)确定查找内容　即对利用者的检索要求和范围进行分析,确定利用者所需档案的实质内容,形成概念,有时也可将这些概念借助检索语言转换成规范化的检索标识。在计算机检索中还应按实际需要把这些检索标识之间的逻辑关系表达出来,形成检索表达式。

(2)具体查找　即档案人员采用各种手段把表示利用者需求的检索标识与检索工具中的检索标识进行对照比较,将符合利用者要求的条目查找出来。

二、档案检索工具

(一)档案检索工具及其作用

档案检索工具是用以揭示档案馆(室)档案的内容和成分,报道和查找档案材料的工具。它是进行档案科学管理和资源开发利用的重要手段。

档案检索工具的基本职能表现在存储和查找两个方面。存储是对文件或案卷的内容和形式特征进行著录和标引,按照一定的格式组织成条目,以一定的顺序加以排列或进行客观的描述,以二次文献或三次文献的形式将档案信息集中起来。查找是指能提供一定的查寻手段,在存储好的档案信息集合中找出利用者需要的档案材料。

档案检索工具的具体作用表现在以下几个方面。

(1)档案检索工具是揭示档案馆(室)藏和利用档案的重要手段。档案检索工具对已入馆(室)档案的信息进行加工和形态上的转换,便于人们从数量庞大的档案中,及时、准确地提取和输出所需要的档案信息。

(2)档案检索工具是开展档案业务工作必不可少的工具。档案检索工具记录了档案重要的内容和形式特征,档案人员可以通过它概要了解馆(室)藏档案的内容、形式、数量等情况,为档案业务工作提供了一定的依据。

(3)档案检索工具是报道馆藏和馆际交流的重要工具。档案检索工具存储了大量档案信息,它不仅可以提供查询,同时也可以成为档案馆(室)与利用者,档案馆(室)与档案馆(室)之间的交流工具。利用者和其他档案管理部门借助于它即可概要了解馆藏档案的内容、价值等信息。

(二) 档案检索工具的种类

档案馆(室)为了适应利用者对档案的多种类、多角度的需求,常常需要编制多种类型的检索工具。从不同的角度,用不同的标准,可以对档案检索工具进行不同的种类划分。

1. 从编制方法上划分

(1) 目录 目录是将档案的著录条目按照一定次序编排的一种揭示、识别和检索档案材料的工具。

(2) 索引 索引是将档案中的某一内部或外部特征及其出处按一定次序编排而成的检索工具。

(3) 指南 指南是以文章叙述的体例,综合介绍档案情况的一种书面材料或工具书。如档案馆指南、档案室指南、全宗指南等。

2. 从作用上划分

(1) 查找性检索工具 查找性检索工具是为了解决从不同角度检索档案而编制的,从档案的某一内容或形式特征提供检索途径的检索工具。它是对外服务和馆(室)内查找档案的重要手段。如全宗文件目录、分类目录、专题目录、主题目录、人名目录等。

(2) 报道性检索工具 报道性检索工具又称介绍性检索工具,是为了报道和介绍馆藏档案内容及有关情况,开展馆际交流而编制的检索工具。如档案馆指南、档案室指南、全宗指南等。

(3) 馆藏性检索工具 馆藏性检索工具是档案馆(室)收藏档案的总清册,是反映档案分类整理和排架顺序的检索工具。

3. 从载体形式上划分

(1) 卡片式检索工具 卡片式检索工具是将一个条目著录于一张卡片,将卡片按一定顺序排列而成的检索工具。其优点是具有较大的灵活性,便于增减条目和调整条目之间的顺序;一种卡片目录放在若干地方,可供多人同时查阅。其主要缺点是体大量多,不便管理、传递和交流;查阅时需逐片翻阅,费时较多。

(2) 书本式检索工具 书本式检索工具是将著录条目逐条登录并装订成册的检索工具。其优点是体积较小,便于管理,编排紧凑,便于阅读,可印刷出版,便于传递、携带和交流。缺点是因其装订成册,体系固定,缺乏灵活性,不便于增减条目和调整条目之间的顺序。

(3) 活页式检索工具 活页式检索工具是介于卡片式和书本式检索工具之间的一种检索工具。每一页记录若干份同类文件或案卷的特征,一页著录不完接下页,再将著录好的活页按序装入书夹。其优点是比较灵活,能随意增减,随时撤换。

(4) 缩微式检索工具 缩微式检索工具是以缩微摄影方式制作的以胶片为载体的检索工具,手工检索时使用缩微阅读器放大阅读,也可用于计算机检索。其主要优点是密集存储、节约空间;体积小,便于交流,便于复制。缩微式检索工具是在书本式或卡片式检索工具的基础上形成的,而且需要具备一定的拍摄和阅读条件才能制作和使用。

(5) 机读式检索工具　机读式检索工具是以磁性材料为载体的供计算机识别的检索工具。它将档案的内容和形式特征以特定的编码形式和特定的结构记录存储在计算机的磁鼓、磁盘、磁带上,使用时可以用荧光屏显示,也可以打印出文字目录。机读式检索工具的主要优点是存储密度高,检索扫描速度快,可进行多途径检索。但是前期处理和输入工作量大,检索费用较高。

(三) 理想的档案检索工具

理想的档案检索工具必须以档案信息存储丰富、检索及时准确、方便实用和标准规范为标准。

1. 档案检索工具信息存储要丰富

信息存储丰富是指存储的档案内容要全,项目著录要详细,标引要有深度。在编制检索工具时,凡是本馆(室)有用的档案信息都要存储进去,以满足利用者对档案信息的多种需求,更好地发挥档案的作用。著录项目应尽可能完备,不仅著录作者、时间、文本、保管期限等易见的外形特征,还要具体描述档案的主题内容,为利用者提供丰富的信息。标引要有一定的深度,对每份文件或案卷的主题内容,应该用几个或更多的主题词和分类号来标识,以增加从不同角度获取档案信息的途径。

2. 检索要准确及时

档案检索的质量和效率主要体现在检索的准确性和时效性两个方面。准确,是要求通过检索工具和手段为利用者提供所需要的档案,既要查全,又要查准,把漏检和误检率降至最低程度。这就要求编制检索工具时,对文件或案卷内容和形式特征的著录和标引无差错,检索途径充分,排列系统科学。及时,是指在一定时限内迅速提供档案为利用者服务。这就要求检索工具必须种类适当、组织合理、排列有序,使档案人员面对堆积如山的档案,能够及时、迅速地查找到利用者所需的全部档案。

3. 检索要方便实用

使用方便、实用性强是检验档案检索工具质量高低的标准之一。档案检索工具的使用具有高频率和广泛性的特点,这就要求其项目设置要实用,文字要简洁,排检方法要科学,易于掌握,便于利用。

4. 档案检索工具要实现标准化、规范化

检索工具的标准化、规范化是指在编制检索工具时,对其规格、著录方法、标引方法、编写体例等方面的统一规定。如果各馆(室)编制档案检索工具时各行其是,规格式样不统一,著录标引方法不科学、不规范,不仅造成人力和物力的浪费,而且给档案的科学管理和开发利用、馆际交流,以及实现手工检索向计算机检索过渡等,都会带来极大的困难和障碍。因此,编制检索工具应严格遵守各种相关的国家标准,努力实现其标准化、规范化的要求。

三、档案检索工具体系

档案检索工具体系,是指从不同角度揭示档案馆(室)藏,为满足利用者多方面、多层次的需要而建立起来的各种检索工具所组成的体系。该体系由若干检索工具组成,它们互相联系、相互补充,从而构成一个具有一定功效的、有机的整体系统。

档案馆(室)应以馆(室)的类型、规模、任务、库藏档案的特点、利用对象和利用需求为依据,以人力、物力、财力为条件,建立适合本馆(室)情况的实用的档案检索工具体系。一个多种形式、多种层次、相互间既有明确分工又紧密联系的档案检索工具体系,应符合以下几点要求。

(1) 必须由两种以上的不同的检索工具组成。

一般来说,一种检索工具只能具有一种功能,提供一种检索途径,满足一种类型的检索要求,而利用者的利用需求常常是多角度、多类型的,因此,不同的档案馆(室)应根据自身状况编制几种不同种类的检索工具。一般来说,至少编两种,而仅靠案卷目录"一本账",不可能达到较高的检索水平。

(2) 各种检索工具之间既有明确分工,又相互补充。

一个合理、实用的档案检索工具体系,不仅有数量上的要求,而且也应有质量上的要求。档案检索工具种类多样化的本质,在于其功能的齐全,即每一种检索工具都有其独特的功能,相互之间有明确的分工。同时,各种档案检索工具在功能上还应相互配合、互相补充,从而使档案检索工具体系真正成为一个完整的有机整体。

(3) 档案检索工具建设应考虑档案馆(室)自身特点和利用需求的状况。

档案馆(室)的检索工具,必须符合大多数利用者的利用角度和需求习惯。机关档案室的利用特点与档案馆不尽相同,每一个机关档案室和档案馆利用服务的对象和查阅的要求还可能具有各自的特点,因此,各个档案馆(室)均应根据实际情况确定本馆(室)检索工具的种类和每一种检索工具的检索深度。

四、常用档案检索工具的编制

(一) 案卷目录的编制

案卷目录是以案卷为单位,按照档案整理顺序组织起来的档案检索工具,它是档案馆(室)最基本的、使用最为频繁的一种检索工具。它既是馆藏性的检索工具,又是查检性的检索工具。

一个全宗内的全部档案,经过分类、立卷、系统排列后,应将案卷逐个登记下来,形成案卷目录。案卷目录即案卷的名册,是著录案卷内容和形式特征并按一定次序编排的表册。

案卷目录具有以下作用:第一,固定和反映档案的整理和排架顺序;第二,可作为保管档案和统计案卷数量的主要依据;第三,它是按照立档单位整理体系查寻档案的基本检索工具。

案卷目录的组织方法通常和本机关的档案分类体系相一致。如采用年度—组织机构分类法的机关,可按照保管期限—年度—组织机构的体系编制案卷目录,即首先将不同保管期限分开,在每一种保管期限中按年度集中案卷条目,每个年度中的案卷条目按组织机构顺序排列。采用组织机构—年度分类法的机关,则可按照保管期限—组织机构—年度的体系编制案卷目录。编制案卷目录,应以全宗为单位进行。

案卷目录的结构主要包括以下几个组成部分。

(1) 封面和扉页 其项目包括:档案馆(室)名称、全宗号及案卷号、全宗名称及类别名称和目录中档案的起止日期。

(2) 目次 目次即案卷所属类目的索引。根据全宗内案卷的分类排列情况,分别写明案卷分类类目的名称及所在页码,也可包括案卷的起止号。

(3) 序言或说明 序言中应说明使用案卷目录和利用档案时需要了解的有关情况。如目录的结构、编制方法、立档单位、全宗简史、全宗内档案的完整程度等。

(4) 简称表 简称表就是将案卷目录中使用的名词简称与其全称列为对照表,以便利用和查对。简称表可独立编写,也可纳入序言之中。

(5) 案卷目录表 这是案卷目录的主体部分,其格式如表 6-2 所示。

表 6-2 案卷目录的格式

案卷号		题 名	年 度	页 数	期 限	备 注
档案室编	档案馆编					

- 题名:应和案卷封面上的题名一致,不应在抄写案卷目录时随意更改。
- 年度:即卷内文件的起止日期。
- 页数:即卷内文件实有的页数。
- 期限:是指案卷封面注明的保管期限。
- 备注:即补充说明,用以对案卷的某些特殊情况以及案卷变化情况的说明。

(6) 备考表 备考表附在案卷目录之后,总结性地记载案卷目录的基本情况,包括目录所登记的案卷数量和案卷长度(m),案卷目录的页数,编制日期及其他必要的说明,编制者签名或盖章。

案卷目录上述组成部分填写完毕后,应该加上封皮和封底,并装订成册。案卷目录应一式三份,其中一份供日常使用,一份保存,一份随档案移交。

(二) 分类目录

分类目录是按照体系分类法的基本原理,将档案主题按《中国档案分类法》的逻辑体系组织起来的检索工具。它的主要特点是系统性和集中性强,把内容性质相同的档案信息内容组织到一起,便于族性检索,使利用者获得有关某类专题的全部材料。

分类目录一般采用卡片式,其编制方法大体如下。

(1) 填制卡片　制卡时应根据《档案著录规则》的有关规定和档案标引的有关要求进行。一般是一文一卡或一卷一卡。由于分类目录是以分类号为排检项,制卡时要特别注意分类标引的准确性,当一件(卷)档案需要标引多个分类号时,应该对该档案分别填写多张卡片。

(2) 排列　卡片排列时应按分类号的顺序逐级集中卡片。具体排法是,先按字母顺序排,同一字母的卡片集中排放在一起,然后再逐级按阿拉伯数字的大小排列,类目顺序应与分类表相一致。在同一类目内卡片的排列顺序有多种方法,如按年度、按时间、按责任者等进行排序,但在一个档案馆(室)应保持一致。需要向档案馆移交档案的机关最好能与档案馆分类目录的排列顺序相一致。

当一件(卷)档案标引一个分类号时,只要按其分类号排在相应的位置即可。当一件(卷)档案标引两个以上分类号,或采用分类号组配形式标引档案时,需要将每一个分类号轮排到前边一次,并排入居于首位的分类号相应的类目之中,也就是说一件(卷)档案标引了几个分类号,就需要填制几张卡片,该件(卷)档案在分类目录中就占有几个位置,这样从该件(卷)档案的每一个主题入手均可查到该件(卷)档案。

(3) 安放导卡　分类卡片排列完毕之后,需要在类与类之间安放导卡,便于检索者迅速准确地查到所需档案卡片。

(三) 案卷文件目录

案卷文件目录也称"全引目录"或"卷内文件目录汇编"。它是将全宗或全宗内的某一部分案卷目录和卷内文件目录合二为一、汇编而成的一种检索工具。案卷文件目录的格式大体有两种:一种是将一定数量(如一个年度、一个组织机构)的案卷目录放在前面,后面依案卷条目顺序依次附上卷内文件目录;另一种是以案卷为单位,在每个案卷条目下附上该卷的卷内文件目录。

(四) 专题目录

专题目录是以卡片形式系统揭示档案馆(室)某一专门题目的档案内容和成分的一种检索工具。它按照一定题目,把同一主题内容的二次文献组合在一起编制而成,符合按专题利用档案的规律和特点。

专题目录的编制方法如下。

(1) 选题　选题是专题目录编制的重要环节,选题的正确与否直接关系到专题目录的利用价值。选题既要考虑到党和国家各项工作的需要,又要考虑馆(室)藏基础。

(2) 制订计划　计划内容包括:题目名称,题目所包含的问题,分类方案,题目所包括的年限和涉及的地区,查找档案所涉及的全宗和全宗的哪些部分,选择材料的标准,工作步骤,人员分工,完成时间等。

(3) 选材　选材时量材尺度要统一,应挑选出最能反映专题本质、有科学意义和实际价值的档案材料。

(4) 填制卡片　填卡一般与选材结合进行。制卡的著录单位可一文一卡,相同内容的文件亦可一卡多文,多主题的文件可一文多卡,内容单一的案卷也可一卷一卡。卡片的项目一般包括专题名称、类、项、目、责任者、时间、档号、文件内容与成分简介。

(5) 卡片的分类和排列　分类一般是以文件的内容来划分。排列方法比较常见的有两种:一种是按类—项—目—年度—重要程度排列;另一种是按类—项—目—问题—时间的顺序排列。

(五) 人名索引

人名索引是揭示档案中所涉及的人物并指明其出处的检索工具。人名索引一般由人名和档号两部分组成。利用者借助人名索引,可以查到记载某一人物的材料。

人名索引从体例上可分为综合性人名索引和专题性人名索引两种。综合性人名索引是将档案中所涉及的人名都编成索引;专题性人名索引是根据所列专题范围(如任免、奖惩等),对涉及该专题的人名编制索引。

人名索引一般按姓氏笔画、汉语拼音字母顺序或四角号码等方法排列。

(六) 全宗指南

1. 全宗指南的概念与作用

全宗指南又称全宗介绍,它是以本机关全宗为对象范围,以叙述的形式对立档单位及其档案的内容和成分等情况进行报道的材料。

编写全宗指南可以为利用者检索档案提供基本线索,为实际利用全宗中的具体案卷、文件提供基本背景材料。在具体利用全宗内的某些具体案卷、文件时,如果利用者对全宗总体情况毫无所知,则往往难以理解其意义、判断其价值,难以搞清案卷之间、文件之间的关系。有了全宗指南,使利用者掌握了具体利用某些档案时应该具备的基本背景知识,从而有助于提高利用档案的效果。

2. 全宗指南的结构

(1) 立档单位历史沿革简介　立档单位历史沿革简介一般由立档单位的名称(全称、简称)、性质、成立时间、地点及相关历史背景;立档单位的隶属关系、职能、任务及职权范围、所辖区域、内部机构设置及其演变情况(增设、撤减、分设、合并、更名等)、主要活动情况、经历的重大事件、执行的特殊任务;主要官员姓名及其变化情况等部分组成。如果立档单位已被撤销或合并到其他单位,应说明撤销或合并的时间及原因以及继承或代行职能机关的名称。

(2) 全宗历史概况　全宗历史概况一般由档案的来源;数量(案卷数、排架长度);整理、分类原则;完整程度;鉴定、移交、销毁情况;起止日期;保管完好程度,是否原件;进馆(室)时间、方式;进馆(室)前的保管与整理情况;进馆(室)后的保管与整理情况;档案被利用情况;档案编目情况;检索工具情况及其他需要说明的问题等部分组成。

（3）全宗内档案内容和成分介绍　全宗内档案内容和成分介绍的结构一般与该全宗档案的实际分类体系相对应。由于分类体系有多种形式，全宗内档案内容和成分介绍的结构也可有多种形式。如或按机构，或按职能，或按专题，或按年代，或按名称等进行类分，如有必要类下再设项，再按类项分别对全宗内相关档案的内容和成分进行介绍。现代的综合档案室在编写全宗介绍时，往往先将全宗档案按文书档案、科技档案、专门档案分为三大部分，每部分再设类项进行介绍。全宗内档案成分的介绍一般与档案内容的介绍同步进行，即在介绍某类项档案的内容之前或之后，对这部分档案的成分予以介绍。成分介绍一般涉及档案的来源、文件的作者、档案的形式（文件名称，使用非汉字文字和非纸质载体档案的情况）及形成时间等。对档案内容的介绍，一般应首先考虑按全宗内档案的实际分类体系形成总的框架，再结合问题、重要程度、形式等进行介绍，介绍深度依据档案的重要程度和数量状况灵活掌握。在对档案的内容和成分进行介绍时，根据需要还可对档案的可靠程度和利用价值做简要评述。在逐类项进行介绍之前，若有可能，最好能对整个全宗档案的内容和成分做概括的总述。

（七）档案室指南

档案室指南是全面、系统介绍机关档案室及其收藏档案情况的工具书，又称档案室介绍。

档案室指南一般包括以下两部分内容。

1. 档案室概况

档案室概况包括档案室成立时间、隶属关系、设备状况、人员条件、服务范围、利用手续、规章制度等。

2. 室藏档案情况介绍

室藏档案情况一般以类为单位逐一介绍，如档案数量、内容与成分、完整程度、利用价值等。

（八）档案馆指南

档案馆指南是以文章叙述形式概要介绍档案馆及其馆藏档案情况的工具书，又称档案馆介绍。

档案馆指南的内容及结构主要包括：说明或序言、档案馆概况、馆藏档案概况、馆藏档案介绍、馆藏资料介绍、索引和目录等。

1. 说明或序言

说明或序言一般置于正文之前。它应说明编写指南的目的和意义、体系结构、材料排列顺序、使用方法及编著的简要过程。还应概要指明馆藏档案资料的利用价值，以引起利用者的重视。

2. 档案馆概况

档案馆概况包括档案馆的历史沿革、隶属关系、性质与职能、内部机构设置、历任馆长姓名、馆内布局、开放时间、利用手续、规章制度、服务设施等。

3. 馆藏档案概况

馆藏档案概况需要介绍如馆藏的特点、种类、数量、时间、来源、档案的整理和鉴定、保管、统计、检索、提供利用等情况。

4. 馆藏档案介绍

这是档案馆指南的主体和核心部分。一般是以全宗为单位进行介绍,如全宗名称、全宗号、档案数量、起止时间、档案内容和成分简介等。其中,全宗内档案内容和成分简介既要简明扼要,又要能客观地揭示档案的内容和成分。

5. 馆藏资料概况

馆藏资料概况介绍资料的来源、种类、数量、名称、内容、分类整理方法等。

6. 索引和附录

索引和附录包括以下几个方面的内容。

(1) 关于利用档案的有关规章制度,如查阅档案、资料的办法,开放档案的办法等。

(2) 指南中有关的机构名称、人名和地名的索引或简称表等。

(3) 其他图表、照片等必要的辅助材料。

五、档案计算机检索

目前,档案检索正逐步从传统的手工检索向计算机检索过渡,计算机检索代表了档案检索的发展趋势。

(一) 计算机检索结构的设计要求

对计算机检索结构的设计要求主要是对软件系统的设计要求。软件系统应具有以下特点。

1. **先进性**

先进性即设计出的软件系统有较先进的技术含量,保证系统不被轻易淘汰。

2. **标准性**

标准性是指应根据一定的统一标准设计有关系统。这样,在检索时就可尽量减少人为原因而引起的误差。如在设计企业档案软件时,可根据《档案著录规则》的相关规则来设计,这样各种档案都能以相同的著录标准进行著录,这样做不仅能方便用户检索,而且也可促进信息间的交流。

3. **完备性**

完备性是指检索系统应具有完善的多种功能。例如,检索系统应提供多种检索途径,如主题词、责任者、分类号等;还应能根据用户的需求,提供多种显示和输出方式。

4. **简易性**

软件应易学易用,最大限度地减少用户的人工干预和简化管理人员及用户的操作程序,从而节约人力物力,提高检索效率。

(二）计算机检索的过程

计算机检索与手工检索的原理是一样的，也是由存储和查检两部分组成，在计算机检索中通常称为输入和输出。在输入阶段，要把反映档案的内容和形式特征的著录项目录入计算机，存入数据库并根据检索需要建立相应的倒排文档。在输出阶段，要根据利用者的提问编制恰当的检索策略，形成检索表达式，并将其输入计算机，在数据库中查找后将结果输出。

计算机检索的具体过程大致分以下几个步骤。

1. 分析检索的主题，明确检索目的和要求

分析检索的主题，明确检索目的和要求即要确切了解所要查询的目的和要求，确定需要的信息类型（全文、摘要、名录等，文本、图像、声音）、查询方式（浏览、分类检索、关键词检索）、查询范围（所有网页、标题、新闻组文章、FTP、软件、中文、外文）、查询时间（所有年份、最近几年、最近几周、最近几天、当天）等。不同目的的检索应使用不同的查询策略，不同的查询策略会产生不同的检索结果。尽可能多地了解检索目标，不仅能帮助用户确定所需要的信息类型、查询方式、查询范围、查询时间及采用何种限制条件，而且能更好地理解查询结果，并准确地捕捉到它。

2. 选择合适的检索工具

检索工具选择得当与否，直接影响到信息检索的效率和质量。根据课题分析所确定的范围，选择自己熟悉、没有语言障碍、收录全面、报道及时和附录索引完整的检索工具。

3. 对信息需求进行概念分析

为了准确表达用户所需信息的主题，需要确定其概念和检索标识，选择能代表各概念层面的检索项，从而把主题概念转换成适合系统的检索标识，完成用户信息需求由概念表达到计算机系统所能进行的检索标识表达的转换。

4. 制定检索表达式

检索表达式是检索策略的具体体现，是用来表达用户信息需求的逻辑表达式，由检索词和各种算符组配形成。具体操作步骤包括提取检索词、组配检索词、调整检索式。

1）提取检索词

检索词是构成检索策略的基本元素，同时也是进行逻辑组配和编写提问检索式的最小单位，它可以是反映文献内容特征的主题词、自由词等，也可以是仅反映文献信息外表特征的篇名、著者等。检索时，应根据课题或所需信息的主题名称及描述语句，经过切分、删除、替换、增加等步骤来提取检索词。

一是切分。切分就是以词为单位进行划分，其结果是句子或词组。切分需要彻底，做到"到词为止"，但又必须是表达一件事物的完整名称，例如："雨伞"可切分为"雨｜伞"，"计算机管理系统"可切分为"计算机｜管理系统"，不能切分成"计算｜机｜管理｜系统"。切分后，所要检索的课题就转换成词的集合，但必用的核心词往往

很少,多数的是限定词。

二是删除。第一,要删除没有检索意义的词,如虚词,包括介词、连词、助词、副词等;第二,删除过分宽泛和过分具体的限定词;第三,删除存在蕴涵关系的可合并的词,所谓蕴涵关系的合并词,是指在一个词里内在地含有另外一个词的含义。

三是替换。如果遇到用户在检索要求中使用的词不清楚或含义模糊时,可以使用概念替换法,引入更加明确具体的词替代原有的词。替换的方法可以使用同义词或把相关的词增加到原来的概念组中,同时保留原有词;也可以使用相应的分类号替代关键词。

四是补充。对于一些由词组缩略而成的名词,可以采取与缩略相反的操作补充还原;对一些没有限定的词,如线路,既可以是电子线路,又可以是交通线路,应采用逻辑组配方法限定所需要或不需要的东西。

2) 组配检索词

为了准确地表达检索意图,可利用系统提供的各种检索算符,把检索词进行组配,以提高检准率。不同的数据库检索系统提供的检索算符不一样,检索前,需要熟悉系统的检索算符。

3) 调整检索式

计算机检索交互性较强,有时候检索的结果不一定理想,检索结果太多或太少的情况都有可能出现。可以通过调整检索式达到最佳的效果。当获得的检索结果太少时,需要扩大检索范围。调整检索的方法可采取:选全同义词、关键词或用分类号检索;调整位置算符,去掉太专指的概念组面,取消某些过严的限制符等。当获得的检索结果太多时,需要缩小检索范围。调整检索的方法可采取:提高检索提问式的专指度,采用下位词或专指性较强的词;调整位置算符,由松变严,增加概念组面,进行AND运算,采用字段限制符,将检索词限定在一定的字段中。

5. 输入检索词,进行查找,检出相关资料

检索词的输入方法有:直接输入、索引中取词、复制输入、利用保存式输入。

(1) 直接输入　直接输入是计算机检索最常用的方法,一般是在检索框中逐词输入。在联机检索中,如果检索式较复杂,应预先处理好检索式,以免在联机检索中增加费用。

(2) 索引取词　大多数计算机检索系统提供从索引中选词的功能。当不能准确判断检索用词或检索词拼写不清楚时,可从索引中取词,索引中取词更加准确。

(3) 复制输入　利用计算机系统提供的复制输入功能,将已有的检索式中的某些检索词或从检索记录中复制的所需要的检索词,粘贴到检索输入框中。

(4) 利用保存式输入　利用计算机系统提供的保存检索式功能,把已保存的检索式调入检索输入框中,也可对检索式进行修改。

6. 分析检索结果

检索结果若不符合要求,则对检索式进行修改,并重复第"5"步,直到满意为止。

项目二　档案的编研

【学习目标】

了解档案编研的概念；了解全宗指南的概念和作用；了解全宗指南的编制原则；掌握全宗指南的结构。

【任务描述】

吴芳已经在学意公司工作三年了，她一直负责档案管理工作。在工作中，她发现认真进行档案的编研，可以大大提高档案的利用效率和效果。因此，她每年都和同事认真地编制各种档案参考资料。这几天，吴芳收集了大量的资料，开始编写公司上一年的全宗指南。

【任务分析】

档案参考资料是根据档案内容加工编写的一种书面材料。它所提供给利用者的不是档案原件或复制件，而是对档案内容经过研究、综合而加工编写成的作品。编写全宗指南是档案间接利用工作的重点。因此，秘书一定要做好这项工作。

任务一　编写全宗指南

档案信息具有原始性和分布相对分散性，比如，反映某个问题或情况的档案可能保存在不同的文件、案卷甚至全宗当中，有时利用者要了解某一方面的情况就需要查阅大量档案。档案编研工作就是将关于某个专门问题的档案信息收集起来，然后经过选择、加工和编辑，使其成为系统说明情况的材料，集中提供给利用者使用。

编写档案参考资料是档案间接利用工作的重点。常用参考资料可以分为两种：一种是档案文献报道型资料，它包括全宗指南、专题指南、档案文摘等；另一种是档案文献撰述型资料，包括大事记、组织沿革等。

一、全宗指南的概念与作用

全宗指南又称全宗介绍，它是以本组织全宗为对象范围，以叙述的形式对立档单位及其档案的内容和成分等情况进行报道的材料，是向利用者介绍和报道全宗构成者（立档单位）及其所形成档案情况的工具书。

编写全宗指南可以为利用者检索档案提供基本线索，为实际利用全宗中的具体案卷、文件提供基本背景材料。在具体利用全宗内的某些具体案卷、文件时，如果利用者对全宗总体情况毫无所知，则往往难以理解其意义、判断其价值，难以搞清案卷之间、文件之间的关系。有了全宗指南，使利用者掌握了具体利用某些档案时应该具备的基本背景知识，从而有助于提高利用档案的效率。

二、全宗指南的编制原则

全宗指南的编制原则是客观、准确、真实,语言简练,文字表达清楚。

三、全宗指南的结构

全宗指南由封页、正文、备注三部分组成。正文部分由全宗构成者沿革、全宗内档案情况简介、全宗内档案内容与成分介绍三部分组成。

1. 封页

封页项目包括全宗指南名称、时间和全宗号。全宗指南名称由全宗构成者的名称(全称或通过简称)及全宗指南构成。例如:北京市计划委员会全宗指南。全宗内档案文件的起止年代,一般采用公元纪年表示。全宗号是指本全宗指南所对应的全宗的编号。

【小贴士】

单独成册的全宗指南应有封面,封面内容包括全宗指南名称、全宗档案起止时间、全宗号、编制者、编制时间等。

2. 正文

1) 全宗构成者沿革简介

全宗构成者沿革简介由构成者名称、时间、主要职能、隶属关系、全宗构成者主要负责人名录、内部机构设置及其各历史阶段演变情况等内容组成。

全宗构成者的名称按全称书写,通用简称书写在全称后面的圆括号内。全宗构成者所有曾用名称按时间顺序书写在全宗构成者的沿革中。

全宗构成者沿革应结合时间撰写,和下列内容有关的时间应反映在全宗构成者沿革中。

(1) 全宗构成者成立、合并、改组、更名和撤销时间。

(2) 全宗构成者内部机构的设置及重要部门的调整、增设、合并、更名、撤销时间。

(3) 全宗构成者上级主管机关变更时间。

(4) 其他所有反映全宗构成者的重要活动时间。

主要职能包括全宗构成者的性质特征、职权范围和主要工作与任务。

隶属关系主要指全宗构成者和其上级主管机关的组织关系和业务关系;全宗构成者和其重要的直属下级机关的组织关系和业务关系。全宗构成者上级主管机关如有变更,也应反映在全宗构成者沿革中。

全宗构成者负责人名录主要包括全宗构成者正副职负责人姓名、职务、任期时间。

全宗构成者内部机构的设置及其各历史阶段演变情况主要包括全宗构成者内部一级机构的名称;全宗构成者内部一级机构正职负责人的姓名、职务、任期时间;全宗构成者内部一级机构的主要职能;全宗构成者内部机构中重要部门的增设、调整、放大、合并、撤销情况及内部一级机构在各历史阶段的变化情况。

此外,还有涉及全宗构成者的重大事件和对全宗构成者产生了重要影响的活动,以及全宗构成者改组和撤销的原因也应在这一部分介绍出来。

如果是个人全宗,应主要介绍其姓名、别名、生卒年月日、籍贯、职务、职称、主要业绩、荣誉称号及简历。

2) 全宗内档案情况简介

全宗内档案情况简介主要包括档案的数量及保管期限、档案的完整程度、档案的利用价值及鉴定情况、检索工具的配置情况和档案的整理情况。

3) 全宗内档案内容与成分介绍

全宗内档案内容与成分介绍应以文章叙述的形式,按全宗内档案的实际分类体系结合问题介绍。由于分类体系有多种形式,全宗内档案内容和成分介绍的结构也可有多种形式。如按机构,或按职能,或按专题,或按年代,或按名称等进行分类,如果有必要,类下再设项,再按类项分别对全宗内相关档案的内容和成分进行介绍。现代的综合档案室在编写全宗介绍时,往往先将全宗档案按文书档案、科技档案、专门档案分为三大部分,每部分再设类项进行介绍。全宗内档案成分的介绍一般与档案内容的介绍同步进行,即在介绍某类项档案的内容之前或之后,对这部分档案的成分予以介绍。成分介绍一般涉及档案的来源、文件的作者、档案的形式(文件名称,使用非汉字文字和非纸质载体档案的情况)及形成时间等。对档案内容的介绍,一般应首先考虑按全宗内档案的实际分类体系形成总的框架,再结合问题、重要程度、形式等进行介绍,介绍深度依据档案的重要程度和数量状况灵活掌握。在对档案的内容和成分进行介绍时,根据需要还可对档案的可靠程度和利用价值做简要评述。在逐类项进行介绍之前,若有可能,最好能对整个全宗档案的内容和成分做概括的总述。

3. 备注

备注部分主要介绍本全宗指南的编制情况,有关全宗内档案的补充说明,全宗指南中需加解释的名词、事件及问题,以及全宗内档案增加、调整、遗失、销毁等说明和其他有关问题的说明。

任务二 编写大事记

大事记是按照时间顺序,简明地记载和反映一定历史时期、一定范围内发生的各种重大事件和重要活动的参考资料。大事记能够系统扼要地记录重要事件的历史过程,客观地揭示其中各种因素及其相互关系,从而为人们查考事实、研究事物发展规律提供可靠的资料。

大事记的用途主要有三个方面:其一,帮助组织的领导和工作人员了解本组织、本系统、本地区的发展历史和主要情况,以便于掌握一些重要问题的来龙去脉,有效地开展工作,并研究和把握工作规律;其二,为历史研究人员和史志编修人员提供系统的相关资料;其三,它是对人们进行传统教育的素材。

一、大事记的种类

根据所记载的对象和内容,大事记大致可分为以下几种。

1. 机关大事记

机关大事记记载一个机关在一定时期内的重要活动,如《中国人民政治协商会议北京市委员会大事记》、《郑州纺织厂大事记》等。

2. 国家或地区大事记

国家或地区大事记记载全国或一个地区在一定时期内的重大事件,如《中华人民共和国大事记》、《广州珠海区改革开放 20 年大事记》等。

3. 专题大事记

专题大事记记载国家、某一地区、某一组织在一定时期内在某一方面的重大事件,如《香港回归大事记》、《四川水利大事记》等。

4. 个人生平大事记

个人生平大事记记载著名人物的生平及重要活动,也称为"年谱",如《毛泽东生平大事简表》、《周恩来年谱(1898—1949)》等。

大事记的名称比较灵活,除了称"大事记"外,还有的称"大事年表"、"大事记述"、"大事编年"、"大事纪要"、"大事辑要"等。大事记可以作为一种独立的参考资料,也常作为年鉴、专业辞书、史料汇编或专著的附录,置于正文之后。

二、大事记的体例和结构

(一) 大事记的体例

大事记一般采用编年体,以年月为经,以事实为纬,将大事条目按照时间顺序排列,以反映同时期大事之间的联系。大事记的编排方式有如下两种。

(1) 编年体编排方式　这是完全按照时间顺序记述大事。有的大事记采用先分历史时期,再于每个时期中按年、月、日的顺序排列大事的方法;有的大事记则采用直接按照大事发生的年、月、日进行排列的方法。例如:

香港回归大事记(2006 年)

1月6日,香港警察学院成立,香港特区政府警务处处长李明逵为香港警察学院成立仪式揭幕。

2月22日,纵横香港马圈半个世纪的著名评马人董骠因肺功能衰竭病逝。对于骠叔离世,多名艺人及马圈人士同表惋惜及怀念,陈百祥更盛赞骠叔在马坛是"前无古人,后无来者。"

4月12日,4月11日刚刚获得香港行政会议拍板通过与香港九铁合并方案的香港地铁,12日又在北京正式获得北京地铁四号线30年特许经营权。

5月5日,佛诞节。为庆祝这个喻义慈悲吉祥的日子,香港佛教联合会下午于湾仔会展中心举行盛大的"佛历二五五零年庆祝佛诞大会——开幕浴佛典礼。"约五千人出席佛诞庆典,气氛庄重肃穆。

5月18日,第二届中国(深圳)国际文化产业博览交易会开幕,香港特区政府第一次组织特区政府艺术团参会。

5月31日,国际著名杂志《福布斯》选出全球去年十大最受欢迎主题公园,香港海洋公园以超过四百万的全年入场人次,进占第七位。

6月1日,中国银行正式挂牌香港联交所。

6月7日,香港参与由亚太经济合作组织主办的首次地区性流感大流行演习,演习旨在测试其二十一个成员之间的应变及沟通效率。

6月27日,福布斯集团宣布,长江实业兼和记黄埔主席李嘉诚为第一位获颁发马康福布斯终身成就奖的得主。

……

(2) 分类编年体编排方式　这是先按照事件的性质分类再按时间顺序记述大事,如《中华人民共和国大事记》就是采用此种方法,先按性质将事件分为政治、财政经济、军事、文化教育、中外关系五大类,每类下再分为若干属类,每个属类下的大事按年、月、日排列。

(二) 大事记的结构

(1) 题名　题名即大事记的标题,其结构包括大事记的对象、内容、时间、名称等要素。其中时间可以直接列入标题之中,如《浙江省1949—1963年行政区划大事记》;也可以写在标题之下,如《南京大事记》(1949—1984)。

(2) 编辑说明　编辑说明也可称为编者的话等,是对大事记编写情况的概要说明,其内容包括:编写大事记的目的和读者对象;编写大事记的指导思想和原则;大事记的时间断限、选材标准、材料来源等;大事记的编写体例、结构及某些需要说明的编辑方法、编者的情况等。

(3) 序言　序言通常用来介绍大事记记述对象的情况,例如,介绍有关地区的历史发展、建制变化,有关单位的组织沿革、基本职能,有关专题的基本内容和特色,有关人物的主要生平事迹和社会影响等。序言的内容比较精练,篇幅短小,在编写上也可以与编辑说明合并。

(4) 目录　目录也称"目次",其作用是帮助读者查找大事记的条目。大事记的目录应根据编排体例编写。编年体大事记可以按照历史时期或年代列出大事条目所在页次;分类编年体大事记可按所分类目列出大事条目所在页次。

(5) 正文　正文是大事记的主体,要求简明、清晰地反映大事的情况。

(6) 按语和注释　按语是简要介绍某一事件或问题历史背景和要点的说明性文字,起总括下文、引导阅读的作用,通常排在每个时期或类目之前。注释是对于一些在大事记中出现的现代人比较陌生的人物、地名、词语等进行解释的文字,有脚注和尾注两种形式,其作用是帮助读者理解文中的含义。

(7)附录 附录是大事记的辅助材料,通常包括参考书目、大事主题索引、人名索引、地名索引、行政区划图,以及大事记涉及的地区、单位的具有代表性的数据或图表等。附录的种类根据大事记的内容和读者对象的特点而定,置于正文之后,以便于读者查阅。

三、大事的选择标准和范围

编写一部大事记首先需要确定大事的选择标准和范围。大事记中应选用确属重大事件的档案材料,避免事无巨细地加以罗列。但是所谓大事和小事在不同的时空条件下是相对而言的,因此,在确定大事时,要从大事记对象的实际情况出发加以选择,做到大事要事不漏、小事琐事不取,才能使大事记清晰而不烦琐,简明而得其要领,全面而概要地记述历史发展的真实面貌。

(一)选择标准

可以从如下几个方面考虑大事的选择。

(1)从史实的影响方面考虑 在大事记所记述对象的范围内,属于全局性、典型性的事件,以及对现实工作和历史发展有重要影响的事件和活动,应作为大事;反之,那些局部的只有一般意义的事件和活动,可作为小事。

(2)从史实的特色方面考虑 反映大事记对象的性质、任务、主要职能活动等方面特点的事件和活动应该作为大事;反之,那些反映非主要职能活动、不具有自身特点的事件和活动应该作为小事。

(3)从史实的背景方面考虑 在大事记所涉及的历史时期中,反映党和国家路线、方针、政策,以及本地区、本组织中心工作的事件和活动,应该作为大事;反之,那些当时、当地一般性、常规性的事件和活动则作为小事。

(二)选择范围

根据以上标准,在编写组织大事记时,可以从以下几个方面选择大事。

(1)组织的各种重要会议、重大活动情况。

(2)组织领导人的各种重要活动情况。

(3)以组织名义制定的方针政策,发布规定,作出的重要决定、决议、规划。

(4)本组织的成立、撤销,以及隶属关系、职权范围、内部机构的变动情况。

(5)本组织主要领导成员的任免、奖励情况。

(6)本组织工作中出现的典型事件、事故。

(7)上级组织或上级领导对本组织的重要指示,以及上级领导到本组织检查工作的重要活动情况。

(8)报纸、刊物发表的关于本组织的经验、事故和批评的报道和重要新闻等。

(9)重大成果(生产上的重大突破、科研上的重大发明创造、重要产品等),经济建设、文化建设、科学技术的重大变革和成就,以及重大公共设施的建设。

四、大事材料的收集和核准

(一) 大事材料的收集

一个组织在工作中发生的大事、要事很多,涉及工作的不同方面,因此,在为编写大事记收集材料时应尽可能通过各种渠道全面查阅有关材料。以编写机关大事记为例,收集大事材料的重点渠道包括以下几个方面。

(1) 上级领导机关、业务主管机关及本单位的档案文件,它们记载了重要工作活动、重要事件等情况,具有权威性和准确性,是大事记的主要材料来源。

(2) 上级领导、业务主管机关及本单位的简报、快报、月报、要闻摘报、动态等资料。这些材料记载了各个方面发生的各种类型的大事、要事、奇事,所述事实准确、清楚,是大事记的重要材料来源。

(3) 报刊、电台、电视等新闻媒介的报道。尤其是当地的新闻媒介,经常宣传、介绍本单位的一些大事、要事、奇事,从中可以获得一些有价值的材料。

(4) 地方史志、年鉴等纪实性资料。地方史志和年鉴通常是由官方组织、专业人员编写的历史文献,能够全面系统地记述一个地区各方面的情况,具有权威性,可以作为大事记一个重要的参考材料来源。

(5) 口传史料。有些年代较为久远的大事,未见于正式记载,而在群众中流传。这种口传史料中也有一些确属事实,经考证可以收入大事记中。

(6) 大事记录。有些单位建立了日常的大事记录制度,随时将本单位发生的大事记载下来,形成了比较完整的大事记录材料,因而可以成为大事记的材料来源。

(二) 大事材料的核准

大事记作为一种历史资料,应力求内容的准确无误。但是,由于所收集的材料来源广泛,其中难免有记述失实的情况。因此,应对收集的材料进行审查、筛选,以免将不实之事录入大事记中。

在编写大事记过程中,从不同渠道收集的各种材料其可靠程度有所不同,应注意区别掌握:第一,对来自于口传史料的材料,应逐条详加考证,确认史实无误后方可使用;第二,对报刊、电台、电视等新闻媒介的报道,以及史志、年鉴中的记载也要分析,因为报道的时间、角度及取材的方法不同,有些材料有可能出现数据或事实不准确的情况,不能盲目采用;第三,本组织编发的简报、动态及各种档案文件中记载的事实一般比较准确,可信度较高,大部分可以直接采用。

核准大事材料的主要方法是将多种记载对照核实,也可以向事件发生的组织或当事人查询核实。

核准大事材料的步骤如下所述。

(1) 认真分析和研究每一条材料,发现不确切或不合理的地方,要考证清楚后再决定取舍。

(2) 大事记初稿完成后,应印发给有关组织或组织内部机构,广泛征求意见,订正事实,补充材料。

(3) 在定稿前,还应由该地区或组织领导审核把关,发现问题及时纠正。

五、大事条目的编写方法

大事记的条目通常由大事时间和大事记述两部分组成,在每一条目中可注明大事材料的来源,以便查对。

(一) 大事时间

大事记中的时间是大事发生的重要历史坐标,因此,必须记载准确的年、月、日,然后再按大事发生的时间顺序进行排列。有些特殊事件还要写明确切的时、分、秒。

如果某条大事的日期不完整或不清楚,经考证后仍无法确定,则按以下的原则把握:日不清者,该条目附于月末,称为"是月"、"本月";月不清者,附于年末,称为"是年"、"本年";年不清者,一般不记。

(二) 大事记述

大事记述是大事记的核心部分。它通过对许多重大历史事件的记述,反映一个组织发展的概貌及其规律性。因此,应选用确属重大事件的材料,避免事无巨细地罗列材料;同时也要防止片面摘取和割裂材料,不能全面地反映重大事件的真实面貌。其记述的方法和要求如下。

(1) 一条一事　大事记中的大事记述要求一条一事,而不能将若干事件放在一个条目中综述。即使在同一时期内有许多事件需要记载,也应各立条目,或在该日期之下分段记述,以保证条目清晰,便于阅读。

(2) 大事突出,要事不漏,小事不要　所谓大事,即指事件涉及的范围极广,影响较大,不仅在当时属重大事件,而且事后影响较久、较深刻的事件。以一个组织来说,涉及组织重要之事,如职工代表大会的召开、重大成就、重大变动等。所谓要事,即事件在一定的范围和时间内有较大影响,事后仍有一定的参考意义的事,如本组织某一方面的具体政策,较重要的科研成果和技术革新,较重要的专业会议等。一个组织每年有成百上千甚至更多的事件发生,大事是少数,多数是要事和小事。编写大事记时,应坚持大事突出,要事兼顾,小事不要的原则。如不区分大事和小事,凡事都记,大事淹没在琐碎的事务之中,大事记成了明细账,就没有什么参考价值。只记大事,不记要事,就会使大事记内容单一。记载要事是对大事的补充、衬托,使其内容丰富充实。通过选择,记入大事记的大事和要事,从横向来看,能够反映出每个阶段的组织特点和中心任务;从纵向而言,能揭示出本组织所经历的大事及其发展变化,以便总结经验教训。

(3) 文字简明　大事记述的文字要简约、凝练、清楚,除了表述事实所必需的说明性文字外,一般不使用修饰性和描写性的文字。在记载事实时,地点、人物、内容或主要情节、性质等要素必须齐全,文字的详略要以将史实叙述清楚为准。对于重要会议,除记述其名称、会期、主要与会者外,还应说明会议的主题、主要议程、重要决议事项和结果等。对于史实中某些人们不熟悉、难以理解的内容,可在条目中简要说明,也可采用注释的方式说明。

(4) 因果始末清楚　进行大事记述时,应注意将事情的源头始末、因果关系等交代清楚,以使读者全面了解和正确认识事实真相。记述时,对于那些过程为一天以上的事实,通常应采用集中或相对集中的方法,而不应按"日"记流水账。其中过程比较长并具有一定阶段性的事实,可以按阶段将事实分为若干条目记述,也可将事实首尾各记一条,并在记述中前后呼应。那些内容比较简单、过程又比较简短的事实,则可以将该事实的全过程记述于一条之中,写清起止日期,将条目置于事件开始之日或结束之日。

(5) 观点正确,选材真实　编写大事记在分析人、物、事时,必须如实反映事物的本来面目。选材力求真实可靠,有根有据,对每件材料的形成时间和地点及内容的正确性都要认真加以鉴别。内容不实、根据不详者一般不予采用。

(6) 可作适当评价　大事记一般只是客观地记述事实,不加编者的主观评论。但是,对于某些具有特殊性或开创意义的事件,除了将事实记述清楚之外,可以对其意义和影响作简要介绍,以帮助读者加深对历史事实的认识和理解。

任务三　编写组织沿革

组织沿革也叫做组织机构沿革,是以文字或图表形式系统地记述和反映某一独立组织(包括党政机关、社会团体、企事业单位)自身发展演变情况的参考资料和工具。组织沿革能够比较完整、系统地揭示各种不同类型组织的来龙去脉,具有内容的专题性和记述事实的连续性两个特点。

组织沿革着重记述和反映组织自身在组织系统方面的有关情况,如组织的成立、合并、撤销、复建的情况,组织人员编制和内部组织机构的设置情况等。组织沿革以系统地反映该组织自身发展、变化的历史过程为目的。

组织沿革的主要用途是:便于查考和研究本地区、本系统、本组织的机构和人员发展变化情况;能够为国家机关史、地方史、革命史及各种专业史研究提供组织建设方面比较系统的资料;可以为档案室(馆)编写立档单位历史提供系统的材料;也可以帮助档案利用者了解立档单位的情况,认识档案的价值。

一、组织沿革的种类、内容和体例

(一) 组织沿革的种类

(1) 机关组织沿革主要记载一个组织及其内部机构和人员的演变情况,如《××公司组织沿革》。

(2) 地区组织沿革主要记载一定行政区域或行政区域内所属党政群各级组织的

设置和演变情况,如《郑州市行政区域历史沿革》。

(3)专业系统组织沿革主要记载一定专业系统所属组织的设置和演变情况,如《全国纺织系统组织机构沿革》。

(二)组织沿革的内容

组织沿革通常由标题、序言(编辑说明)和正文组成,根据需要可以增加目次和注释。组织沿革正文包括以下内容。

(1)组织、地区或专业系统的历史概况、行政区划、建制变更情况。

(2)组织的性质、任务、职权范围和隶属关系。

(3)组织内部组织机构的设置和人员编制的变化情况。

(4)组织领导人的任免情况。

(5)组织名称的变更、印信的启用与作废、单位办公地点的迁移等情况。

(三)组织沿革的体例

1. 编年法

编年法是按照年度记述某一组织、地区或专业系统的组织概况。采用编年法编写组织沿革时,先将材料按年度分开,然后在每个年度中再分别记述各方面的情况。

这种方法的优点是:每个年度的材料集中,自成体系;全年的情况显示清楚。其不足是:每个方面的情况分散于各年度之中,纵向脉络被切断;有些多年无变化的情况要按年度反复陈述,内容重复。例如:

××服装公司组织沿革

1999年

3月16日,经××市工商管理局批准,××服装公司正式成立,为民办股份有限责任公司。公司地址在××市××区××中心B座二层。

公司领导

总经理:×××。

副总经理:×××、×××。

员工人数:32人。

机构设置:办公室、人事部、设计部、采购部、生产技术部、财务部。

……

2002年

6月12日,公司迁址到××市高新技术开发区××大厦。

公司领导

总经理:×××。

副总经理:×××、×××。

员工人数:60人。

机构设置:办公室、人事部、设计部、采购部、生产技术部、市场部、财务部、后勤部。

2. 系列法

系列法是以组织机构或组织建设问题为线条，形成各个系列。在编写时，首先按照系列，然后再按年度顺序，分别记述其演变的始末概况。如果按照组织机构的系列编写组织沿革，则以组织内部机构的实际设置为线条，分别记述各机构的变化情况；如果按照组织建设问题编写组织沿革，则可以分为组织体制、职能与任务、隶属关系、机构与人员编制、干部任免、印信使用等若干方面分别记述其演变情况。

这种方法的优点：能够比较系统地揭示组织、地区或专业系统内部组织机构和组织建设各方面情况的发展脉络，便于读者分项目了解组织、地区或专业系统的演变情况。其不足是：不便于显示各个阶段的组织概况，且有些组织的演变情况比较复杂，不适宜采用系列法。

3. 阶段法

阶段法是根据组织、地区或专业系统发展变化的特点，将其划分为若干历史阶段，在每个阶段中再分别记述各方面的情况。这种方法在一定程度上吸收了前两种方法的优点，使时间和系列经纬交织，能够比较清晰地反映组织的演变情况，便于读者阅读和理解。采用这种体例时，应注意根据编写对象的发展特点合理地划分阶段。例如：

××电器公司组织沿革(1995.7—2003.12)

一、××电器公司组建时期(1995.7—1997.12)

1995年7月20日，经××市政府批准，原××电子管厂、××电子设备厂合并组建××电子设备公司。

公司领导

总经理：×××。

副总经理：×××、×××、×××。

员工人数：800人。

机构设置：办公室、人事部、宣传部、培训部、设计部、采购部、生产部、销售部、财务部、后勤部。

二、××电器公司调整时期(1998.1—2000.6)

1998年3月20日，××电子设备公司实行股份制，更名为××电子设备股份有限公司。

公司领导

总经理：×××。

副总经理：×××、×××、×××。

员工人数：900人。

机构设置：办公室、公关部、人力资源部、设计部、采购部、生产部、销售部、财务部、后勤部。

以上三种组织沿革的编写体例各有其适用情况：历史较短、规模较小、内部机构不太稳定的组织，可以考虑采用编年法；组织机构比较稳定且独立性较强的组织、地区或专业系统,可考虑采用系列法;已经具有一定发展历史的组织、地区或专业系统,可考虑采用阶段法。

二、组织沿革的选材和编写要求

(一)组织沿革的选材

组织沿革是对组织、地区或专业系统组织建设和发展情况进行记述的资料,在内容上必须做到全面、准确和严谨,这就需要做好材料的收集和选择工作。

【案例欣赏】

海潮公司秘书王洁正在编写本公司的组织沿革。她每天除了处理自己职责内的日常工作外,大部分时间都泡在公司的档案室里与形形色色的档案为伍。同时,她根据需要,又到公司人事部、财务部等部门收集材料。很快,她收集了大量的材料,这些材料中有复制件,有摘录的片段等。她对这些材料进一步选择、甄别和鉴定,顺利地编好了公司的组织沿革。

组织沿革使用的材料应主要从档案中收集,而其他来源的材料则应慎重选用。有关组织、地区或专业系统组织建设方面的档案通常集中在单位的综合部门,如办公厅(室)、组织部门和人事部门,因此,上述部门可以作为收集材料的重点对象。但有时也需要从本组织其他部门或外组织的档案中收集材料作为补充。

某些通过调整而成立的新组织,其形成之初的有关文件往往保存于其前身组织中。有些情况本组织没有形成正式记载,则可以从其他材料中寻找求证,例如:借助于工资单存根,可以查出某一时期组织及各机构的人数;利用组织或领导人留在文件上的印信、签字,可以查证领导人的情况等。对于记载不准确、证据不足的材料,应认真考证再予收录;经考证也无法证实的情况,应加以说明。

(二)组织沿革的编写要求

1. 材料翔实,内容全面

组织沿革正文中所采用的材料必须经过考证,能够客观、充分地反映历史事实。在正文的编写中,应注意对有关问题记载的完整性与准确性,不能遗漏组织、地区或专业系统组织建设中的重要内容和主要事实,也不能出现记述过程中的中断现象,情况说明要清楚,语言要规范,文字要简练。

2. 结构合理,脉络清楚

组织沿革是对组织、地区或专业系统的组织建设情况进行梳理和说明。由于组织建设涉及的问题较多,情况变化频繁且较为复杂,因此,在编写的过程中,应根据实际状况采用合适的体例和结构以求清晰地表现各方面情况的演变轨迹。

3. 表现形式多样

组织沿革在表现形式上有文字叙述式、图表式和文字与图表结合式。通常对组织、地区或专业系统的历史渊源、主要职能、性质、任务等用文字叙述;对机构、人员变化情况可以采用图表示意,印信可以附上其式样,这样可以使组织沿革简洁精练、条理清楚、直观易查。

任务四 编写会议简介

会议简介是简明扼要地记述会议过程和基本情况的参考资料。各种重要会议都可以编写会议简介,如人代会、团代会、职代会、全体委员会或常委会、行政办公会、经理办公会,以及一些重要的工作会议、专业会议和学术会议等。召开会议是各组织开展工作的一种重要方式,特别是重要的会议,具有决策、指导、启迪和教育作用。为了了解会议情况,查找会议文件是组织工作人员、科研人员一种常见的档案利用方式。一般来说,会议文件数量较多,常规性会议文件分别保存在不同年代中,将重要会议的基本情况编写成介绍材料,对于利用者了解会议简况,总结工作经验,查证某一问题或筹办新的会议具有很好的参考价值。因此,会议简介可帮助利用者迅速准确地查询会议情况。

一、会议简介的内容

编写会议简介的材料来源主要是会议文件,包括会议通知、开幕词、报告、记录、决议、简报、闭幕词、公报、会议纪要等。会议简介的内容主要有以下几个方面。

(1) 会议的名称和届次,如《××公司第一届职工代表大会简介》。

(2) 会议的时间、地点及主持人。

(3) 会议参加人员。对于出席会议的重要领导人和来宾可标明姓名及职务;其他代表只标明人数;如果需要,可将与会人员名单作为附录附后。

(4) 会议的主要议程及内容。这是会议简介的主体部分,其中应着重记述会议主要报告的题目及内容要点、会议讨论的有关问题、会议通过的决议、报告、提案等事项的名称及内容要点、选举结果等。对于选举结果,一般只标明选举出的主要领导人姓名及职务,以及委员、候补委员的人数即可,需要时也可将全部选举结果以附录形式附后。

二、编写会议简介的要求

(1) 事实清楚、准确,无论是会议基本情况还是会议内容都不能出现重要遗漏或失实现象。

(2) 会议情况介绍线条清楚,属于同类历届会议的简介应按届次顺序排列,汇集成册并编制目录。

(3) 语言简练,要点突出。会议情况可以从简介绍,会议的报告和重要事项应详细一些;为避免历次会议介绍大同小异,面目相似,应注意对每次会议特色的介绍;必要时可以对会议的意义、效果作简要评价;对于专业会议,更要注意写出其专业特色。

为了写好会议简介，需要全面认真地研究有关会议的文件，尤其是会议报告、决议、简报、记录等，从中了解会议的主要精神，这样才能介绍得清楚、准确，抓住要点。

实训任务　档案提供利用

【训练目标】

了解档案提供利用工作的内容；熟悉间接利用工作的具体形式；掌握全宗指南、大事记、组织沿革资料、基础数字资料的编写方法；掌握完成档案编研工作的初步技能。

【任务描述】

请完成以下三项任务当中的一项。

（1）编写你所在系（学院、分院）上一年度大事记。

（2）编写你所在学院全宗指南。

（3）编写你所在学院组织机构沿革。

【训练内容】

1. 办理阅档手续

本任务要求学生以本校为调研对象，需要大量阅读档案，各团队应及时联系档案室，约定阅档时间，办理阅档手续。

2. 阅档

进入档案室，阅读相关档案，做好摘抄笔记。

3. 整理

对收集的资料进行汇总，按照一定的脉络进行整理。

4. 编写

根据档案资料撰写文本。

5. 征求意见

将编写好的文本送给档案管理员、老员工审阅，征求意见。

6. 定稿

根据征求的意见，修改定稿。

【实训要求】

（1）实训项目分组进行，每组 3～5 人为宜，每组设组长 1 人；

（2）以个人为单位完成大事记、全宗指南或组织机构沿革等材料的撰写；

（3）每组组长将小组成员撰写的材料进行汇总，并按照规范要求进行排版和编辑；

（4）以小组为单位，进行实训成果汇报，并将汇报材料制作成 PPT，注意图文并茂；

(5) 根据每组完成任务情况,小组在自评的基础上进行互评,最后由教师进行总评;

(6) 将每个小组的实训资料进行汇总,并编辑成册,按照信息(档案)存储的要求进行存储。

第七章 档案的保管和利用

项目一 档案的保管

【学习目标】
了解档案保管的概念及工作内容;了解档案保管的物质条件。

【任务描述】
学意公司近两年发展迅速,业务增长很快,档案的利用率也大大提高,查阅档案的员工很多。由于公司档案室是借用公司废旧仓库而建的,地方狭小,不便查阅。很多人就把资料或档案借走阅读,因而影响了别人利用。有的资料和档案虽然很快还回来了,但发现有不少地方被折了页角,甚至还留下了勾画的痕迹。行政部秘书吴芳感到以上问题比较严重,如不抓紧解决,可能会损坏更多的档案资料。吴芳还进一步调查了解到,有些人不需要太长的时间就可以阅读完资料或档案,但由于档案室缺乏阅览条件,只好带出档案室查阅,查完后却忘了及时归还,造成了资料和档案的缺失。应当怎么办呢?吴芳向总公司领导汇报了情况并提出了搬迁公司档案室及建立阅档室的建议。

【任务分析】
档案的保管是秘书人员的一项日常工作。秘书人员首先应该了解档案应该保管在什么地方合适,档案保管需要哪些物质条件,才能为档案的妥善保管,以及档案的利用打下良好的基础。

任务一 熟悉档案保管的物质条件

广义上的档案保管就是指管理。如人们说某档案馆保管了哪些档案就是指该档案馆管理着哪些档案。狭义上的档案保管是指对已整理好并存入库房及其柜架中的档案进行的日常维护和保护性管理工作。本章所讲的档案保管是指狭义上的对档案的日常维护和保护性管理。

档案保管工作的内容主要包括以下三个方面。
(1) 档案的库房管理,即库房内档案科学管理的日常工作。
(2) 档案流动过程中的保护,即档案在各个管理环节中一般的安全防护。
(3) 保护档案的专门措施,即为延长档案的寿命而采取的技术处理。

开展档案保管工作,必须有一定的物质条件作保证。档案保管的物质条件是其所需一切物质装备的总称,大体有以下几种。

一、库房

库房是保管档案的最基本的物质条件,直接关系到档案的保护和安全。档案库房建筑应遵循适用、经济、美观的原则。档案馆应尽量按《档案馆建筑设计规范》(试行)的要求建造档案库房。档案室也应在库房的建造使用上尽量向《档案馆建筑设计规范》(试行)的要求靠拢,在无法达到其要求的情况下,也必须注意以下几个问题。

(1) 库房必须专用,不能与办公室合用,也不能同时存放其他物品,要防止外人进入,丢失档案。目前,有的企业出于成本考虑,把档案室和图书室合二为一,这是不恰当的。

(2) 档案库房必须坚固,至少应是正规的建筑物,不能是临时建筑。

(3) 库房应远离火源、水源和污染源并符合防火、防水、防潮、防光等基本要求。办公楼内的档案库房不宜设在顶层或底层,以防潮湿、漏雨和高温。

(4) 全木质结构房屋不宜作为档案库房使用,一般的地下室也不能作档案库房使用。

(5) 库房门窗应有较好的封闭性。

二、资料库

有条件的企业还应在档案库房附近设置档案资料库,收集和保存与档案有关的图书资料,以补充档案充分提供利用的需要。为了节约企业资金,在设置资料库时,可以采用档案工作办公室、阅档室和资料库三者合一的办法。

三、档案装具

装具即用以存放档案的柜架箱。档案装具种类繁多,企业应该根据档案室、档案库房的特点和档案价值、规格的不同合理地选用,灵活地配置。一般而言,封闭式的柜箱比敞开式的架子更有利于对档案的保护。柜架箱的制成材料最好是金属物,这样更有利于防火。

(一) 档案箱

档案箱大多是铁制品,五个档案箱为一套,平时叠放起来使用。与档案架柜相比,档案箱便于移动,还能够防尘、防火、防盗、防光,被企业广泛采用。但是它的结构上比较复杂,费材多,造价也比较高,占用的面积大,档案库房小的公司不宜使用。另外市场上还有一种比较灵巧的无酸式档案箱,方便内容不太多的档案进行存储。

(二) 档案架

一般档案架采用金属制作,利于防火,也比较坚固耐用。目前市场上常见的档案架主要是固定档案架和活动式密集架。

固定档案架分为单柱式档案架和复柱式档案架两种。单柱式档案架结构比较简单,表面喷漆,耗费的钢材少,耐用美观;复柱式档案架在结构、性能、规格等方面与单柱式档案架相似,但是它比单柱架稳定性能好、坚固、负载力强。

活动式密集架(也称密集架)是在复柱双面固定架的底座上安装了轴轮,把它变成架车,能沿地面铺设的小导轨直线移动,这样就可以把许多排架车靠拢到一起,能够充分利用库房空间,扩展档案库房的使用面积。密集架平时合为一体,用时可打开,不仅具有防火、防光、防尘的性能,而且节省库房空间和库房建筑费用。要注意的是,安装密集架对地面的承重能力有较高要求,必须先查明有关库房的地面承重能力。

目前,随着档案管理的现代化发展,电动密集架逐渐成为档案存放的主流装具。只需要几个按钮就完全实现了全自动化,彻底减轻了人工的搬运、查找和管理档案的负担。

(三) 档案柜

档案柜形式多样,有双开门、侧拉门、抽屉式档案柜。制作材料分为金属与木制两种。金属档案柜使用方便灵巧,加工简便,有较强的可调性和机动性,而且坚固耐用,从长远看还是比较经济实惠的。使用木质档案柜对防潮是有好处的,但是使用时要注意防火。

四、技术设备

档案保管的设备一般是档案管理中的相关机械、器具、仪器、仪表等技术设备,而不包括库房、装具、卷皮、卷盒、药品等在内。用于档案保管的技术设备很多,如去湿机,加湿机,空调,通风设备,温湿度测量及控制设备,防盗、防火报警器,灭火器,装订机,复印机,缩微拍照设备及缩微品阅读复制设备,通信及闭路电视监控设备,消毒灭菌设备及档案进出库的运送工具等。

五、包装方式

包装档案的方式主要有三种:卷皮、案盒、包装纸。在《归档文件整理规则》颁布执行以前,使用得比较多的是卷皮。新的《归档文件整理规则》要求纸质载体的文书档案必须使用案盒。

卷皮(如图 7-1 所示)分软卷皮和硬卷皮两种,在使用过程中应该注意按文书档案的规格尺寸选用相应标准卷皮。软卷皮国家规定的规格分为 260 mm×185 mm 和 297 mm×210 mm 两种,分别适合包装规格为 16 开纸和 A4 纸的文书档案。须要注意的是,使用软卷皮的案卷必须放入案盒中,这样有利于档案的保护。硬卷皮的规格分为 280 mm×210 mm 和 300 mm×220 mm 两种,厚度分别是 10 mm、15 mm、20 mm 三种。

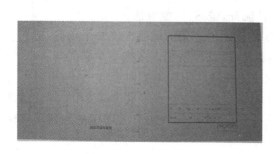
图 7-1 卷皮

图 7-2 案盒

案盒也就是通常所说的档案盒(如图 7-2 所示)。采用案盒来保管案卷在目前是一种比较好的方法,它能够防光、防尘、减少机械磨损,同时也便于管理且看上去整齐美观。案盒的规格为 310 mm×220 mm,厚度有 20 mm、30 mm、40 mm 三种。卷盒须有绳带等扣紧装置。

包装纸适用于一些不适合装订也不便于用盒装的档案。这些档案可以用比较结实的纸张把它包装起来,这是保存特殊档案的应急措施,而且这部分档案是不被经常使用的。这种包装方式对于纸质文件较为适用,而对于照片档案和磁带声像档案等其他类型的档案则要采取其他相应的措施,把它妥善保管起来。

六、消耗品

消耗品即用于保管工作的易耗低值物品。如防霉防虫药品、吸湿剂、各种表格及管理性的办公用品等。

档案保管的物质条件(装备)是档案保管工作赖以进行的物质基础。但购置配备这些物质装备又受到财力的制约。因而企业应根据自身工作的需要和现实的经济实力,本着实事求是的态度和合理、有效、实用、节俭的原则进行配置。

任务二 档案的库房管理

档案库房管理是档案保管工作的主要体现形式。因为档案绝大部分时间是存放在库房里的,档案的实体秩序状态也主要存在于库房中。因此,档案保管工作的主要内容也大都在库房中进行。对档案库房的保管工作主要包括以下几个方面的内容。

一、装具排列编号

库房内装具的编号方式一般按保管机构或库房房间为单元进行,每一单元内的所有装具按某一排列走向和顺序依次编列号（排号）、柜架号、格层号（箱号），其号码一般采用阿拉伯数字。

装具在库房中的排放方式应考虑方便管理和充分利用库房空间等因素。一般不宜紧贴墙壁，尤其是不能紧贴有窗户的墙壁。装具每一列的走向应与窗户所在墙壁垂直，以避免户外光线的直接照射。各列之间的距离不宜过宽或过窄，一般以工作人员能进行正常工作的距离为宜。

二、进出库制度

库房是保存档案的重要场所，因此必须对进出库房的人员及其进出的方式、时间、要求等进行必要的限制并做出专门的规定。这种专门规定的内容也就是进出库制度的主要内容。

（1）一般情况下，库房只允许档案工作人员在工作时间进入。

（2）非档案工作人员原则上不允许进入库房，如工作需要（如维修库房及其设备等）必须进入时也应有档案工作人员陪同并始终相伴。

（3）档案工作人员在库房内不允许从事与库房管理工作无关的活动，更不允许在库房内吸烟、喝水、吃东西。

（4）库房中无人时必须关灯、关窗、断电、锁上库房门。

三、"八防"制度

档案保管工作中常说的"八防"，一般是指防火、防水、防潮、防霉、防虫、防光、防尘、防盗。这"八防"基本上囊括了对档案实体可能造成损害的自然和人为的因素，是库房管理工作的重要内容。做好"八防"工作须要采取一系列防护性措施，并在工作中注意一切与此有关的问题。

（一）防火

防火要求在装具及照明灯具的选用、其他电器及其线路的安装等方面消除隐患，必须按消防规定在库房中配备性能良好、数量足够的灭火器材，在条件允许的情况下，安装防火（烟雾）报警器和自动灭火装置。

（二）防水

防水要求库房所处地势不能过低，库房内及附近不能有水源，库房选址应远离易发洪水的地点，位于较有利的防洪地段。

（三）防潮

防潮与库房温湿度尤其是湿度控制密切相关，在库房湿度过大时应及时进行调整。

（四）防霉

防霉要求对档案文件进行定期检查并放置防霉药品，发现有霉变迹象应及时通风。

(五)防虫

防虫要求入库时对档案进行灭菌消毒,在库房内定期检查,放置防虫药品,搞好库房卫生,破坏虫子的生存环境。

(六)防光

防光要求库房尽可能全封闭(即无窗),若有窗户也应尽可能开小一些,并安装磨砂玻璃、花纹玻璃或带颜色的玻璃,同时配置窗帘,尽量遮蔽户外日光中的紫外线照射。照明灯具应使用白炽灯并加乳白色灯罩,灯泡最好是磨砂灯泡。不允许使用日光灯(荧光灯)作为库房照明灯具。

(七)防尘

防尘要求装具的封闭性好,必须对库房及装具等定期进行清扫擦拭,保持清洁。

(八)防盗

防盗要求库房门窗坚固,进出库房随时锁门,并尽可能安装防盗报警装置。

四、库房温湿度控制

库房内的温湿度是直接影响档案"自然寿命"的环境因素。根据《档案馆温湿度管理暂行规定》,库房温度应在 14~24 ℃,相对湿度应为 45%~60%。为了掌握库房温湿度情况,应配置精确可靠的温湿度测量仪器,随时测量并记录库房温湿度的具体指标状况。

控制和调节库房温湿度的方法如下。

1. 对库房进行严格封闭

隔绝库房内外温湿度的相互交流,然后在库房内采用空调、恒温或恒湿技术设备,将库房温湿度人为控制在适宜的温湿度指标范围之内。这种方法所需费用较高,目前不是所有档案馆、档案室都有能力做到的。

2. 采用机械性或自然性的措施对库房温湿度进行人工控制

这种方法虽然达不到第一种方法所能达到的效果,但如果运用得当,也可在一定程度上使库房温湿度得到调整和控制。具体措施有以下三种,可以同时或交叉使用。

(1)使用增温、增湿或降温、降湿等机械设备进行调控,使原有温湿度有所改变。这种方法的运用也须配以适当的封闭性措施方能奏效,如关紧门窗并在门窗缝隙处加密封条。

(2)利用库房内外温湿度的差别,采用打开门窗或排风、换气扇等方法进行自然通风,用库房外的自然温湿度来改变调节库房内的温湿度,从而使库房内的温湿度与库房外的自然温湿度渐趋一致和均衡。采用这种方法的局限性很大,一般只能在库房外温湿度比库房内温湿度更接近于适宜温湿度指标时方能进行,而且必须随时把握调整通风的时机、时间、强度等。

(3)采用一些更为简便的人工方法来对库房温湿度进行调整。如在库房地面撒水，放置水盆、湿草垫，挂置湿纱布、麻绳等用来适当增湿；在库房中或装具内放置木炭、生石灰、氯化钙、硅胶等物品，以适当降湿。这种方法的效果只能是局部的，并且有很大的限制。

五、档案存放秩序的维护与管理

档案在库房及装具中的存放秩序实际上就是档案实体的管理秩序，即档案实体管理秩序的具体体现形式。因此，维护档案实体秩序的保管工作也就主要体现为对档案存放秩序的日常维护和管理行为。维护档案的存放秩序是一项十分具体且十分重要的工作，具体可采取的措施和方法主要有以下几种。

1. 档案存放位置索引（档案存放地点索引）

为了便于保管工作人员切实掌握档案馆（室）档案的存放情况和迅速地取放档案，还必须把所排放好的档案，做出存放位置的索引。

存放位置索引按其作用可以分为以下两种。

第一种指明档案的存放位置，即以全宗及其各类的档案为单位，指出它们的存放地点，如表 7-1 所示。

表 7-1　指明档案的存放位置的索引

全宗名称：			全宗号：		
案卷目录号	案卷目录名称	目录中案卷起止号数	存放位置		
			房间	柜架(列)	柜架　层(格、箱)

第二种指明各档案库房保存档案情况，即以档案库房和档案架（柜）为单位，指出它们保存了些什么档案，如表 7-2 所示。

表 7-2　指明各档案库房保存档案情况的索引

楼：			层：			房间：
柜架(列)	柜架	层(格、箱)	存放档案			
			全宗号	全宗名称	案卷目录号	案卷目录名称　起止卷号

上述两种索引，按形式又可分为簿册式和卡片式两种。而第二种存放位置索引还可以采用图表形式，即把每个库房（或楼、或层、或房间）内档案存放的实际情况绘成示意图。这种图表可悬挂在相应的库房入口处，以便于保管和调卷人员随时使用。

2. 装具所存档案标志牌

放置标志牌即在每一列、每一件、每一层（格、箱）装具外面的醒目位置设置标牌并表明该列、该柜架、该层（格、箱）中所存放档案的起止档号，以方便检查和调还档案。

3. 档案代理卡

档案代理卡又称"代卷卡"、"代理卡",它是库房管理人员编制和使用的一种专门指明档案去向的卡片(如表7-3所示)。在档案馆(室)的档案须要暂时借出库外使用时,填制代卷卡放在被暂时移出案卷的位置上,可以使库房管理人员准确掌握档案流动情况,有利于库房管理人员对档案进行安全检查。

表7-3 档案代理卡

全宗号	目录号	案卷号	移出日期	移往何处		库房管理人员签字(移出)	归还日期	库房管理人员签字(收回)
				单位名称	经手人姓名			

六、全宗卷

全宗卷是档案保管工作的一个重要管理工具和手段。全宗卷是档案室在管理所在公司档案全宗的过程中形成的,由能够说明该全宗历史情况的各种文件材料所组成的专门案卷。

全宗卷实质上是档案管理活动中所形成的"档案",是档案管理活动的原始记录,是围绕全宗的管理活动形成并以一个个全宗为单位组合成的案卷。从这个意义上说,它是全宗的"档案",又是档案的"档案",但不是全宗内的档案。因为档案室所管理的档案是由立档单位在其社会活动中形成的,而全宗卷这种档案的"档案",则是档案室在对其所管全宗的管理活动中形成的。因此,全宗卷在管理上应单独另行存放(按全宗顺序保管)并实施统一管理,不能与全宗混在一起,更不能将其作为全宗内的一个案卷看待。

全宗卷中通常应包括:档案交接凭据、立档单位与全宗历史考证、整理工作方案、档案实体分类方案(分类表)、移进移出记录及手续(凭据)、对全宗进行检查、清点的历次记录及所发现的问题记录,以及档案受损害、遭破坏的情况记录和实施补救性措施的记录材料、档案销毁清册等。总之,凡是在档案管理活动中形成的对全宗状况及全宗历史有原始记录意义的文字、图表等材料均应归入全宗卷中。

七、档案流动过程中的保护

档案在档案馆(室)中并不是永远静止地存放在库房及装具里,而是处在一种有静有动、动静交替的状态中。造成档案流动的根本原因就是对档案的使用。档案的使用原因虽然很复杂,但大体可归结为两种情况:一是社会各界对档案的利用(要求档案馆(室)做好档案的提供利用工作),二是档案馆(室)出于管理与开发的需要对档案的使用,例如整理、鉴定、编制检索工具、缩微复制、编研等。

无论是社会性的利用还是内部管理开发性的使用,都必须保证档案实体的有序和完好无损。这就须要做好档案使用过程中的维护与保护工作。

档案使用过程中的维护与保护工作比档案库房管理工作更具有明显的动态性、复杂性、综合性,所用的方法及所须注意的问题头绪很多。做好这项工作有以下两条基本途径。

(1) 建立严格的管理制度并在工作中严格执行落实,主要包含以下两方面内容。

① 档案使用的登记与交接制度　档案无论何种原因被使用时,都必须对调卷、还卷及交接行为实行严格的登记与交接手续。

② 档案使用行为的管理与限制制度　如不允许使用者在使用时吸烟、喝水、吃东西;不允许在档案上勾画、涂抹;不允许有撕损剪切等破坏性行为;不允许使用者擅自带离规定的使用场所(办公室、阅览室等);不允许利用者之间私自交换阅览各自所利用的档案;不允许使用者擅自拍照、抄录、复印;每次使用的档案数量、每批档案的使用时间长短也应有一定的限制。

(2) 采用各种合理有效的管理方法,认真细致地做好维护与保护工作。

① 量与顺序的控制　无论是内部使用还是外部利用,当所需档案数量较大时,可按规定分批定量提供,且应要求使用者在使用和交还时保持档案实体秩序。

② 对利用行为的现场监督与检查　凡外部利用时,在现场应配有档案工作人员实行监督,并随时检查利用者的利用行为,发现问题及时指出并予以纠正。有条件的档案馆可配置闭路电视监控系统。

③ 利用方式及利用场所的限制　利用方式以现场阅览为基本方式;经允许的拍照或复印工作原则上应由档案工作人员承担;利用场所应为集中式的大阅览室,一般不为利用者安排单独的房间(单间),以免发生意想不到的问题。

④ 对重要档案的保护性措施　对重要的珍贵档案应实施重点保护:严格限制利用;即便提供利用,一般也不提供原件,只提供缩微品或复印件;利用中要格外注意监护问题,必要时可责成专人始终陪伴进行利用;对重要档案的复制也应比一般档案有更严格的限制和保护性措施。

项目二　档案的利用

【学习目标】

掌握档案提供利用的各种方式。

【任务描述】

学意公司与明鸿公司之间因某项业务出现了纠纷,现需查找 5 年前与明鸿公司签订的一份合同以解决纠纷,档案员吴芳需在短时间内在众多的档案中快速准确地查找到 5 年前的这份合同。

【任务分析】

档案的利用是档案工作的目的。秘书人员必须熟悉档案利用的各种方法,为本单位领导和同事提供良好的服务。

档案的提供利用工作也称档案信息的开发利用工作,它是指通过一定的方式和方法尽可能地开发档案信息,直接向有关单位和人员提供信息服务。档案的利用是档案工作的目的,也是档案工作的出发点。

直接利用工作是档案提供利用工作的主要途径,它的方法很多,常见的有以下几种。

任务一 咨询服务

咨询服务就是档案管理人员以馆(室)藏为根据,向利用者提供档案的有关情况,或提供检索途径的一种服务方式。

一、咨询服务的常见形式

(一) 口头或书面答复咨询

以口头(包括面谈、电话)或书面(如信函、传真)等形式对利用者的咨询给予答复。这虽然是一种比较传统的服务方式,但是简便易行,成本较低,且与咨询者可以进行互动式的交流,缩短服务人员与利用者之间的距离,让群众真切感受到"档案就在我身边"。

(二) 指导使用检索工具

向利用者主动介绍档案种类,指导利用者科学使用检索工具,为查找馆(室)藏资料与档案提供线索。这种方式适用于对所查询资料范围较广、数量较大,且有一定的专业性、知识性、情报性需求的利用者提供服务。档案管理人员的职责主要是提供相关的检索工具,指导其进行检索,而不是越俎代庖,包办代替。

(三) 提供计算机网络服务

企事业单位的档案室可以运用计算机网络通信技术,在本单位计算机局域网络系统中设立网站(或开辟主页),建立档案资料目录(有条件的可建立文本)信息数据库,利用计算机网络信息平台,宣传、展示资料与档案工作,突破时间、地域的限制,提供资料与档案的查询利用服务,为利用者与服务者建立一个便捷的沟通渠道。

通过计算机网络,档案信息和社会信息相互交流、融合,实现了档案信息的社会化和社会信息的档案化。这不仅对资料与档案的利用方式,而且对资料与档案的接收方式也带来了新的变革。档案网站改变了过去"等客上门,被动查档"的传统服务方式,通过网上查档功能的设置,极大地方便了利用者,缩短了时间、空间的距离,这是一种现代化的档案利用形式。

档案通过计算机网络进行咨询服务的主要方式有以下几种。

（1）电子邮件 数字资料档案馆公布一个 E-mail 地址,利用者可以将需求通过电子邮件的方式发送,资料与档案工作人员在最短的时间内回复。

（2）实时交互 利用网络技术,可以不受空间和地域的限制,建立利用者和专家馆员之间进行实时交流的通道。

（3）FAQ（常见问题回答） 资料与档案工作人员将利用者经常提出的100个问题进行汇总,给出答案,建立一个数据库,这样可以方便利用者查询。

（4）表单 表单给出了若干个项目,利用者根据自己的需求,在一级级菜单的引导下,选择自己感兴趣的信息或题目,填写表单并提交,专家及时给予反馈。

（5）BBS（电子公告板）,即向公众提供远程访问的渠道,利用者在 BBS 系统上提出自己需要咨询的问题,由专家进行回复。

二、咨询服务的一般步骤

（一）接受咨询

首先应了解利用者咨询的目的、内容、范围和要求。如果利用者提出的问题较简单,咨询服务人员有把握则可当即回答,或借助于检索工具和有关材料,短时间内予以解决。问题比较复杂和困难的,可与利用者另约时间,等请示领导或经过考证后再予以答复。

需要提醒的是,档案工作人员并非对利用者的所有咨询都要有问必答,如咨询问题的内容已超出本馆（室）业务范围或应由其他机关、组织办理,涉及党和国家机密尚未解密的,属于家庭或个人隐私不宜公开的问题等,可对利用者说明情况,谢绝提供咨询服务。

（二）查找信息

根据利用者提出的咨询问题,进行分析研究,确定查找范围,选定检索工具,明确检索途径和方法,查找有关的资料与档案,获取信息。

（三）回复咨询

经过咨询服务人员紧张而有序的工作,在迅速找到与利用者咨询有关的资料与档案后,即可以此为根据回复问题。

回复咨询的方式,视具体情况而定,可直接提供答案,或提供有关材料复制件,或介绍有关查找线索等。

（四）建立记录

回复咨询应有意识地建立咨询服务记录,如表7-4所示。凡是重要的有长远参考价值的,或者可能重复出现的,或者解答不了的咨询问题,都应有完整的记载,包括各种原始记录、解答咨询的过程、最后结果等。

表7-4　档案咨询服务记录单

　　　　　　　　　　　　　　　　　　　　　　　　　年　　月　　日　　时

咨询者信息					
姓名		身份证号		组织或职业	
咨询事由				接待者	
解答咨询过程					
咨询服务后记					
咨询者满意度测评	很满意		满意	较满意	不满意

任务二　出具证明

出具证明就是档案馆(室)应利用者的申请,根据馆(室)藏资料与档案中的记载而出具的书面证明材料。

机关团体和个人为了处理和解决某个问题,往往需要档案馆(室)出具证明材料,用原始记录来说明一定历史事实,发挥资料与档案的历史凭证作用。根据利用者申请,为维护公民和组织的合法权益,解决人事、财产等方面的纠纷和诉讼,资料与档案管理部门可出具档案证明,从而满足利用者的需要,为机关团体或个人排忧解难。

一、出具证明的手续

(一) 提出申请

证明材料必须根据机关团体或个人的申请制发。申请书(见表7-5)必须写明申请出具证明的理由,所要证明的事项及其发生的时间、地点等情况。以便资料与档案管理人员对申请书的审查以及证明材料的查找与编写。

表7-5　申请书

_____资料(档案)部门:

　　兹有_____组织(或_____个人)因_____事由,请求贵部门出具有关_____情况的证明材料一份。

　　特此申请。

　　　　　　　　　　　　　　　　　　　　　　　　　　　　　申请人:×××
　　　　　　　　　　　　　　　　　　　　　　　　　　　　　　年　月　日

(二) 审查申请

由档案管理部门的负责人对利用者提出的申请进行认真的审查,并查看其个人身份证明。如果手续完备,则根据其申请内容,查阅有关资料与档案,为出具证明做好前期准备。

（三）出具证明

档案馆（室）是管理资料与档案的机构，不是国家公证机关，它不能代替其他机关的职权和任务。所出具的档案证明，只是向有关机关或个人证明某种事实在本馆（室）所保存的档案中有无记载和如何记载的，不是直接对某种事实下结论或给予某种权利。

二、出具证明的要求

（一）引经据典

档案证明必须根据档案正本或可靠的抄本来编写，以引述或节录资料与档案的原文为主要方法，不可任意删改和添加，并要说明材料的出处和根据。如果必须由档案工作者根据档案内容综合或摘要叙述时，务必保证表述的准确性和真实性。

（二）格式规范

在证明材料中还应写明证明材料的接受者（申请者）以及制发证明材料的档案馆（室）的名称和制发证明的日期，以备查考。一般证明材料可分为文字式（见表7-6）和表格式（见表7-7）两种。

表 7-6　证明

```
                        证　明

    经查阅_____资料（档案）第_____卷第_____页，_____同志（组织）反映的
_____情况属实。
    特此证明
                                              _____资料（档案）室（公章）
                                                      年    月    日
```

表 7-7　关于×××之（亲属）×××的调查证明材料

姓名		性别		出生年月		是否党团员	
工作组织及职务						关系如何	

政历及现实表现

组织盖章　　　　　　　　　　　　　　　　　　证明人　　（签章）
　　　　　　　　　　　　　　　　　　　　　　　　年　月　日

调查人的组织及姓名

（三）手续完备

证明材料写好后，必须与原始材料进行认真的核对。经核对无误后，在证明材料

的末端注明材料出处,如"该证明材料摘录自×××干部人事档案四类1-1"或"该证明材料依据×××资料与档案第×卷第×页内容提供"。送组织领导或本馆(室)负责人审查批准后,加盖机关公章。

任务三 制发复制件

制发档案复制件,从传统的意义上讲,就是根据利用者的需要发送和提供纸质文件的副本或摘录。近年来,随着电子文件的问世,利用方式也包括提供拷贝磁盘或刻录光盘。

制发复制件可以扩大档案的服务面,满足利用者的需要;方便利用者,有查考价值的信息可以长期使用、重复使用;保护珍贵的原件,延长档案的使用寿命,使其能永久或长期保存;扩大资料与档案工作的社会影响,提高其利用效益。

一、制发复制件的形式及方法

制发复制件由档案管理部门的接待人员办理,或经过管档组织同意后也可自行采用照相机、摄影机进行拍摄。复制档案资料,可按照有关规定收取复制成本费。根据利用者的不同需求,资料与档案复制件的制发,可分为下列几种形式。

(一)提供副本

副本就是根据利用者的需要,对档案原件所进行的全文复制。复制的方法可采用复印、扫描或拍摄等。

(二)提供摘录

摘录就是根据利用者的需要,选取档案原件的某些部分,通过摘抄、复印等方法进行复制,提供给利用者。

(三)提供电子文档拷贝

除了网上检索利用资料与档案外,对于特殊需求的利用者,还可采用光盘、磁盘或优盘通过刻录、拷贝等方法,复制用户所需要的电子档案,对外提供利用服务。

服务者在向利用者提供电子文档拷贝时,应将文件转换成通用标准文档存储格式,由利用者自行解决恢复和显示的软硬件平台。当利用者不具备利用电子文件的软硬件平台时,也可以向这些利用者提供打印件或缩微品,或者在计算机网络上提供可下载的文件。

二、制发复制件的一般程序

(一)提出申请

由利用者填写复制档案的申请单(见表7-8),说明复制的用途、材料名称、份数和规格及复制的形式和方法等,报请有关部门或领导批准。所有复制申请单工作人员必须保留归档备查。

表 7-8　复制档案申请单

年　　月　　日

申请人或部门		申请事由			
申请复制的档案的名称				申请复制份数及其纸张规格	
申请复制形式	提供副本		提供摘录	提供拷贝	其他形式
申请复制方法（√）	复印		翻拍	扫描	刻录/拷盘
批准部门领导人签字		复制人		复制时间	年　月　日
收费标准				收费价格	元

（二）进行复制

工作人员可采用抄录、复印、扫描、激光照排、翻拍、晒印蓝图、电子文档拷盘或刻录等手段对档案进行复制，以满足利用者的需要。

（三）完备手续

纸质档案复制件必须和原件仔细校对，并在文件空白处或背后注明档案馆（室）的名称、文档原件的编号，必要时加盖公章，以示负责。电子文档提供拷贝，也应履行签收手续，并按规定期限进行回收。

三、制发复制件的注意事项

制发档案复制件简便易行，能为利用者提供多种形式的服务，满足不同层次利用者的需求。但也有其不足之处：如利用者看不到档案的原件，往往觉得缺少真实感；如果对印发的复制件不加以控制，易造成泄密的后果。因此，在制发档案复制件的同时，应注意以下两点。

（一）努力提高复制件质量

（1）提高复制件的质量和精确度，尽量满足利用者的要求。档案的复印由资料与档案管理人员负责，不得由利用者自行复印或外借复印。利用者要求复制（印）照片、录音带、录像带等非纸质载体档案，一律由资料与档案管理机构代为办理。

（2）复印件一般只限一份，并加盖资料与档案管理机构的查阅章。档案复制件经管理机构盖章，注明原件档号，具有档案原件的效力。

（二）严格控制复制范围

（1）利用者要求复制的档案，须符合国家有关档案、保密和保护知识产权的规定。

（2）所有未开放的档案经有关程序批准后才复制，未经领导批准，不得私自复制。使用一般在5天内退回档案馆销毁。

（3）复印的档案材料必须严格按顺序做好登记手续，属于用后退回档案馆处的复印件,工作人员按时追回并依章制进行销毁。

(4) 经资料与档案管理机构复制的档案,使用单位和个人均不得以任何形式公布、陈列展出或再行复制。

任务四 提供阅览

档案的阅览就是在阅览室集中接待利用者,直接传播文献资料、情报信息,当面提供咨询服务。开辟阅览室是档案管理部门直接为利用者提供服务的主要方式之一。

阅览室服务既便于档案的保护和保密,又能为利用者提供较好的阅览条件。它可以提高资料与档案的周转率和利用率,避免因一人借出而妨碍他人利用,它还便于资料与档案管理人员掌握利用档案的信息和追踪利用的效果。

随着社会主义市场经济的建立、发展,整个社会的物质文明程度有了很大提高,人们的思想观念和行为方式发生了质的变化。开放档案馆,在这充满文化气息的休闲场所,人们可以通过档案了解国家历史、政治、文化、经济等方面的情况,了解社会的变迁与发展,了解身边发生的大事,资料与档案逐渐发挥了积极的引导作用。2004年上海外滩公共档案馆的建成与开放,上海市民热情前往参观与利用档案,正说明拓展档案功能、服务大众已成了一种新的社会需求。

一、可供阅览的资料与档案范围

在一个组织中,通常情况下,任何员工都可以阅览各种非密资料和档案;但是组织的资料和档案对社会其他公民通常是不提供阅览的。这与公共档案馆是有区别的。秘书人员有义务为本组织的员工提供档案的阅览服务。

就一个企业而言,可供阅览的资料有:常用的政策规定、条令、制度等,政府颁布的出版物,行业和协会的资料,各种年鉴,员工阅览权限内的客户资料,各种业务图书、手册,商业应用文文集,市内饭店、酒楼、餐厅、旅馆、会展场地、交通资料,剪报,名录,大事记,本单位人员通讯录等企业共用的资料。

就一个企业而言,可供阅览的档案是企业非密档案。通常科技档案、人事档案、会计档案等专门档案必须征得领导同意方可查阅。

二、阅览室的设施要求

(一) 阅览室的选址

阅览室地址的选择,既要从方便利用者出发,又要从便于管理着眼,既适合于利用者的阅览和从事研究,又便于档案的调卷和归还。一般的机关、企事业组织可将其设置在资料室或档案室附近,与嘈杂的办公、会客、生产场所保持一定距离,相对独立。

（二）阅览室的环境

要求采光明亮、安静清洁。一般应设置服务台、阅览桌椅、布告栏、目录、监护设备等服务设施。室内可放置一些绿色植物，保持空气清新，温度适宜。

（三）阅览室的配置

应配置与馆（室）藏资料与档案有关的历史、经济、政治出版物，报刊、辞典、年鉴、手册和指南之类的工具书以及资料与档案检索工具等，供利用者辅助阅览。条件具备的单位除开辟大阅览室外，还可设立小阅览室，供专家学者们查阅专门文件或系列文件等专用，或开设视听阅览室，供利用者查阅声像资料和档案。

（四）开辟电子阅览室

考虑到近年来随着办公手段现代化的普及，各种非纸质载体资料与档案的大量涌现，可开辟电子阅览室，并在档案的阅览设施方面提供相应的配备，如电子计算机（方便利用者阅读机读文件、光盘文件等）、录音机和放像机（方便利用者借阅磁带、录像带等）、阅读器（方便利用者阅读缩微胶片等）、投影仪（方便利用者鉴赏珍贵的实物载体档案等）。

（五）计算机辅助管理

为适应档案借阅现代化管理的要求，提倡利用计算机对档案借阅者进行借阅登记、归还登记，提供借阅预约登记，打印催还通知单，自动借阅管理系统可以随时打印出档案借阅清单，提供档案库存、借出、归还等信息。

（六）阅览室的休闲设施

有条件的阅览室还可开设存物区、休息区等，供利用者吸烟、喝水、接听电话等，为利用者提供人性化服务。

三、阅览时的注意事项

（一）建立健全规章制度

为了维护阅览室的正常秩序，确保档案的安全，阅览室应建立健全必要的规章制度，内容包括阅览室接待的对象、档案的借阅范围和批准手续、阅览室应遵守的各种制度等。

（二）控制阅览利用范围

为了保护档案的机密内容，利用者不能借阅与其利用范围无关的文件。对于残旧、脆化或特别珍贵的易损资料与档案最好提供复制件，一般不得借阅原件。尚未经过整理的零散文件，一般不予借阅。出于特殊情况，需要和可能借阅时，须逐件登记。

（三）保护资料档案安全

利用者必须爱护所借阅的档案，不得在文件上做任何记号和涂改，不得将所借阅档案带出阅览室。阅毕的档案应及时归还，不得无故延期。阅览室管理人员对利用者归还的档案要认真清点，如发现污损、涂改、遗失及其他异常情况，须立即采取措施,予以妥善处理。

(四) 加强电子阅览管理

在利用计算机查阅档案时,应当特别注意不能让利用者提取到他不该知道的文件;应当要求利用者严格按照操作规定使用计算机进行阅读,未经培训的人员禁止上机,防止由于利用者的误操作造成的信息丢失;在提供机读文件时,要设置不可修改程序,防止利用者无意或有意地修改信息,导致信息失真,影响档案的真实可靠。

(五) 收集利用信息反馈

为了不断改进阅览室的工作,更好地为利用者服务,阅览室应建立利用者登记和统计分析制度。通过对利用者类型、利用档案成分、利用效果、利用者意见的研究,取得阅览服务的信息反馈,定期汇总分析上述情况,可以了解利用者的意见和动向,掌握利用工作的某些规律性,以便不断提高档案利用工作的质量。

任务五 外借服务

档案的外借,就是利用者在办理一定的批准和借阅手续后,将档案借出馆(室)外阅看。

从维护资料与档案的完整和安全出发,资料与档案一般是不借出馆(室)外使用的,只有在特殊情况下,为了照顾利用者工作方便,或某些机关必须使用档案原件作为证据,经领导批准后,才可以借出馆(室)外使用。

但是对于特别珍贵的资料、档案、古稀文本,以及照片、影片、录像带、录音带等原件,必须坚持原则,不能借出馆(室)外。

一、可供外借的资料与档案的范围

可供外借的档案的范围主要有:上文中可供阅览的资料;法律、法规、规章、政策性和规范性文件;公开出版或已开放的文件汇编及其他资料;与本人工作紧密相关的本企业档案(经过主管领导批准)。

不同组织要根据本组织的具体情况规定资料与档案的可外借范围。

二、办理外借应履行的手续

(一) 内部借阅

本组织领导或机关内部各业务部门负责人、有关工作人员如需借阅档案,须履行下列手续:

(1) 借阅档案的人员应填写"档案借阅单"(见表7-9),并经分管领导人批准后,到档案管理部门办理借出手续。

表 7-9　档案借阅单

```
                           档案借阅单
_____资料(档案)室：
    兹有本组织_____部门_____等同志,现因_____工作需要,需借出_____等档
案_____卷,请予以办理借出手续为感。
                                                      批准人：×××
                                                        年　月　日
```

（2）档案管理人员按照规定,要求借阅人填写"档案借出登记簿"（见 7-10）,并对所填内容逐项核对无误后,方可将档案借出。

表 7-10　档案借出登记簿

借阅日期	组织或部门	利用目的	借出档案							归还	
			档案门类	所属年度	保管期限	案卷(件)号	数量	期限	借阅人签字	接待人	日期	经手人

（3）借阅人对所借档案进行清点核对后,必须在"借阅人签字"栏内履行签收手续。

（二）外部借阅

外单位来人借阅档案,应持有查(借)阅档案介绍信（见表 7-11）,写明利用者的身份、借阅目的、范围和借阅期限等,经本组织领导批准后方能借出。

表 7-11　查(借)阅档案介绍信

```
                    档介字第　　号

_____：
    兹介绍　　　同志系中共党员(或表明职务身份)前往你处联系查(借)阅以下档案,请接洽。
    机关名称：                    （盖章）
                                                        年　月　日
```

姓　名	查(借)阅档案内容及范围	查(借)阅理由	查(借)阅组织负责人签字	管档组织负责人签字

(三) 人事档案借阅

凡因考察、任免、调动、审查、组织处理、入党、入团、入学、选派出国人员、选拔干部以及其他重大事件进行政治审查时,可以借阅干部人事档案。在办理借出手续时,档案管理人员还要对借档人员的身份及与利用对象之间的关系进行核查,查阅人事档案者,必须是由组织委派的党员干部;任何人不能借阅涉及本人或直系亲属的资料与档案。

三、办理外借应遵守的规章制度

档案借出后,该文本已不在档案管理人员的控制范围内,它的安全就会失去有效保证。为确保信息的安全,需要建立健全必要的档案外借规章制度。

(一) 借阅期限

档案借出使用的时间不宜过长,一般不超过一个星期,借出时档案管理人员和借档人员应交接清楚。档案管理人员应在被借阅案卷的位置上,设置醒目的代卷卡,卡上标明借阅卷号、借阅时间、借阅组织和借阅人姓名、归还时间,以便检查和催还。

(二) 阅读场所

利用者在借出档案后,应严格按保密规定办事:必须在安全有保障的办公室内阅读,不得擅自把材料带回家,下班前应把档案放在有保密装置的文件柜内,随手上锁。严禁存入私人办公桌抽屉里或者就放在办公桌上过夜。携带重要的档案外出开会时,中途不得探亲访友,出入公共场所,办理与文件无关的事。

(三) 借阅范围

借阅者应负责维护被借阅档案的完整与安全,未经领导批准,不得随意扩大阅读范围或转借他人。不得私自影印、复制所借材料,更不得拆散、抽取案卷中的材料。阅读档案时,不能在材料上用笔勾、抹、涂、划,不能喝水、抽烟或吃零食,以免水杯打翻、烟灰掉落或油渍污染,从而缩短档案的使用寿命。

(四) 完好性检查

档案管理人员在借出的材料归还时,要认真清点和仔细检查文件状况,并及时注销。若发现借出的档案有毁损情况,应及时请示领导,对有关责任人给予严肃处理,并对被损档案采取补救与修复措施。

(五) 借阅反馈

借出的档案归还时,档案管理人员还应该请借阅人员做好利用效果登记,把档案在利用中的实际效果记录在案,便于为档案利用工作的统计提供依据,也可为档案编研工作积累素材。

实训任务　档案库房管理

【训练目标】

通过本项目的实训,要求学生掌握档案库房管理的相关知识。

【任务描述】

学意公司近两年业务不断扩大,预计在 2011 年公司年生产量将达到 10 000 万台,并将开拓海外市场,公司员工将超过 7 000 人,这就为档案管理工作带来了巨大的工作量。该公司文件控制中心的主要职责是对公司经营过程中形成的文件与档案进行管理。公司共有四个档案库房,都设在 4 号行政楼 3 层,四个档案库房中各有十个大型档案柜。如今由于档案的增加,需在 301 和 303 库房添加六个档案柜,在 302 和 304 库房添加五个档案柜。

请对增加档案柜之后的库房、装具进行编号,并绘制平面图。

【实训内容】

熟悉库房和装具管理知识、编号及绘图。

【实训要求】

(1) 实训项目分组进行,每组 3~5 人为宜,每组设组长 1 人;

(2) 以小组为单位,小组成员明确分工,完成编号、绘图等工作;

(3) 每组组长将小组成员撰写的材料进行汇总;

(4) 以小组为单位,进行实训成果汇报,并将汇报材料制作成 PPT,注意图文并茂;

(5) 根据每组完成任务情况,小组在自评的基础上进行互评,最后由教师进行总评。

【知识链接】

各种档案原件的翻拍方法

1. 钢印

原件载体上钢印,是以立体的凸凹来体现的。拍摄时可采用侧光照明的方法,用纸板等物品挡住相机一侧的全部或部分灯光,将两侧均等的照明度变为一侧的侧光照明,并适当增加曝光量,就可获得满意效果。

2. 印章与落款重叠

印章与落款重叠,多是红色印记压在蓝色或黑色文字上。正常拍摄时印记与文字影像反差小,有时难以分辨。这时可采用镜头前加滤色镜的方法进行。利用滤色镜改变它们的反差,突出其中的一项。但应注意,滤色镜深浅要合适,只能减弱而不是滤除其中一项,否则将丢失原件中的一些信息。

3. 正面字迹消退而背面字迹尚存的文件

复写纸打印、复写的文件,正面的字迹消退而背面的字迹尚存时,可采用下列办法拍摄:

(1) 使用有底灯的摄影机。打开底灯,用透射光照明,提高反差。

(2) 在原件背面衬上与底色相同色彩的纸(如白纸),提高反差。

(3) 先拍原件正面,再拍背面,加拍说明。

(4) 在原件下放置平面镜,利用镜面的反射加大反差。

4. 黑白不太分明的原件

翻拍黑白不太分明的原件时,可以在阳光下用前侧光,曝光量要略不足,显影时间要延长,用反差大的低感光度胶卷拍摄。

5. 照片的翻拍

(1) 光面照片的翻拍　照片应平坦,不卷曲,为防止反光采用45°光。

(2) 绸纹绒面和珠面照片　这些照片表面都有纹路或颗粒,为避免拍照时影像粗糙,采用的方法有:用乳白灯泡照明;用松节油和蓖麻油1∶1配成油液,均匀地涂在照片上后,再翻拍,事后可用酒精或汽油擦掉。

(3) 变色照片的翻拍　使用全色胶片,也可用色盲片或分色片,加滤色镜。

6. 消除原件污迹的方法

加用滤色镜。

7. 中国画的翻拍

中国画一般都是在无反光的宣纸上,而且画幅尺寸较大,可采用下列方法:

(1) 在面对窗户的平整墙上,先衬一张大白纸,然后把画平直地钉(挂)在纸上;

(2) 在室内散射顺光拍,但光线必须要均匀;

(3) 若光线亮度不够,可用万次闪光灯辅助(闪光速度高,不至于损坏画)拍摄;

(4) 为了丰富照片层次,采用全色片;

(5) 曝光充足。

第八章 特殊载体档案的管理

项目一 电子档案的管理

【学习目标】

了解电子文件的概念、特征;了解电子文件的形成;掌握电子文件的整理和归档方法及步骤。

【任务描述】

学意公司办公室根据文档管理的需要,添置了一套文档一体化管理软件,实现了文档管理现代化。档案管理员吴芳在做好纸质档案管理的同时,积极学习电子文件的归档和管理。

【任务分析】

随着信息产业和电子科学技术的飞速发展,电子档案在档案工作中所占比例越来越大,发挥着日益重要的作用。档案的电子化、数字化是档案发展的必然趋势。秘书人员应该针对电子文件的特性,熟练掌握电子文件整理和归档的方法,采取相应的管理办法,才能充分发挥电子档案的优势,使档案工作为企业的发展服务。

任务一 电子文件归档

信息技术的发展带来了大量的电子文件。电子文件(electronic records)指在数字设备及环境中生成,以数码形式存储于磁带、磁盘、光盘等载体,依赖计算机等数字设备阅读、处理,并可在通信网络上传送的文件。

电子文件具有以下主要特性:第一,电子文件具有高密度性;第二,电子文件对设备的依赖性;第三,电子文件载体的非直读性;第四,电子文件的信息与载体相分离性;第五,电子文件信息的共享性及不安全性;第六,电子文件的易修改性。

电子文件的一些特性给保管和开发利用带来很大方便,如电子文件的记录密度极大,存储空间很小,再大的信息量也不需要很大的库房;电子文件易增删改正,将给电子文件管理、开发利用带来方便;电子文件的可共享性,可利用计算机网络系统,方便快捷地同时提供给众多用户利用;各种信息媒体能够用计算机多媒体技术集中统一管理;可利用电子文件非实体归档的特性,用计算机网络技术可以很快地完成电子文件的收集积累、整理归档等任务。

电子文件的一些特性给管理,特别是长期保存带来很多难题,这些难题困扰着档案管理人员。这些难题可归纳为六个方面:一是电子文件的收集积累、整理归档,目前还没有一种完善的理想的令人放心的方法;二是电子文件保管,特别是长期保存,是一个非常复杂的问题,目前虽有一些解决措施,但这些方法还不是很理想;三是电子文件的安全,这更是一个非常重大而需要认真对待和研究解决的问题;四是电子文件及电子文件的管理,不能照搬纸质文件及纸质档案的管理方法,一切都要从头做起,建立一整套电子文件及电子文件管理方法、标准、技术和理论,这是一个长期的艰巨任务,一时难以完成;五是电子文件及电子文件管理须要配置读取及检验等设备,必须要有经费投入;六是电子文件及电子文件管理实质上是一项系统技术工程,现有纸质文件及纸质档案管理人员的知识结构已不符合电子文件的要求,须要对电子文件管理人才进行专门的培养。

一、电子文件的形成

国家机关、社会团体、企事业单位及个人在社会活动中为处理各项事务、交流信息须要建立起适用的计算机系统或计算机网络系统,其所进行的电子政务、电子商务等活动使过去用纸墨、感光材料等形成和传递的政府机关公文及图书、图形、图像等文献资料和商业信息改成由计算机系统形成,用计算机网络系统传递。由此而产生了电子公文、电子图书、电子邮件、电子文献等,形成了大量的电子文件。

二、电子文件的整理

需要归档的电子文件要进行整理。文件形成部门应对文件载体进行整理,在其包装盒表面粘贴说明性标签,注明编号、名称、密级、软硬件环境等,填写《归档电子文件登记表》。

电子文件的整理是指按照一定的原则和方法,将收集积累的电子文件分门别类进行清理,为归档做好准备工作。电子文件整理包括以下两个层次。

(1)对分类、排序的组织　就是将磁性载体传递的零散的、杂乱的电子文件通过分类、标引、组合,使电子文件存储格式处于一种有序状态。文件名称、文件号、分类和隶属编号等电子文件的著录标引应由归档人员来完成。

(2)组织建立数据库　主要工作内容如下。首先是对电子文件进行分类和编号。一个组织的电子文件类别是多种多样的,对这些电子文件要进行分门别类的管理,就要进行科学的分类。要按门类划分要求,结合本组织的专业和电子文件内容制定分类编号方案。分类编号就是按照分类编号方案的规定对电子文件进行划分,并给每份电子文件安排一个固定唯一的号码,从而使全部电子文件成为一个有机的整体。其次是对电子文件的登记。电子文件的整理是未来的电子文件管理和利用等工作的基础。

与纸质文件相比较,电子文件在数据库中是以虚拟形式存在的,经过对电子文件的科学整理,构成有序的虚拟状态,通过检索,可以提取电子文件并在计算机屏幕上显示出来,数据库是存、取电子文件的"虚拟文件库"。特别要说明的是,无论在任何环境下,都要另外复制一套保存,并对这套软、硬件环境做好说明。有些必须以纸质文件存在时,可输出纸质文件保存。

三、电子文件的归档

(一) 归档范围

除参照执行国家档案局关于《机关文件材料归档范围和保管期限规定》和其他有关科技文件、专门文件归档范围的规定外,还应根据电子文件的特点从以下几方面确定详细的归档范围。

(1) 在行使本组织职能,以及行政管理、业务管理活动中形成的各种文本文件。对须要保存草稿的重要文件,在修改时应保留原件,加版本号后积累,将草稿和定稿一并归档。

(2) 利用计算机辅助设计(CAD)、辅助制造(CAM)、检测、仿真实验等技术形成的具有查考利用价值的数据文件、图形文件和模型文件。

(3) 本组织制作的各种数据文件,如数据库、图形库、方法库等。

(4) 与本组织制作的文本文件、图形文件、模型文件、数据文件有关的各种命令文件,如计算程序、控制程序、管理程序等。命令文件有的是本组织根据需要自行编制的,也有的是以购买方式获得的。档案室已有的命令文件不必重复归档。

(5) 设备运行所需要的操作系统。档案室已有的操作系统不必重复归档。

(6) 与电子文件有关的各种纸质文件,主要包括两方面内容:一是产生电子文件所使用的计算机硬件说明文件,如计算机技术说明书、图纸、使用说明书、操作手册等;二是在电子文件形成过程中产生的纸质文件,如系统设计任务书、说明、程序框图、测试分析报告、技术鉴定材料等。

(二) 归档方式

1. 逻辑归档方式

逻辑归档是指文件形成部门将归档电子文件的逻辑地址通知档案部门,从而使档案部门实施在网络上接收、控制与管理电子文件的归档方式。经逻辑归档后,一方面,电子文件的存储格式和物理存在位置不会改变;另一方面,文件形成部门可以利用该文件,但是却不能对其进行修改和删除。

2. 物理归档方式

物理归档是将计算机及其网络上的电子文件集中传输至独立的或可脱机保存的载体上,向档案部门移交的过程。凡在网络中予以逻辑归档的电子文件,均应定期完成物理归档。物理归档包括介质归档和网络归档两种方式。介质归档是指文书部门将电子文件下载到存储介质上移交给档案部门;网络归档是指将电子文件通过网络直接传输给档案部门进行存储。物理归档可以实现电子文件的集中管理。

3. "双套制"归档

"双套制"归档是指采取物理归档或逻辑归档的电子文件,同时制成纸质文件予以归档的方式。目前,采取"双套制"归档主要是为了在计算机或网络系统出现意外故障时能够确保电子文件信息的完整性和真实性。

实行"双套制"归档并非要求组织将所有的电子文件都输出成为纸质文件,而是主要对那些具有法律凭证作用的须要确保其安全、秘密和真实性的电子文件采取"双套制"的归档办法。

(三) 归档时间

收集积累的电子文件,经过鉴定审核、检测和整理后,立即移交档案管理部门保存,最晚不超过3个月。对一些有特殊要求的归档电子文件,可自行确定移交时间。总之越快越好。

电子文件的归档时间有实时归档和定期归档两种。实时归档是在电子文件形成后即时归档;定期归档是按规定的归档周期归档。采用逻辑归档的单位,应尽可能实时进行,以免发生失控。采用物理归档方式的单位,电子文件的归档时间可借助纸质文件归档经验,按照纸质文件的规定定期完成。一般情况下,通过计算机网络归档的电子文件应采取实时归档;介质归档可以采取定期归档。双套归档的电子文件和纸质文件,归档时间应统一。

(四) 归档步骤

(1) 在进行电子文件归档工作时,应对归档电子文件的基本技术条件进行检测,检测内容包括:硬件环境的有效性,软件环境的有效性及其信息记录格式,有无病毒感染等。

(2) 把带有归档标志的电子文件集中,刻录至耐久性好的载体上,一式三套,一套封存保管,一套供查阅使用,一套异地保存。对于加密电子文件,则应在解密后再复制。

采用的载体按优先顺序依次为:只读光盘、一次写光盘、磁带、可擦写光盘、硬磁盘等。不允许用软磁盘作为归档电子文件长期保存的载体。

(3) 在存储电子文件的载体或装具上贴上标签,标签上注明载体序号、全宗号、类别号、密级、保管期限、存入日期等,归档后的电子文件的载体设置成禁止写操作的状态。特殊格式的电子文件,在存储载体中同时保存相应的查看软件。

(4) 将相应的电子文件机读目录、相关软件、其他说明等一同归档,并附归档电子文件登记表。归档电子文件以盘为单位填写归档电子文件登记表首页(如表 8-1 所示),以件为单位填写续页(如表 8-2 所示)。对需要长期保存的电子文件,须在每一个电子文件的载体中同时存有相应的机读目录。

表 8-1　归档电子文件登记表(首页)

文件特征	形成部门				
	完成日期		载体类型		
	载体编号				
	通信地址				
	电话		联系人		
设备环境特征	硬件环境 (主机、网络服务器型号、制造厂商等)				
	软件环境 (型号、版本等)	操作系统			
		数据库系统			
		相关软件(文字处理工具、文字浏览器、压缩或解密软件等)			
文件记录特征	记录结构 (物理、逻辑)		记录类型	□定长 □可变长 □其他	记录总数	
					总字节数	
	记录字符及图形、音频、视频文件格式				
	文件载体	型号： 数量： 备份数：	□一件一盘　　□多件一盘 □一件多盘　　□多件多盘		
文件交接	送交部门				
	通信地址				
	电话		联系人		
	送交人(签名)		年　　月　　日		
	接收部门				
	通信地址				
	电话		联系人		
	接收人(签名)		年　　月　　日		

第　页　　　　　　　表 8-2　归档电子文件登记表(续页)

文件编号	题　名	形成时间	文件版本代码	文件类别代码	载体编号	保管期限	备　注

(5) 归档完毕后,电子文件形成部门应将存有归档前电子文件的载体保存至少一年。

(五) 归档要求

文件形成部门或信息管理部门应定期把经过鉴定符合归档条件的电子文件向档案部门移交,并按档案管理要求的格式将其存储到符合保管期限要求的脱机载体上。归档时应符合下列几个要求。

1. 电子文件归档的格式要求

各类电子文件的内容信息,无论是用存储载体传递,还是用计算机网络系统传送,其管理格式和数据结构等一定要符合相关标准和规定要求,不能各行其是,以防将来有读取不出的恶果发生。

2. 归档电子文件完整性、有效性的要求

归档电子文件在移交档案管理部门时,除应对其鉴定审核和检测整理外,还应将其软硬件环境说明、元数据、背景信息及相关参数、应用程序等一并归档,以确保归档电子文件的完整性、有效性和安全性。

归档的电子文件应真实有效,文本文件应是经签发生效的最后定稿,图形文件如经更改,应将最新版本连同更改记录一并归档。各种文件的草稿,根据需要决定是否归档。

3. 归档电子文件的整理编目

在电子文件归档前,文件形成部门应对文件载体进行整理,并在其包装盒表面粘贴说明性标签,注明编号、名称、密级、软硬件环境等;对文件的形式和内容进行著录、登记等,填写归档电子文件登记表。归档时,应将有关的目录和登记表同时移交给档案部门。

4. 归档电子文件的状态和数量

归档电子文件应是真实的或是经过审批的"最终版本"。在归档过程中不能对归档电子文件做任何增删改。归档电子文件一般不做加密处理,若非要进行加密处理,一定要将密钥随同电子文件一并归档,移交档案管理部门保存。凡采用存储载体形式移交的,要一式两套,一套封存保管;另一套提供利用。必要时复制第三套异地保存。如采用计算机网络系统形式移交的,要脱机备份一套封存保管,必要时再备份一套异地保存。

5. 档案管理部门应建立电子文件数据库

无论是用存储载体还是用计算机网络系统移交的电子文件,都应输入到档案管理部门建立的电子文件数据库中,集中保存、管理和开发利用。

(六) 归档手续

(1)文件形成部门在移交电子文件之前,档案保管部门在接收电子文件之前,均应对归档的每套载体及其技术环境进行检验,合格率达到100%时方可进行交接。主要检验载体有无划痕,是否清洁;有无病毒;核实归档电子文件的真实性、完整性、有效性检验及审核手续;核实登记表、软件、说明资料等是否齐全;对特殊格式的电子文件,应核实其相关的软件、版本、操作手册等是否完整。检验结果分别由移交单位、接收单位填入归档电子文件移交、接收检验登记表的相应栏目(如表8-3所示)。

表8-3 归档电子文件移交、接收检验登记表

检 验 项 目	单 位 名 称	
	移交单位:	接收单位:
载体外观检验		
病毒检验		
真实性检验		
完整性检验		
有效性检验		
技术方法与相关软件说明		
登记表、软件、说明资料检验		
填表人(签名)	年　月　日	年　月　日
审核人(签名)	年　月　日	年　月　日
单位(印章)	年　月　日	年　月　日

(2)档案保管部门应按照要求及检验项目对归档电子文件逐一验收。对检验不合格者,应退回形成部门重新制作,并再次对其进行检验。

(3)档案保管部门验收合格,完成归档电子文件移交、接收检验登记表的填写、签字、盖章环节。登记表一式两份,一份交电子文件形成部门,一份由档案保管部门自存。归档电子文件若须要有专利权限保护时,应填写使用权限保护单。保护单应有电子文件名称、实施日期、保护原因、保护要求、单位意见、上级部门意见、档案管理部门意见等栏目。

(4)采用介质归档方式的电子文件,在对归档文件检验合格、清点无误后,移交的双方应在归档电子文件登记表、归档电子文件移交检验表和电子文件接收检验登记表上签字盖章。移交文件均一式两份,交接双方留存备查。

采用逻辑归档或网络归档方式的电子文件,首先由文件形成部门为文件赋予归

档标志,然后提交给档案部门。档案部门再给已经归档的文件赋予档案管理标志。实行逻辑归档或网络归档时,计算机系统可自动生成归档电子文件登记表,打印输出后,移交双方签字盖章、留存备查。

采用"双套制"归档的纸质文件履行与其他纸质文件相同的归档手续。

任务二 电子档案的鉴定

一、电子文件的归档鉴定

电子文件的鉴定工作,应包括对电子文件的真实性、完整性、有效性的鉴定,以及确定密级、归档范围和划定保管期限。

(1) 归档前应由文件形成部门按照规定的项目对电子文件的真实性、完整性和有效性进行检验,并由负责人签署审核意见,将检验和审核结果填入归档电子文件移交、接收检验登记表。如果文件形成部门采用了某些技术方法保证电子文件的真实性、完整性和有效性,则应把其技术方法和相关软件一同移交给接收单位。

(2) 电子文件的归档范围参照国家关于纸质文件材料归档的有关规定执行,并应包括相应的背景信息和元数据。

(3) 电子文件保管期限和密级的划分工作,参照国家关于纸质文件材料密级和保管期限的有关规定执行。电子文件的背景信息和元数据的保管期限应当与内容信息的保管期限一致。应在电子文件的机读目录上逐件标注保管期限的标志。

二、电子档案的鉴定

电子文件价值的鉴定可分为内容鉴定和技术鉴定两方面,应将两方面鉴定结果联系起来综合判定电子文件的保存价值。

(一) 内容鉴定

电子文件内容鉴定的原则、标准、方法与纸质档案大体相同,但由于电子文件归档范围及文件技术上的特点,现行的档案保管期限表并不完全适用于电子文件,目前可参照现行档案保管期限表结合文件实际情况进行判断。在内容鉴定中应注意以下问题。

1. 关于"微观文件"问题

所谓"微观文件"是指所记载内容范围较小或时间较短的文件,如组织的月报、季报和某些具体记录。在纸质文件中通常不予归档,只有在综合性文件无存的情况下才考虑保存,如在没有年报时可保存月报或季报,这主要是为了控制文件数量,减少保管空间。但是在科学研究中"微观文件"的作用越来越受到重视,这一矛盾在纸质档案管理中很难得到有效的解决。电子文件以其信息存储的高密度性可在一定程度上解决这个问题,各组织可在调查研究的基础上,适当放宽电子"微观文件"的归档范围和保管期限,即使是在双套归档的情况下,也可以把一些电子"微观文件"单独归档,并在纸质档案的目录备注栏中加以注明。

2. 关于"保存效益"问题

档案鉴定要考虑保存效益,即要考虑保管成本与利用效果之比。在电子文件鉴定中同样要考虑成本问题,但比起因信息存储量增加而加大的开支来说,为实现文件可读性所付出的资金将成为电子文件管理成本增大的主要原因。如档案馆对于某些使用特殊软件形成的文件,也许须要用购买方式获得其软件,这时就要考虑它是否值得购买,是否可以采用重新格式化的办法阅读该文件,如果无法解决阅读问题,就须要进一步考虑是否接收这部分档案。

3. 关于"依附价值"问题

电子文件中的命令文件,除了软件生产者作为科研成果保存外,大部分软件的价值并非来自于它自身的内容,而是来自于它所支持的文件。也就是说,此类文件的价值及其保管期限是根据它所支持的文件决定的,是一种"依附价值"。如果原文件不再需要它的支持,那么它就失去了继续保存的必要。

(二) 技术鉴定

对档案的技术鉴定应当从以下几方面进行。

1. 可读性鉴定

可读性鉴定的主要做法有以下几点。

第一,检查与文件相关的软件、操作系统和其他文字说明文件是否齐全。

第二,核实归档时所填写的文件运行的软件和硬件环境、版本号是否正确,"目录系统说明"是否与盘、带中目录结构一致。

第三,将文件在计算机上读一遍,如发现有很小的错误,可用磁带清洗机清洗后再读,以确认其可读性。

第四,对数据库要确认数据与栏目是否符合,结构是否正确,某些结构比较复杂的关系型数据库的相关数据库是否完整。

2. 无病毒鉴定

无病毒鉴定可运用病毒检测软件进行检测。

3. 介质状况鉴定

介质状况鉴定是在有关设备上演示或检测,确认归档、磁带清洁、光滑、无皱折、无划伤、运转正常等。

三、鉴定程序

电子文件的鉴定工作分以下三步进行。

第一步是在归档之前选择确定归档文件,并划分保管期限。

第二步是当组织档案室接收归档文件时进行一次包括内容鉴定和技术鉴定在内的全面鉴定。

第三步是再鉴定,非永久保存档案由组织档案室在文件保管期满时进行再鉴定,将确实无保存价值的删除销毁。存储在磁带和光盘上的文件一般在定期复制时进行再鉴定;永久档案由档案馆接收档案时进行再鉴定,将确有永久保存价值的接收进馆。电子文件的销毁也应当建立严格的审批制度,销毁方法是在计算机上删除该文件,为了防止误操作,应先建立备份,待审查确定销毁无误后,再将备份删除。

任务三　电子档案的日常管理

一、电子档案的保存与维护

电子档案的特性不同于纸质档案,电子档案在其保存与维护方面具有一定的复杂性。如何保存、维护电子档案,使之安全、可靠并永久处于可准确提供利用的状态,是档案工作者急需解决的问题。

第一,要保证电子档案载体物理上的安全。一般情况下,电子档案是以脱机方式存储在磁、光介质上,所以,要建立一个适合于磁、光介质保存的环境,例如温湿度的控制,存放载体的柜、架及库房应达到的有关标准的要求,载体应直立排放,并满足避光、防尘、防变形的要求,远离强磁场和有害气体等。

第二,要保证电子档案内容逻辑上的准确。电子档案的内容是以数码形式存储于各种载体上的,在以后的利用中,必须依赖于电子计算机软硬件平台将电子档案的内容,还原成人们能够直接阅读的格式进行显示。这对于电子档案而言是一个较为复杂的过程。因为,电子档案来自各个方面,往往是在不同的电子计算机系统上形成的,且在内容的格式编排上也不尽一致,这种在技术和形式上的差异,必然导致在以后还原时,所采用的技术与方法的不同。而电子档案在形成时所依赖的技术,往往是已经过时的技术,这是科技进步所带来的必然结果。

因此,除对电子档案本身进行很好的保存外,还必须对其所依赖的技术及数据结构和相关定义参数等加以保存,或者采用其他方法和技术加以转换。

第三,要保证电子档案的原始性。对于一些较为特殊的电子档案,必须以原始形成的格式进行还原显示。可采用以下三种方法:一是保存电子档案相关支持软件,即在保存电子档案的同时,将与电子档案相关的软件及整个应用系统一并保存,并与电子档案存储在一起,恢复时,使之按本来的面目进行显示;二是保存原始档案的电子图像;三是保存电子档案的打印输出件或制成缩微品,因为这是最为稳妥的永久保存方法。

第四,要保证电子档案的可理解性。对一份电子档案的内容来说,常常有不被人完全理解的情况出现。为了使人们能够完全理解一份电子档案,就须要保存与档案内容相关的信息。这些信息应包括:元数据;物理结构与逻辑结构的关系;相关的电子档案名称、存储位置及相互关系;与电子档案内容相关的背景信息等。

第五,要对电子档案载体进行有效的检测与维护。电子档案载体,特别是磁性载体,极易受到保存环境的影响。因此,对所保存的电子档案载体,必须进行定期检测和复制,以确保电子档案信息的可靠性。应每年定期检测一次,采用等距抽样或随机抽样的方式进行,样品数量以不少于10%为宜,以一个逻辑卷为单位。首先进行外观检查,确认载体表面是否有物理损坏或变形,外表涂层是否清洁及有无霉斑出现等。然后进行逻辑检测,采用专用或自行编制检测软件对载体上的信息进行读写校验。通过检测发现有出错的载体,须进行有效的修正或更新。应每四年复制一次,且原载体继续保留的时间不少于四年。对于电子档案的检测与维护,必须进行严格管理,因为任何一次误操作都可能使保存的电子档案遭到人为损害,甚至造成难以弥补的损失。必须建立相应的维护管理档案,对电子档案的检测、维护等操作过程进行记录,避免发生人为的误操作或不必要的重复劳动。

对电子档案的有效保存与维护是一项极其重要而复杂的工作。因此,在对电子档案的保存与维护过程中,应充分考虑环境、设备、技术、人员及电子档案的特点等综合条件,来制定技术方案和工作模式,并采取有效措施,以确保电子档案的安全可靠,能够永久地处于可准确提供利用的状态,使其在社会生活中发挥更大的作用。

二、电子档案的日常管理

电子档案日常管理的要求如下。

(1) 由于电子档案和纸质档案的保管条件、管理方式不同,可实行统一归档、分库保管。

(2) 归档的两套电子文件应分别存放,一套封存,一套提供利用。

(3) 电子档案按其保管部门顺序号加以排列,每一盘、带都要贴上标有盘带号和保管单位名称的标签,以便存取。磁带应放入盒中,垂直放置或一盘盘悬挂放置,不要平放,不能在上面放置重物。光盘片基很薄,为防止变形,也应垂直存放。磁带盒要严密、防尘,不能带磁性。

(4) 档案室的计算机禁止使用来历不明的非法软件,以免感染病毒。

(5) 建立电子档案库房管理制度,坚持观测温湿度,定期除尘,定期检查电线、插头、开关等,消除火灾隐患。

(6) 日常管理中要注意操作方法,管理人员不能用手直接触摸光、磁介质,应戴非棉制手套操作;不要使电子档案接触不清洁表面,如地面、桌面等;拿取磁带时不要拿轮毂处,不要挤压法兰盘;仔细将磁带装在卷轴上,防止末端皱折,剪掉末端已经损坏的部分;开始记录之前,应留出不少于1 m的空白带;不要弯折软磁盘,不用橡皮筋、曲别针来固定软磁盘的纸套;软磁盘的标签应写好后贴上,如软磁盘上已有标签,不要用圆珠笔等硬笔书写或修改,以防划伤磁盘。

(7) 磁性载体档案使用场所的温度、湿度与库房温度、湿度相差范围应分别为±3℃和±5%。否则应在使用前将磁带在使用环境中平衡3天以上,读带前将磁带按正常速度全程进带、倒带各两次。

三、电子档案管理体系

电子档案管理应该纳入我国现行的档案管理体系,由各级档案管理部门分别集中管理。

(一) 集中统一管理电子档案

近年来,随着办公自动化(OA)、计算机辅助设计(CAD)、计算机辅助制造(CAM)技术的普及,使用计算机制作文件的组织越来越多,大部分组织将电子文件转换成纸质文件,经正式签署后归档保存,原电子文件保存在各形成部门。也就是说大部分电子文件没有归档,处于分散保存状态。从档案工作的开展看,各组织档案室应当积极创造条件将具有保存价值的电子文件归档,实行对电子档案的集中统一管理。档案馆也须要对接受电子文件的问题开展调查研究、前期论证和创造软硬件技术环境。电子档案的统一管理有利于对这部分数字化信息的检索、利用和共享,有利于各组织、各地区对电子档案管理进行全面的统筹规划,有利于加速档案工作的现代化进程。

电子档案的集中管理应注重实质而不强求形式的划一,尤其是在现阶段应采用与本组织、本地区情况相适应的管理形式。如暂不具备集中保管电子档案条件的组织档案室,可先对各部门电子文件的归档范围、管理方法、有关标准作出规定,并定期进行监督检查,待条件具备再实行集中;有的组织设有专门的计算机站、信息中心等机构,有较好的电子档案保管条件和可行的管理办法,组织档案室可根据档案工作的要求与该机构共同研究制订电子档案的管理办法,也可暂时委托其代管该机构形成的电子档案。

(二) 纸质文件和电子文件双套归档

目前大部分组织将电子文件转换成纸质文件归档保存,这是因为在电子文件的证据性、管理制度、管理技术与方法、管理设备、通信设备等方面仍存在许多问题,在这些问题没有得到有效解决之前,这种纸质文件和电子文件"同时服役"的状况有存在的合理性和必要性。一方面,在没有充分的技术保障和科学的管理制度的条件下,档案人员不能轻易用电子文件取代纸质文件归档保存。另一方面,电子文件的归档也有其积极的意义,这样就形成了双套归档的局面。这是文件介质转换时期不可避免的一种现象,不应看做不必要的重复。可以预见,纸质文件和电子文件双套归档的局面将持续相当一个时期,随着技术的成熟和各方面条件的具备,会有越来越多的电子文件独立地转化为档案,但多种介质档案并存的状况将长期存在。

双套归档带来的直接影响是须要分别建立两个管理系统,二者既有联系,又各有特点,这给各级档案管理部门提出了许多新的课题。原则上电子文件的管理应纳入现行的档案管理体系,能够并轨的就实行并轨,比如,电子文件的归档单位最好与纸质文件的立卷单位相一致,归档时间也可定为同时,价值鉴定、著录标引统一操作等;不能并轨的就分别操作,如分别保管、分别利用等。

(三) 组织内部的文档一体化管理模式

组织内部的电子文档一体化管理主要是通过计算机管理软件来实现。这样的文件和档案管理软件通常是一个包括文件发文处理环节、收文处理环节、分类、鉴定、立卷、归档、接收、著录、标引、检索、调阅、登记、统计等全部文书处理与档案管理环节的系统。该系统在运行时，组织日常管理和经营活动中生成的数据、文件、表格、单据等均在计算机网络上进行传递、交换、处理和管理；同时，电子文件的目录、索引自动生成，并可以实现即时归档。各种信息的用户及管理者通过身份验证系统得到使用权限的确认后，才能进入系统进行操作。

四、电子档案管理的要求

(一) 真实性

保障电子档案的真实性，使电子档案内容、结构和背景信息经过传输、迁移处理后保持不变，与形成时的原始状态一致。

(二) 完整性

确保电子档案的齐全完整，使记录工作活动的具有联系的电子档案及其他形式的相关档案数量齐全，每份电子档案的内容、结构、背景信息没有缺损。

(三) 可读性

确保电子档案经过存储、传输、压缩、加密、媒体转换、迁移等处理后，保持内容的真实性，能够被人们识读。

项目二 录音、录像档案的管理

【学习目标】

了解录音、录像档案的概念；熟练掌握录音、录像档案的归档要求和整理步骤；掌握录音、录像档案鉴定的标准。

【任务描述】

学意公司去年活动频繁，先是公司成立十周年庆典，接着是大型展示会，然后又是新闻发布会、客户联谊会等。秘书吴芳保存了这些活动大量的录音、录像资料。到了归档时间，吴芳将去年所有的录音、录像资料收集起来，开始进行整理归档。

【任务分析】

公司企业在运行过程中必然会产生大量的录音、录像资料。因此，秘书人员应该熟练掌握录音、录像档案的归档要求和整理步骤，才能做好录音、录像资料的归档。

录音、录像档案大多是采用磁性物质（如计算机磁带、软磁带、录像带、录音带）来保留声音和图像，所以又称为磁记录档案。磁记录档案是指国家机构、社会组织和个人在社会活动及科学实践中直接形成的有保存价值的以磁介质为信息载体的一种特殊载体的专门档案。磁记录档案包括录音磁带、录像磁带、计算机磁盘、硬磁盘、软磁盘等种类。按其不同的记录方式又可分为模拟记录和数字记录两种，模拟记录是利用磁记录技术直接将原始信息转换成磁信号记录在磁载体上，数字记录则首先将原始信息转换成数字，如计算机编码，再将数字信号记录在磁载体上。

录音、录像档案目前有两种形式。一种是利用录音机和录像机在磁带上记录单位或个人现场工作活动情况所形成的档案。它在形成以后，须要利用音像视听设备才能收听和观看。另一种是采用数码录音、摄像技术来拍摄单位或个人工作活动情况，成像于磁盘上的数字化信息。它属于电子文件，须借助于计算机设备才能收听和阅览。录音、录像档案分为纪实性和制作性两种类型。纪实性录音、录像档案指在本组织工作活动过程中录制的材料；制作性录音、录像档案指经过策划、录制、编辑而有目的地制作的作品。

录音、录像档案的特点是可以再现当事人讲话、现场的各种声音，以及动态的历史活动景象，具有很强的现场感，生动、直观，因此，它是人们了解真实的历史面貌、证明历史事实的可靠凭据。

一、录音、录像档案的归档

录音、录像档案形成部门负责对需要归档的录音、录像档案进行整理、编辑，根据本单位情况，待项目结束后将磁性载体文件按照 GB/T 1989—1980、GB/T 7574—2008 等标准转换成标准格式，一式两份（A、B 盘），及时向档案部门移交归档。归档的要求主要有以下几个方面。

（1）纪实性录音、录像档案应按照归档范围的要求，将反映本组织工作活动、具有查考利用价值的材料随时接收归档，由档案室统一保管。为此，要向有关人员说明录音、录像档案收集工作的要求和目的，使其在完成录制任务后，及时将有关的音像资料移交档案室进行审查、鉴定和归档。

（2）归档的录音、录像档案必须是可读文件。必须在有关的设备上演示或检测，运转正常，无病毒，清洁，无划伤，确保文件的完整性和内容的准确性。

（3）归档使用的录音（像）带、软磁盘的性能质量，应分别符合 GB/T 7309—2000 和 GB/T 14306—1993 等标准的规定。

（4）同一项目同一类别的录音、录像档案应存储在同种磁性载体上。应将录音、录像档案目录清单与录音、录像档案一同归档。归档的录音、录像档案应由形成部门编制归档说明。

（5）制作录音、录像档案的相关广播电台、电视台，以及记者、编辑等采编人员，应将采访录制、编辑加工的各种音像资料进行登记，填写送审表，并送交有关领导审定。送审表的项目包括节目来源、内容、录音或录像地点、原录日期、复制日期、录音或录像效果、播放时间等。只有经过审批后的材料才能归档。与音像材料有关的文字材料应与其同时归档。

（6）在接收录音、录像档案时，须要进行验收，其目的是检查音像材料的质量。验收的程序和内容是核对录音、录像登记表，检查登记簿的各项内容是否填写完整清楚，手续是否完备。随后，根据登记簿的内容听音或观看，核对录音、录像档案内容的技术状况。为此，单位的档案部门应备有视听设备，以便对录音、录像档案进行技术性能的检查。

二、录音、录像档案的整理

（一）及时写好文字说明

在日常工作中，随着录音、录像档案的形成，应及时写好文字说明。对于录音和录像带，必须详细登记所录的内容，以及录制单位、录制人、录制时间、机器型号、磁带代码、技术规格等。可将说明文字登记在表格或卡片上，放入磁带盒（套）内。在盒（套）的外面应加贴标签，注明讲话人姓名、题目、开始语、结束语、共用时间、录制日期、编号、带长等，以方便利用。

（1）磁带（软磁盘）须简要说明带（盘）中存储文件的内容、运行的软件和硬件环境、版本号、文件的完整性和准确性等。

（2）录像片须简要说明该片的内容、制式、语别、密级、规格和放映时间。同时，还应归档一套可供借阅的备份录像片。

（3）录音带须简要说明讲话内容、讲话人姓名、职务、录制日期、密级等。

（二）分类、编目和编号

作为一种特殊载体的专门档案，录音、录像档案在保管条件、环境及保管单位上与纸质档案有所差别，但在档案的分类、编目和编号方面应符合档案管理的一般规律。

（1）录音、录像档案作为一种专门档案，应作为单位的一种档案门类单独分类、编目、存放。

（2）录音、录像档案应按种类、年度和专题进行分类，以盒、带、盘等自然单位为档案基本保管单位（相当于卷），自然单位内的信息按信息单元分别排列。

（3）录音、录像档案应按分类的顺序分别编制案卷目录（如表8-4所示）。录音、录像档案案卷目录与文书档案的案卷目录基本相同，其中"信息量"是指录音、录像档案的自然单位内信息单元所占的时间（以时、分、秒为计量单位）或空间（以字节为计量单位）。

表8-4 录音、录像档案案卷目录格式

案 卷 号		题 名	年 度	信息量	期 限	备 注
档案室编	档案馆编					

（4）磁性载体档案的目录号应与其他门类档案的目录号混编。盒、盘、带号（一个自然单位一个号）就是案卷号，应按录音、录像档案的分类排列的顺序编号。一个自然单位内所存储的信息按信息单元排列顺序编顺序号（相当于件号）。

（5）归档的录音、录像档案必须贴上标签。

磁带（软磁盘）套、盒上须标注带（盘）编号、档号、软件名称、版本号、文件数、密级、编制人、编制日期等标志。

录像带盒上须标注带编号、档号、片名、放映时间、摄制单位、摄制日期、规格、制式、语别、密级等标志。

录音带盒上须标注带编号、档号、讲话人姓名、职务、主要内容和录制日期、密级、讲话时间等。

三、录音录像档案的鉴定

录音录像档案的鉴定可以从以下四个方面来进行。

（1）判断收集到的声像制品是否属于声像档案。

声像制品目前数量繁多，内容复杂，如不认真鉴定，难免鱼目混珠。只有那些反映历史真实面貌，具有长久保存利用价值，能为今后工作提供参考和凭证的声像制品才能作为档案保存，而一些以商业目的出版发行、单纯的艺术欣赏或宣传教育方面的声像制品，以及与本组织主要职能活动无关的录音录像材料则不能作为档案保存。

（2）是否是声像制品的母带。

母带是指最初录制的录音、录像带。母带的真实性、可靠性及声像质量要强于复制磁带，失真度也较小，所以档案部门一般应该保存母带，而在利用时尽量使用复制带。

（3）声像载体是否符合保存要求。

声像档案要想长久地保存和利用，载体质量是关键因素，所以一定要保证收到的声像档案载体符合有关的质量标准，能够达到长久保存的要求。

（4）相关的文字说明是否齐全完整。

录音、录像档案需要一定的文字说明，否则不仅会给档案管理工作带来很多麻烦，而且会影响声像档案利用工作的开展。如果在收集过程中档案没有相应的文字说明，一定要请相关当事人及时撰写，以免今后无从考证。

项目三　照片档案的管理

【学习目标】

了解照片档案的概念；了解照片档案的构成要素；掌握照片档案整理的步骤；熟悉照片档案鉴定的标准和方法。

【任务描述】

学意公司去年活动频繁,先是公司成立十周年庆典,接着是大型展示会,然后又是新闻发布会、客户联谊会等。秘书吴芳保存了这些活动大量的照片资料。到了归档时间,吴芳将去年所有的照片资料收集起来,开始进行整理归档。

【任务分析】

公司企业在运行过程中必然会产生大量的照片资料。因此,秘书人员应该熟练掌握照片档案的归档要求和整理步骤,才能做好照片资料的归档。

任务一　照片档案的整理和鉴定

根据我国《照片档案管理规范》(GB/T 11821—2002)的规定,照片档案(photographic archives)是指:"国家机构、社会组织或个人在社会活动中直接形成的以静止摄影影像为主要反映方式的有保存价值的历史记录。"

在摄影技术普及的今天,照片档案作为人类记录历史、传递信息、交流情感的重要工具,在人类社会生活中所起的作用越来越明显,已经成为档案宝库中一个重要的组成部分,在社会生活的各个领域都起着举足轻重的作用。为了加强对照片档案信息资源的管理,使其服务于社会主义现代化建设,国家技术监督局在2002年批准颁布了《照片档案管理规范》,对照片档案的各项工作做出了具体的规定。

照片是运用摄影技术记录人们工作活动情况所形成的图片,目前分为传统照片和新型照片两种。传统照片是将被拍摄物体成像于感光材料上获得的图像;新型照片则是运用计算机与数码影像技术拍摄物体获得的图像,属于电子文件。在体裁上,照片档案分为新闻照片档案、单位活动现场照片档案、自然现象照片档案、艺术照片档案等几种。按色彩划分为黑白照片、单色照片、着色照片、彩色照片等几种;按感光形式划分为普通日光片、X光片、超声波片、正片、负片、反转片等几种;按片基材料划分为普通相纸片、聚酯片、醋酸片、玻璃片等几种。一般组织的照片档案主要是普通日光型的常规照片,包括相(纸)片、底片、反转片等。

照片档案是通过静态的形象记录活动现场的情况,保留了真切的历史画面,具有能够直观、鲜明、生动地再现历史场景的特点,在帮助人们掌握事实真相、了解历史面貌、提供法律证据等方面具有独特的作用。因此,照片档案是组织和个人记录历史活动情况的一种重要方式,在形式和内容上也成为纸质档案的一种重要的补充。

一、照片档案的构成

照片档案主要由底片、照片和文字说明三部分构成。

1. 底片

底片是照片档案最原始的材料和最重点的部分,分为原始底片和翻版底片两种。原始底片是照片在形成过程中最初产生的底片,为防止磨损一般不外借;翻版底片是原始底片的复制品,又称复制底片,作用是保护原版底片,用于外借或补充原始底片的缺损。

2. 照片

照片是通过底片洗印而成的图片,它直接再现被拍摄物体的形象,是人们利用照片档案的主体。

3. 文字说明

文字说明是关于照片的事由、时间、地点、人物、背景、摄影者等情况的简短介绍性文字,对于档案管理人员和利用者解读照片档案的内容具有重要的作用。因此,照片档案必须编写文字说明,两者相辅相成,是不可分割的整体。

二、照片档案的整理

按照《照片档案管理规范》的要求,照片档案的整理应遵循有利于保持照片档案的有机联系,有利于保管,有利于提供利用的原则。照片档案的底片、照片应分开各自单独整理和存放,照片和说明文字应一同整理和存放。

(一) 底片的整理

1. 底片的编号

底片号是固定和反映底片在全宗内排列顺序的一组字符代码,由全宗号、保管期限代码、张号组成。其格式为:全宗号—保管期限代码—张号。

(1) 全宗号:档案馆给立档单位编制的代号。

(2) 保管期限代码:分别用"1、2、3"或"Y、C、D"对应代表永久、长期、短期。

(3) 张号:在某一全宗某一保管期限内底片的排列从"1"开始的顺序编号。

2. 底片号的登录

底片号的登录宜使用铁笔将底片号横排刻写在胶片乳剂面片边处(刻写不下时,前段可不写),不得影响画面;也可采用其他方式将底片号附着在胶片乳剂面片边处,不得污染胶片。底片号登录顺序应与照片号登录顺序保持一致。

3. 底片袋的标注

底片放入底片袋内保管,一张一袋。应在底片袋的右上方标明底片号。对翻拍底片,应在底片袋的左上方标明"F"字样。对拷贝底片,应在底片袋的左上方标明"K"字样。

4. 底片的入册

底片册一般由 297 mm×210 mm 大小的若干芯页、封面和封底组成。应按底片号顺序将底片袋依次插入底片册。芯页的插袋上应标明相同的底片号。

对幅面超过底片册芯页尺寸的大幅底片,应在乳剂面垫衬柔软的中性偏碱性纸张后,放入专用的档案袋或档案盒中,按底片号顺序排列。

5. 册内备考表

册内备考表项目包括:本册情况说明、立册人、检查人、立册时间。册内备考表应放在册内最后位置。本册情况说明主要填写册内底片缺损、补充、移出、销毁等情况。对底片册立册以后发生或发现的问题,应由相关的档案管理人员填写说明,并签名、标注时间。

6. 底片册的封面和册脊

底片册的封面应印制"底片册"字样。底片册册脊的项目包括:全宗号、保管期限、起止张号、册号。

7. 底片册的排列

底片册按照全宗号、保管期限、册号的顺序排列,上架保存。

(二) 照片的整理

1. 照片的分类

照片一般是以全宗为单位,按保管期限—年度—问题进行分类。跨年度且不可分的照片,也可按保管期限—问题—年度进行分类。分类方案应保持前后一致,不应随意变动。有时也可以与相关的文书档案的分类方法一致。如果组织的照片档案数量较多,还可以从摄影的目的、记载的内容和表现形式等出发将照片分为记录性照片和艺术性照片两种。

2. 照片的排列

应在分类方案的最低一级类目内,按问题结合时间、重要程度等进行排列。为便于提供利用,照片排列及入册时应同时考虑不同保密等级照片的定位。

3. 照片的编号

照片号是固定和反映每张照片在全宗内分类与排列顺序的一组字符代码,由全宗号、保管期限代码、册号、张号,或者全宗号、保管期限代码、张号组成。照片号有两种格式:格式一为全宗号—保管期限代码—册号—张号;格式二为全宗号—保管期限代码—张号。若采用格式二,可选用照片、底片分别编号法或合一编号法(影像相符的照片、底片编号相同)。选用合一编号法应该以照片、底片齐全为基础。

(1) 全宗号:档案馆给立档单位编制的代号。

(2) 保管期限代码:分别用"1、2、3"或"Y、C、D"对应代表永久、长期、短期。

(3) 册号:在某一全宗某一保管期限内照片册的排列从"1"开始的顺序编号。

(4) 张号:格式一中的张号是指照片在册内的排列从"1"开始的顺序编号。格式二中的张号是指在某一全宗某一保管期限内照片的排列从"1"开始的顺序编号。

4. 照片的入册

照片册一般由 297 mm×210 mm 大小的若干芯页、封面和封底组成。芯页以 30 页左右为宜,有活页式和定页式两种。应按照分类、排列顺序即照片号顺序将照片固定在芯页上,组成照片册。

对于照片册放置不下的大幅照片,可将其放入专用的档案袋或档案盒中,按照片号顺序排列。如竖直放置,应首先将照片固定在专用的纸板上,再放入袋、盒中;如水平放置,照片的堆放高度不宜超过 5 cm。以竖直放置为宜。

5. 照片说明的填写

1）单张照片的说明

单张照片的说明应采用横写格式，分段书写。其格式如下。

  题　名：

  照片号：

  底片号：

  参见号：

  时　间：

  摄影者：

  文字说明：

题名应简明概括、准确反映照片的基本内容，人物、时间、地点、事由等要素尽可能齐全。若采用照片、底片合一编号法，可不填写底片号。参见号是指与本张照片有密切联系的其他载体档案的档号。其格式为：（相关档案种类）档号（注：括号内为选择性著录内容）例如：文书档案 0113-2-18，科技档案 G-J-21。照片档案由档案室移交至档案馆后，应对其参见号进行核对，对与实况不符的应及时调整。照片的拍摄时间用 8 位阿拉伯数字表示，第 1～4 位表示年，第 5～6 位表示月，第 7～8 位表示日。如 2007 年 6 月 16 日应写作 20070616。摄影者一般填写个人，必要时可加写单位。文字说明应综合运用事由、时间、地点、人物、背景、摄影者等要素，概括揭示照片影像所反映的全部信息；或仅对题名未及内容作出补充。其他须要说明的事项也可在此栏表述，例如，照片归属权不属于本组织的，应注明照片版权、来源等。

照片的密级应按 GB/T 7156 所规定的字符在照片周围选一固定空白处标明，使用印章也可。

单张照片的说明，可根据照片固定的位置，在照片的右侧、左侧或正下方书写。

2）大幅照片的说明

对大幅照片的说明可书写在另外的纸上，与照片一同保存。一组联系密切的照片中的大幅照片，应随该组照片一同在册内编号，填写单张照片说明，并注明其存放地址。

3）组合照片的说明

一组（若干张）联系密切的照片按顺序排列后，可拟写组合照片说明。采用组合照片说明的照片，其单张照片说明可以从简。组合照片说明应概括揭示该组照片所反映的全部信息内容及其他需要说明的事项。应在组合照片说明中指出所含照片的起止张号和数量。同组中的每一张照片均应在单张照片说明的左上角或右上角标出组联符号。组联符号按组依次采用"①"、"②"、"③"……同组中的照片其组联符号相同。如册内只有一组照片和其他散片时，组联符号采用"①"。组联符号不宜越册。

整理照片时因保管期限或密级的不同，有些同组的照片可能会被分散到不同的照片册内,应在组合照片说明中指出这些密切相关照片的保管期限、册号和组号。例如:相关照片长期-4-⑥。保管期限也可采用"2"或"C"表示。

组合照片说明可放在本组第一张照片的上方,也可放在本册所有照片之前。

7. 册内备考表

同底片的册内备考表一样,其项目包括:本册情况说明、立册人、检查人、立册时间。册内备考表应放在册内最后位置。本册情况说明主要填写册内底片缺损、补充、移出、销毁等情况。对底片册立册以后发生或发现的问题,应由相关的档案管理人员填写说明,并签名、标注时间。

8. 照片册的封面和册脊

照片册的封面应印制"照片册"字样。照片册册脊的项目包括:全宗号、保管期限、册号、起止张号。

9. 照片册的排列

照片册按照全宗号、保管期限、册号的顺序排列,上架保存。

三、照片档案的鉴定

对于形成时间较为久远的照片档案,为了准确判定其内容、背景、人物、事件及可靠性等,须要对其进行考证鉴别工作。考证鉴别的主要途径和方法有:通过文字档案和史料考证鉴别,通过调查走访考证鉴别,实地考察鉴别,以及照片之间进行比较鉴别等。

照片档案价值的鉴定应遵循档案价值鉴定的原则和要求,参照照片形成的年代、内容、技术质量等因素来判定。

照片档案的保管期限是按照片、底片的价值划定的存留年限,分为永久、长期、短期三种。对照片、底片保管期限的划分按照《国家档案局关于机关档案保管期限的规定》执行。一般划为永久或长期保存比较合适。如果某些照片的内容与本组织、本地区的工作没有直接的关系,只是用于学习、宣传、交流情况,则作为资料保存。

照片档案的密级是指照片、底片保密程度的等级。密级的划定按照《中华人民共和国保守国家秘密法》、《中华人民共和国保守国家秘密法实施办法》、GB/T 7156 及有关规定执行。

实训任务 档案管理软件应用实训

【训练目标】

通过使用档案管理系统,使学生熟悉机关及档案室文件的日常管理、查询和归档的工作流程,学会使用档案管理软件进行档案管理工作。

【任务描述】

为适应新形势的要求,提高档案工作水平,中铁九局购买了一套文档管理一体化软件。表 8-5 是中铁九局 2008 年须归档的文件目录,请你把它录入系统软件,并生成归档文件目录。

表 8-5　中铁九局 2008 年须归档文件目录

顺序号	责任者	文号	题名	日期	页数
1	中铁九局	中铁九局安〔2008〕1 号	关于做好 2008 年安全质量工作的决定	20080405	1
2	中铁九局	中铁九局人〔2008〕2 号	关于公布 2008 年度工程、经济、会计、档案系列专业技术职务任职资格人员名单的通知	20080623	2
3	中铁九局	中铁九局办〔2008〕3 号	关于转发《中国铁路总公司档案管理办法》等六项档案工作规章的通知	20080628	5
4	中铁九局	中铁九局办〔2008〕4 号	关于重新公布中铁九局集团有限公司各单位档案全宗代号的通知	20080810	1
5	中铁九局	中铁九局开〔2008〕6 号	关于公布集团公司 2008 年度统计工作先进单位的通知	20080816	1
6	中铁九局	中铁九局程〔2008〕7 号	关于下达 2008 年一季度施工生产计划的通知	20080823	1
7	中铁九局	中铁九局办〔2008〕8 号	关于集团公司行政领导成员工作分工的通知	20080917	1
8	中铁九局	中铁九局企〔2008〕9 号	关于成立中铁九局集团有限公司海外部的批复	20081010	1
9	中铁九局	中铁九局人〔2008〕10 号	关于成立津沈电气化工程项目经理部的通知	20081010	1
10	中铁九局	中铁九局开〔2008〕12 号	关于下达 2008 年度固定资产调整计划的通知	20081204	1
11	中铁九局	中铁九局人〔2008〕14 号	关于命名表彰 2004 年度技术状元、标兵、能手的通知	20080409	1
12	中铁九局	中铁九局人〔2008〕15 号	关于抓紧解决好拖欠农民工工资的通知	20080409	1
13	中铁九局	中铁九局人〔2008〕16 号	关于成立广州市政工程项目经理部的通知	20080627	1

续表

顺序号	责任者	文　号	题　　名	日　　期	页数
14	中铁九局	中铁九局财〔2008〕17号	关于发布《中铁九局集团有限公司直属项目经理部(指挥部)会计核算办法》通知	20080529	1
15	中铁九局	中铁九局财〔2008〕18号	转发总公司关于《资产减值准备暂行规定》的通知	20080103	2
16	中铁九局	中铁九局程〔2008〕20号	转发铁道部《关于发布〈道岔轨下基础优化结构组装铺设技术条件〉等五项暂行技术条件的通知》的通知	20080110	10
17	中铁九局	中铁九局财〔2008〕21号	中铁九局集团有限公司关于清欠计提劳务费税前扣除的请示	20080112	2
18	中铁九局	中铁九局程〔2008〕22号	转发总公司《关于轨道车、轨道平车、大型养路机械标志及编号规定》的通知	20080202	2
19	中铁九局	中铁九局安〔2008〕23号	关于对2008年度安全、质量管理先进单位奖励的决定	20080420	3
20	中铁九局	中铁九局安〔2008〕24号	关于对实现安全年单位进行奖励的通知	20080428	2
21	中铁九局	中铁九局财〔2008〕25号	转发总公司《关于发布中国铁路工程总公司财务预算管理暂行办法》的通知	20080501	12
22	中铁九局	中铁九局企〔2008〕26号	关于下发《质量、环境、职业健康安全管理体系2008年度内部审核方案》的通知	20080601	2
23	中铁九局	中铁九局程〔2008〕27号	转发财政部、建设部关于印发《建设工程价款结算暂行办法》的通知	20080601	1
24	中铁九局	中铁九局安〔2008〕28号	关于评选2008年度集团公司青年安全生产工作优秀集体和优秀个人的通知	20080601	1
25	中铁九局	中铁九局人〔2008〕29号	关于评选2008年度集团公司"青年文明号"、"青年岗位能手(标兵)"的通知	20080606	2
26	中铁九局	中铁九局企〔2008〕30号	中铁九局集团有限公司关于进行组织结构调整的决定	20080612	10
27	中铁九局	中铁九局人〔2008〕31号	关于下达2008年工效挂钩基数的通知	20081205	1
28	中铁九局	中铁九局人〔2008〕32号	关于重新公布《中铁九局集团有限公司工资总额与经济效益挂钩试行办法》的通知	20080615	1

续表

顺序号	责任者	文号	题名	日期	页数
29	中铁九局	中铁九局人〔2008〕33号	关于成立分离办社会职能工作领导小组的通知	20081228	1
30	中铁九局	中铁九局财〔2008〕34号	关于印发《中铁九局集团应收款项管理实施办法》的通知	20080621	1
31	中铁九局	中铁九局财〔2008〕35号	关于印发《中铁九局集团有限公司以非货币资产抵债管理暂行办法》的通知	20080625	56
32	中铁九局	中铁九局双〔2008〕36号	关于印发《中铁九局集团有限公司清欠包干费用管理暂行办法》的通知	20080701	16
33	中铁九局	中铁九局程〔2008〕38号	关于成立集团公司沈哈线提速改造工程领导小组的通知	20080710	3
34	中铁九局	中铁九局办〔2008〕39号	关于表彰2008年度"三个文明"建设红旗和先进单位的决定	20080820	2
35	中铁九局	中铁九局企〔2008〕41号	关于进行组织结构调整补充方案的通知	20080903	5
36	中铁九局	中铁九局物〔2008〕42号	关于成立集团公司物资招标采购领导小组的通知	20080903	3
37	中铁九局	中铁九局物〔2008〕43号	关于下发《集团公司直属项目物资供应管理办法》的通知	20081031	7
38	中铁九局	中铁九局企〔2008〕44号	关于奖励集团公司优秀QC小组的通知	20080501	12

【训练内容】

(1) 通过网络下载华夏文档一体化管理软件试用版,并安装在计算机上。

(2) 著录归档文件条目。

(3) 生成归档文件目录。

【实训要求】

(1) 实训项目分组进行,每组3~5人为宜,每组设组长1人;

(2) 以个人为单位,完成相关软件下载、安装等过程,并将相应的内容录入系统软件,生成归档文件目录;

(3) 每组组长将小组成员撰写的材料进行汇总;

(4) 以小组为单位,进行实训成果汇报,并将汇报材料制作成PPT,注意图文并茂;

(5) 根据每组完成任务情况,小组在自评的基础上进行互评,最后由教师进行总评。

【知识链接】

选择存储载体

电子文件归档时要选择确定存储载体。根据不同载体电子文件的特点,在电子文件形成、积累时可以选择软磁盘、磁带或大容量的可擦写光盘等作为电子文件载体。这样,既经济,又方便电子文件的利用和暂时保存。其要求是:存储容量大;性能稳定、易长期保存;方便检索、使用;标准化程度高。

国家标准推荐使用的电子文件载体为光盘、磁带、硬盘等,软磁盘禁止作为档案的存储载体。光盘与其他载体相比,具有如下特点:

(1) 记录密度高、信息存储量大;

(2) 寿命长,光盘的信息读写采用的是非接触式,在使用中不损坏载体介质,使之寿命延长;

(3) 数据传输率高,存取速度快;

(4) 表面有保护层,易保存。

根据这些特点,目前使用光盘作为电子文件的载体更具有优越性。但是,在具体工作中,还要根据实际情况进行选择。如对于由计算机辅助设计(CAD)和多媒体系统制成的电子文件,可存储在一次写入式光盘上。对于办公自动化(OA)产生的电子文件,可选择一次写入式光盘。对于须要永久保存的特别珍贵的电子档案,如建筑图纸、重要文献资料、有法律效力的凭证文件等,则应转到纸张或缩微品上。

光 盘 刻 录

1. 刻录准备

在计算机硬盘上,专门设置一个用于刻录电子文件的子目录,将全部通过审查鉴定带有归档标志的电子文件复制到该目录内。办公自动化类电子文件一般一年一张盘;计算机辅助设计类电子文件则按项目进行集中,一个项目的文件尽量刻录在一张盘内。

2. 光盘刻录

用光盘存储电子文件,先要在硬盘的子目录下,建立由说明文件、类目表、著录文件和电子文件目录等光盘的根目录,及其相应子目录组成的树形结构。

(1) 说明文件 用于存放此张光盘的各种信息,内容包括光盘参数(如光盘容量、光盘类型等)、光盘编号(为保管而编的顺序号)、保管及制作单位、阅读光盘所需的软硬件环境(如光盘驱动器型号、计算机配置、软件操作系统及版本、显示电子文件的软件等),以及其他有助于说明光盘的信息。

(2) 类目录　一张光盘只有一个类目表文件，用于存放有关档案分类的信息，按照本组织档案分类方案，依次输入。一个类目为条记录，包括类目的级别、类目号、类目名称及上位类目号等项目，占分类表的一行。

(3) 著录文件　用于存放有关档案的著录信息。一行记录一条电子文件的著录信息，包括该文件所属类目号、档号、电子文件名、文件类型、文件份数等项目，使类目表的类目与著录文件的各记录建立关联关系，并通过电子文件名可以找到该记录所对应的电子文件。

(4) 电子文件子目录　用于存放应归档的各种类型的电子文件，并通过著录文件中的电子文件名建立相互关联。

(5) 其他文件子目录　各种须要存入光盘的文件，都可以作为其他文件存入该目录下，一般是帮助显示浏览光盘中电子文件的辅助性文件，如解码程序、解压缩程序、图形（或图像）文件的存取和显示软件等。如果此光盘中仅存放办公自动化系统生成的电子文件，而且是通过字处理软件形成的，则无须存放命令（程序）文件。在这种情况下，此目录就是空目录。

在硬盘子目录下，将准备刻录到光盘上的各种电子数据打包，声称说明文件、类目录、著录文件、电子文件子目录和其他文件目录，并将电子文件和其他辅助文件复制到相应的子目录中。而后，就可以运行光盘刻录软件，借助软件向导进行光盘刻录。

3. 光盘浏览

运行光盘浏览软件，检查刻制的光盘是否符合标准，内容信息是否齐全有效。

文档一体化

文档一体化就是从文书和档案工作全局出发，实现从文件生成制发到归档管理的全过程控制。文档一体化事实上是行政信息管理一体化。实行文书处理和档案管理一体化，是党政机关、企事业单位基础管理工作的一项改革措施，也是文书档案工作自身发展的必然趋势，对于减少工作环节，提高管理水平和档案资源利用具有重要的意义。

1. 使档案收集完整、系统、便捷、准确、安全

采用文档一体化之前，文书与档案之间缺乏统筹规划、互相衔接和利用，数据要辗转多次输入，这使得工作人员要进行大量的重复劳动，不可能提高工作效率。采用一体化模式，特别是使用文档一体化计算机管理系统可以轻而易举地做到一次输入，多次输出，并在从公文产生到运转的每一个环节特别是在公文向档案转化的关键环节体现出档案工作的要求。采用文档一体化管理模式，可以使档案收集更加完整、系统、便捷、准确、安全。

2. 文档前端控制

文档一体化系统一个重要特点就是将档案处理工作的要求贯穿到公文处理之

中,这就是所谓的超前控制。虽然文书与档案工作有其各自的特点,但由于二者所具有的转化关系使得我们必须从系统的观点,即一体化的观点来对待它们。文书与档案的密切联系决定了文书工作与档案工作之间存在着紧密联系,文书工作是档案工作的前提和基础,档案工作是文书工作的延伸和发展,文书工作和档案工作是同处于统一体的系统工程。

3. 信息检索效率提高

由于文档一体化的实现,使得从文件到档案的转变关系成为一个连贯统一的过程。档案保持了文件本身在工作过程中所具有的必然联系,保留了文件之间完整、清晰的相互关系。这对于提高档案检索的查全率和查准率有着极为重要的意义。

组织内部文档一体化是将文件、档案工作有联系的内容进行配合、交融,精简不必要的环节,实现文件登记与档案著录同步同卡。它与传统模式的主要区别在于把文件的"归档关口"提前,使之与文件的收发文登记统一进行,同时还进行分类立卷和著录标引工作,简称为"三位一体"。具体操作方法如下:第一,在文件登记时,按全宗内档案实体分类方案为文件进行分类;第二,鉴定文件价值,将其区分为永久、定期和不归档三级;第三,在已经分类和鉴定价值的基础上为文件立卷;第四,为文件标引档号、分类号、主题词等;第五,将文件主要特征著录在案卷封面上。

这样,文书处理完毕,立卷、著录工作也同时完成。这种"三位一体"的模式采用一文一卷的小卷方法,文件办毕即归档,使一个组织的文件、档案管理真正从组织制度和具体操作程序上由原来的相互独立、雷同走向相互交融、统筹安排。

附录 A 中华人民共和国档案法(修正)

1987年9月5日第六届全国人民代表大会常务委员会第二十二次会议通过,根据1996年7月5日第八届全国人民代表大会常务委员会第二十次会议《关于修改〈中华人民共和国档案法〉的决定》修正。

第一章 总 则

第一条 为了加强对档案的管理和收集、整理工作,有效地保护和利用档案,为社会主义现代化建设服务,制定本法。

第二条 本法所称的档案,是指过去和现在的国家机构、社会组织以及个人从事政治、军事、经济、科学、技术、文化、宗教等活动直接形成的对国家和社会有保存价值的各种文字、图表、声像等不同形式的历史记录。

第三条 一切国家机关、武装力量、政党、社会团体、企业事业单位和公民都有保护档案的义务。

第四条 各级人民政府应当加强对档案工作的领导,把档案事业的建设列入国民经济和社会发展计划。

第五条 档案工作实行统一领导、分级管理的原则,维护档案完整与安全,便于社会各方面的利用。

第二章 档案机构及其职责

第六条 国家档案行政管理部门主管全国档案事业,对全国的档案事业实行统筹规划,组织协调,统一制度,监督和指导。

县级以上地方各级人民政府的档案行政管理部门主管本行政区域内的档案事业,并对本行政区域内机关、团体、企业事业单位和其他组织的档案工作实行监督和指导。

乡、民族乡、镇人民政府应当指定人员负责保管本机关的档案,并对所属单位的档案工作实行监督和指导。

第七条 机关、团体、企业事业单位和其他组织的档案机构或者档案工作人员,负责保管本单位的档案,并对所属机构的档案工作实行监督和指导。

第八条 中央和县级以上地方各级各类档案馆,是集中管理档案的文化事业机构,负责接收、收集、整理、保管和提供利用各分管范围内的档案。

第九条 档案工作人员应当忠于职守,遵守纪律,具备专业知识。

在档案的收集、整理、保护和提供利用等方面成绩显著的单位或者个人,由各级人民政府给予奖励。

第三章　档案的管理

第十条　对国家规定的应当立卷归档的材料,必须按照规定,定期向本单位档案机构或者档案工作人员移交,集中管理,任何个人不得据为己有。

国家规定不得归档的材料,禁止擅自归档。

第十一条　机关、团体、企业事业单位和其他组织必须按照国家规定,定期向档案馆移交档案。

第十二条　博物馆、图书馆、纪念馆等单位保存的文物、图书资料同时是档案的,可以按照法律和行政法规的规定,由上述单位自行管理。

档案馆与上述单位应当在档案的利用方面互相协作。

第十三条　各级各类档案馆,机关、团体、企业事业单位和其他组织的档案机构,应当建立科学的管理制度,便于对档案的利用;配置必要的设施,确保档案的安全;采用先进技术,实现档案管理的现代化。

第十四条　保密档案的管理和利用,密级的变更和解密,必须按照国家有关保密的法律和行政法规的规定办理。

第十五条　鉴定档案保存价值的原则、保管期限的标准以及销毁档案的程序和办法,由国家档案行政管理部门制定。禁止擅自销毁档案。

第十六条　集体所有的和个人所有的对国家和社会具有保存价值的或者应当保密的档案,档案所有者应当妥善保管。对于保管条件恶劣或者其他原因被认为可能导致档案严重损毁和不安全的,国家档案行政管理部门有权采取代为保管等确保档案完整和安全的措施;必要时,可以收购或者征购。

前款所列档案,档案所有者可以向国家档案馆寄存或者出卖;向国家档案馆以外的任何单位或者个人出卖的,应当按照有关规定由县级以上人民政府档案行政管理部门批准。严禁倒卖牟利,严禁卖给或者赠送给外国人。

向国家捐赠档案的,档案馆应当予以奖励。

第十七条　禁止出卖属于国家所有的档案。

国有企业事业单位资产转让时,转让有关档案的具体办法由国家档案行政管理部门制定。

档案复制件的交换、转让和出卖,按照国家规定办理。

第十八条　属于国家所有的档案和本法第十六条规定的档案以及这些档案的复制件,禁止私自携运出境。

第四章　档案的利用和公布

第十九条　国家档案馆保管的档案,一般应当自形成之日起满三十年向社会开放。经济、科学、技术、文化等类档案向社会开放的期限,可以少于三十年,涉及国家安全或者重大利益以及其他到期不宜开放的档案向社会开放的期限,可以多于三十年,具体期限由国家档案行政管理部门制订,报国务院批准施行。

档案馆应当定期公布开放档案的目录,并为档案的利用创造条件,简化手续,提供方便。

中华人民共和国公民和组织持有合法证明,可以利用已经开放的档案。

第二十条　机关、团体、企业事业单位和其他组织以及公民根据经济建设、国防建设、教学科研和其他各项工作的需要,可以按照有关规定,利用档案馆未开放的档案以及有关机关、团体、企业事业单位和其他组织保存的档案。

利用未开放档案的办法,由国家档案行政管理部门和有关主管部门规定。

第二十一条　向档案馆移交、捐赠、寄存档案的单位和个人,对其档案享有优先利用权,并可对其档案中不宜向社会开放的部分提出限制利用的意见,档案馆应当维护他们的合法权益。

第二十二条　属于国家所有的档案,由国家授权的档案馆或者有关机关公布;未经档案馆或者有关机关同意,任何组织和个人无权公布。

集体所有的和个人所有的档案,档案的所有者有权公布,但必须遵守国家有关规定,不得损害国家安全和利益,不得侵犯他人的合法权益。

第二十三条　各级各类档案馆应当配备研究人员,加强对档案的研究整理,有计划地组织编辑出版档案材料,在不同范围内发行。

第五章　法 律 责 任

第二十四条　有下列行为之一的,由县级以上人民政府档案行政管理部门、有关主管部门对直接负责的主管人员或者其他直接责任人员依法给予行政处分;构成犯罪的,依法追究刑事责任:

(一)损毁、丢失属于国家所有的档案的;

(二)擅自提供、抄录、公布、销毁属于国家所有的档案的;

(三)涂改、伪造档案的;

(四)违反本法第十六条、第十七条规定,擅自出卖或者转让档案的;

(五)倒卖档案牟利或者将档案卖给、赠送给外国人的;

(六)违反本法第十条、第十一条规定,不按规定归档或者不按期移交档案的;

(七)明知所保存的档案面临危险而不采取措施,造成档案损失的;

(八)档案工作人员玩忽职守,造成档案损失的。

在利用档案馆的档案中,有前款第一项、第二项、第三项违法行为的,由县级以上人民政府档案行政管理部门给予警告,可以并处罚款;造成损失的,责令赔偿损失。

企业事业组织或者个人有第一款第四项、第五项违法行为的,由县级以上人民政府档案行政管理部门给予警告,可以并处罚款;有违法所得的,没收违法所得;并可以依照本法第十六条的规定征购所出卖或者赠送的档案。

第二十五条　携运禁止出境的档案或者其复制件出境的,由海关予以没收,可以并处罚款;并将没收的档案或者其复制件移交档案行政管理部门;构成犯罪的,依法追究刑事责任。

第六章 附 则

第二十六条 本法实施办法,由国家档案行政管理部门制定,报国务院批准后施行。

第二十七条 本法自1988年1月1日起施行。

附录 B 中华人民共和国档案法实施办法

(1990年10月24日国务院批准 1990年11月19日国家档案局令第1号发布，1999年5月5日国务院批准修订，1999年6月7日国家档案局令第5号重新发布)

第一章 总 则

第一条 根据《中华人民共和国档案法》(以下简称《档案法》)的规定,制定本办法。

第二条 《档案法》第二条所称对国家和社会有保存价值的档案,属于国家所有的,由国家档案局会同国家有关部门确定具体范围;属于集体所有、个人所有以及其他不属于国家所有的,由省、自治区、直辖市人民政府档案行政管理部门征得国家档案局同意后确定具体范围。

第三条 各级国家档案馆馆藏的永久保管档案分一、二、三级管理,分级的具体标准和管理办法由国家档案局制定。

第四条 国务院各部门经国家档案局同意,省、自治区、直辖市人民政府各部门经本级人民政府档案行政管理部门同意,可以制定本系统专业档案的具体管理制度和办法。

第五条 县级以上各级人民政府应当加强对档案工作的领导,把档案事业建设列入本级国民经济和社会发展计划,建立、健全档案机构,确定必要的人员编制,统筹安排发展档案事业所需经费。

机关、团体、企业事业单位和其他组织应当加强对本单位档案工作的领导,保障档案工作依法开展。

第六条 有下列事迹之一的,由人民政府、档案行政管理部门或者本单位给予奖励:

(一)对档案的收集、整理、提供利用做出显著成绩的;

(二)对档案的保护和现代化管理做出显著成绩的;

(三)对档案学研究做出重要贡献的;

(四)将重要的或者珍贵的档案捐赠给国家的;

(五)同违反档案法律、法规的行为作斗争,表现突出的。

第二章 档案机构及其职责

第七条 国家档案局依照《档案法》第六条第一款的规定,履行下列职责:

(一)根据有关法律、行政法规和国家有关方针政策,研究、制定档案工作规章制度和具体方针政策;

（二）组织协调全国档案事业的发展，制定发展档案事业的综合规划和专项计划，并组织实施；

（三）对有关法律、法规和国家有关方针政策的实施情况进行监督检查，依法查处档案违法行为；

（四）对中央和国家机关各部门、国务院直属企业事业单位以及依照国家有关规定不属于登记范围的全国性社会团体的档案工作，中央级国家档案馆的工作，以及省、自治区、直辖市人民政府档案行政管理部门的工作，实施监督、指导；

（五）组织、指导档案理论与科学技术研究、档案宣传与档案教育、档案工作人员培训；

（六）组织、开展档案工作的国际交流活动。

第八条 县级以上地方各级人民政府档案行政管理部门依照《档案法》第六条第二款的规定，履行下列职责：

（一）贯彻执行有关法律、法规和国家有关方针政策；

（二）制定本行政区域内的档案事业发展计划和档案工作规章制度，并组织实施；

（三）监督、指导本行政区域内的档案工作，依法查处档案违法行为；

（四）组织、指导本行政区域内档案理论与科学技术研究、档案宣传与档案教育、档案工作人员培训。

第九条 机关、团体、企业事业单位和其他组织的档案机构依照《档案法》第七条的规定，履行下列职责：

（一）贯彻执行有关法律、法规和国家有关方针政策，建立、健全本单位的档案工作规章制度；

（二）指导本单位文件、资料的形成、积累和归档工作；

（三）统一管理本单位的档案，并按照规定向有关档案馆移交档案；

（四）监督、指导所属机构的档案工作。

第十条 中央和地方各级国家档案馆，是集中保存、管理档案的文化事业机构，依照《档案法》第八条的规定，承担下列工作任务：

（一）收集和接收本馆保管范围内对国家和社会有保存价值的档案；

（二）对所保存的档案严格按照规定整理和保管；

（三）采取各种形式开发档案资源，为社会利用档案资源提供服务。

按照国家有关规定，经批准成立的其他各类档案馆，根据需要，可以承担前款规定的工作任务。

第十一条 全国档案馆的设置原则和布局方案，由国家档案局制定，报国务院批准后实施。

第三章 档案的管理

第十二条 按照国家档案局关于文件材料归档的规定,应当立卷归档的材料由单位的文书或者业务机构收集齐全,并进行整理、立卷,定期交本单位档案机构或者档案工作人员集中管理;任何人都不得据为己有或者拒绝归档。

第十三条 机关、团体、企业事业单位和其他组织,应当按照国家档案局关于档案移交的规定,定期向有关的国家档案馆移交档案。

属于中央级和省级、设区的市级国家档案馆接收范围的档案,立档单位应当自档案形成之日起满20年即向有关的国家档案馆移交;属于县级国家档案馆接收范围的档案,立档单位应当自档案形成之日起满10年即向有关的县级国家档案馆移交。

经同级档案行政管理部门检查和同意,专业性较强或者需要保密的档案,可以延长向有关档案馆移交的期限;已撤销的单位的档案或者由于保管条件恶劣可能导致不安全或者严重损毁的档案,可以提前向有关档案馆移交。

第十四条 既是文物、图书资料又是档案的,档案馆可以与博物馆、图书馆、纪念馆等单位相互交换重复件、复制件或者目录,联合举办展览,共同编辑出版有关史料或者进行史料研究。

第十五条 各级国家档案馆应当对所保管的档案采取下列管理措施:

(一)建立科学的管理制度,逐步实现保管的规范化、标准化;

(二)配置适宜安全保存档案的专门库房,配备防盗、防火、防潮、防有害生物的必要设施;

(三)根据档案的不同等级,采取有效措施,加以保护和管理;

(四)根据需要和可能,配备适应档案现代化管理需要的技术设备。

机关、团体、企业事业单位和其他组织的档案保管,根据需要,参照前款规定办理。

第十六条 《档案法》第十四条所称保密档案密级的变更和解密,依照《中华人民共和国保守国家秘密法》及其实施办法的规定办理。

第十七条 属于集体所有、个人所有以及其他不属于国家所有的对国家和社会具有保存价值的或者应当保密的档案,档案所有者可以向各级国家档案馆寄存、捐赠或者出卖。向各级国家档案馆以外的任何单位或者个人出卖、转让或者赠送的,必须报经县级以上人民政府档案行政管理部门批准;严禁向外国人和外国组织出卖或者赠送。

第十八条 属于国家所有的档案,任何组织和个人都不得出卖。

国有企业事业单位因资产转让需要转让有关档案的,按照国家有关规定办理。

各级各类档案馆以及机关、团体、企业事业单位和其他组织为了收集、交换中国散失在国外的档案、进行国际文化交流,以及适应经济建设、科学研究和科技成果推广等的需要,经国家档案局或者省、自治区、直辖市人民政府档案行政管理部门依据职权审查批准,可以向国内外的单位或者个人赠送、交换、出卖档案的复制件。

第十九条　各级国家档案馆馆藏的一级档案严禁出境。

各级国家档案馆馆藏的二级档案需要出境的,必须经国家档案局审查批准。各级国家档案馆馆藏的三级档案、各级国家档案馆馆藏的一、二、三级档案以外的属于国家所有的档案和属于集体所有、个人所有以及其他不属于国家所有的对国家和社会具有保存价值的或者应当保密的档案及其复制件,各级国家档案馆以及机关、团体、企业事业单位、其他组织和个人需要携带、运输或者邮寄出境的,必须经省、自治区、直辖市人民政府档案行政管理部门审查批准,海关凭批准文件查验放行。

第四章　档案的利用和公布

第二十条　各级国家档案馆保管的档案应当按照《档案法》的有关规定,分期分批地向社会开放,并同时公布开放档案的目录。档案开放的起始时间:

(一)中华人民共和国成立以前的档案(包括清代和清代以前的档案;民国时期的档案和革命历史档案),自本办法实施之日起向社会开放;

(二)中华人民共和国成立以来形成的档案,自形成之日起满30年向社会开放;

(三)经济、科学、技术、文化等类档案,可以随时向社会开放。

前款所列档案中涉及国防、外交、公安、国家安全等国家重大利益的档案,以及其他虽自形成之日起已满30年但档案馆认为到期仍不宜开放的档案,经上一级档案行政管理部门批准,可以延期向社会开放。

第二十一条　各级各类档案馆提供社会利用的档案,应当逐步实现以缩微品代替原件。档案缩微品和其他复制形式的档案载有档案收藏单位法定代表人的签名或者印章标记的,具有与档案原件同等的效力。

第二十二条　《档案法》所称档案的利用,是指对档案的阅览、复制和摘录。

中华人民共和国公民和组织,持有介绍信或者工作证、身份证等合法证明,可以利用已开放的档案。

外国人或者外国组织利用中国已开放的档案,须经中国有关主管部门介绍以及保存该档案的档案馆同意。

机关、团体、企业事业单位和其他组织以及中国公民利用档案馆保存的未开放的档案,须经保存该档案的档案馆同意,必要时还须经有关的档案行政管理部门审查同意。

机关、团体、企业事业单位和其他组织的档案机构保存的尚未向档案馆移交的档案,其他机关、团体、企业事业单位和组织以及中国公民需要利用的,须经档案保存单位同意。

各级各类档案馆应当为社会利用档案创造便利条件。提供社会利用的档案,可以按照规定收取费用。收费标准由国家档案局会同国务院价格管理部门制定。

第二十三条　《档案法》第二十二条所称档案的公布,是指通过下列形式首次向

社会公开档案的全部或者部分原文,或者档案记载的特定内容:

（一）通过报纸、刊物、图书、声像、电子等出版物发表;

（二）通过电台、电视台播放;

（三）通过公众计算机信息网络传播;

（四）在公开场合宣读、播放;

（五）出版发行档案史料、资料的全文或者摘录汇编;

（六）公开出售、散发或者张贴档案复制件;

（七）展览、公开陈列档案或者其复制件。

第二十四条　公布属于国家所有的档案,按照下列规定办理:

（一）保存在档案馆的,由档案馆公布;必要时,应当征得档案形成单位同意或者报经档案形成单位的上级主管机关同意后公布;

（二）保存在各单位档案机构的,由各该单位公布;必要时,应当报经其上级主管机关同意后公布;

（三）利用属于国家所有的档案的单位和个人,未经档案馆、档案保存单位同意或者前两项所列主管机关的授权或者批准,均无权公布档案。

属于集体所有、个人所有以及其他不属于国家所有的对国家和社会具有保存价值的档案,其所有者向社会公布时,应当遵守国家有关保密的规定,不得损害国家的、社会的、集体的和其他公民的利益。

第二十五条　各级国家档案馆对寄存档案的公布和利用,应当征得档案所有者同意。

第二十六条　利用、公布档案,不得违反国家有关知识产权保护的法律规定。

第五章　罚　　则

第二十七条　有下列行为之一的,由县级以上人民政府档案行政管理部门责令限期改正;情节严重的,对直接负责的主管人员或者其他直接责任人员依法给予行政处分:

（一）将公务活动中形成的应当归档的文件、资料据为己有,拒绝交档案机构、档案工作人员归档的;

（二）拒不按照国家规定向国家档案馆移交档案的;

（三）违反国家规定擅自扩大或者缩小档案接收范围的;

（四）不按照国家规定开放档案的;

（五）明知所保存的档案面临危险而不采取措施,造成档案损失的;

（六）档案工作人员、对档案工作负有领导责任的人员玩忽职守,造成档案损失的。

第二十八条　《档案法》第二十四条第二款、第三款规定的罚款数额,根据有关档案的价值和数量,对单位为1万元以上10万元以下,对个人为500元以上5000元以下。

第二十九条 违反《档案法》和本办法,造成档案损失的,由县级以上人民政府档案行政管理部门、有关主管部门根据损失档案的价值,责令赔偿损失。

第六章 附 则

第三十条 中国人民解放军的档案工作,根据《档案法》和本办法确定的原则管理。

第三十一条 本办法自发布之日起施行。

参 考 文 献

[1] 余红平,胡红霞.秘书信息与档案管理实务[M].北京:外语教学与研究出版社,2009.

[2] 陈琳.档案管理技能训练[M].北京:机械工业出版社,2009.

[3] 陈祖芬,雷鸣,张晓萍.职业秘书资料与档案管理教程[M].北京:清华大学出版社,2007.

[4] 王立维,陈武英.档案管理学简明教程[M].杭州:浙江大学出版社,2006.

[5] 冯惠玲.档案管理学[M].北京:中国人民大学出版社,1999.

[6] 何嘉荪.档案管理理论与实践[M].北京:高等教育出版社,1991.

[7] 邓绍兴,陈智为.档案管理学[M].北京:中国人民大学出版社,2005.

[8] 吴良勤.商务秘书实务[M].重庆:重庆大学出版社,2010.

[9] 吴良勤,雷鸣.秘书实训指导与案例分析[M].北京:北京大学出版社,2010.

[10] 徐拥军.商务档案管理[M].北京:中国建材工业出版社,2003.

[11] 陈兆祦,和宝荣,等.档案管理学基础[M].北京:中国人民大学出版社,2005.